MW01504108

ZUR

HÖHLENKUNDE DES KARSTES.

VON

Dᴿ ADOLF SCHMIDL,

Actuar der kaiserl. Akademie der Wissenschaften, Ehrenmitglied der historischen Vereine zu München, Regensburg und Augsburg, Mitglied des zoologisch-
botanischen Vereines und des Alterthums-Vereines zu Wien, der I. R. Accademia
degli Agiati zu Roveredo, der k. k. Landwirthschaftsgesellschaft zu Laibach,
des Francisco-Carolinum zu Linz, Mandatar des historischen Vereines zu
Laibach, correspondirendem Mitglied der k. böhmischen Gesellschaft der Wissenschaften zu Prag und des Ateneo in Venedig.

Mit einem Heft Tafeln in Folio.

Auf Kosten der kaiserlichen Akademie der Wissenschaften.

WIEN, 1854.

IN COMMISSION BEI WILHELM BRAUMÜLLER,

Buchhändler des k. k. Hofes und der kais. Akademie der Wissenschaften.

DIE GROTTEN UND HÖHLEN

. VON

ADELSBERG,

LUEG, PLANINA UND LAAS.

VON

Dᴿ ADOLF SCHMIDL.

———

MIT BEITRÄGEN

VON

Dᴿ ALOIS POKORNY, Dᴿ J. RUD. SCHINER UND WILHELM ZIPPE.

Mit einem Heft Tafeln in Folio.

———

Auf Kosten der kaiserlichen Akademie der Wissenschaften.

———

WIEN, 1854.

IN COMMISSION BEI WILHELM BRAUMÜLLER,

Buchhändler des k. k. Hofes und der kais. Akademie der Wissenschaften.

VORWORT.

Die Höhlengebilde des Karstes, die ausgedehntesten in Europa, sind bekanntlich nicht blos vereinzelte Erscheinungen; von mehreren derselben ist ihre Verbindung unter einander seit Jahrhunderten als unzweifelhaft angenommen, aber bis jetzt eben so wenig erwiesen, als die Höhlen selbst wissenschaftlich untersucht, oder auch nur topographisch genau beschrieben wurden. Es liegt in der Natur der Sache, dass derlei Untersuchungen, die mit bedeutenden Kosten, grossen Schwierigkeiten, ja selbst mit Gefahren verbunden sind, nicht mit einer Reise, nicht in einem Sommer abgethan sein können. Genaue, sehr zeitraubende örtliche Forschungen müssen vorausgehen, um über den Zusammenhang oder doch die Beziehung der einzelnen Höhlensysteme unter einander eine Uebersicht zu gewinnen, und erst aus der Berücksichtigung und Vergleichung der topographischen und geognostischen Beschaffenheit so wie der subterranen Flora und Fauna wird sich das geographische Bild des Karstes und seiner Höhlensysteme gestalten, unstreitig eine der interessantesten Partien der Erdkunde.

Die vorliegende Schrift macht nur darauf Anspruch, die Vorarbeit zu einem umfassenden Werke zu liefern, nämlich eine genaue Topographie der genannten Grotten und Höhlen mit allgemeinen Mittheilungen aus den naturwissenschaftlichen Fach-Gebieten. Einer folgenden Schrift ist die Schilderung der Grotten von St. Kanzian, Corgnale, S. Servolo, der Abzugshöhlen des Zirknitzer Sees, der Recca-Höhlen u. s. w. vorbehalten, in dem Maasse als meine Untersuchungen derselben fortschreiten. Den

Schluss des Ganzen würde sodann eine allgemeine Uebersicht des Karstes und seiner Höhlensysteme bilden.

Die Erforschung der Karst-Höhlen zu beginnen, eine lang gehegte Lieblings-Idee, aber ein Unternehmen das Privatkräfte weit übersteigt, wurde mir ermöglicht durch die Unterstützung der k. k. geologischen Reichsanstalt, deren Director, Herr Sectionsrath Wilhelm Haidinger, mit gewohnter Liberalität mein diessfälliges Ansuchen genehmigte und eine Subvention zur theilweisen Deckung der Kosten meiner ersten Reise mir zu Theil werden liess. Auf seine Verwendung wurde mir ferner von dem hohen k. k. Ministerium für Landescultur und Bergwesen der k. k. Bergpraktikant Herr Johann Rudolf zu Idria mit 2 Bergknappen beigegeben, insbesondere zum Behufe markscheiderischer Aufnahme der Höhlen. So ausgerüstet, begann ich im August 1850 meine Untersuchungen der Höhlen von Planina und Adelsberg. Im Februar des Jahres 1851 wurde ich von Seite des hohen k. k. Handelsministeriums mit Erforschung des unterirdischen Laufes der Recca betraut, und mir abermals Hr. Rudolf, sodann ein Hutmann und 4 Bergknappen beigegeben. Im August des Jahres 1852 setzte ich meine Untersuchungen fort, und zwar auf eigene Kosten; die k. k. geologische Reichsanstalt erwirkte jedoch von dem genannten Ministerium abermals, dass mich Hr. Rudolf und 2 Bergknappen begleiten konnten und bestritt die Auslagen dieses Personales aus ihrem eigenen Fonde. Im Herbste des Jahres 1853 endlich wurde mir zu einer abermali-gen Untersuchung von dem hohen k. k. Finanz-Ministerium aus dem Adelsberger-Grottenfond eine Subvention angewiesen.

Dem k. k. Statthalter in Krain, Herrn Gustav Grafen von Chorinsky, verdanke ich die kräftigste allseitige Förderung meines Unternehmens, insbesondere durch geneigte Anempfehlung an den k. k. Bezirkshauptmann in Adelsberg, Ludwig Freiherrn von Mac Neven O'Kélly, Vorstand der Adelsberger Grotten-Verwaltungs-Commission. Ich erhielt durch diesen von der Grotten-Commission die thatkräftigste Unterstützung meines Unternehmens, welches so viele Vorbereitungen und Hilfsmittel und so viel Material erfordert. Gleichermassen hat der löbl. Gemeinderath der reichsunmittelbaren Stadt Triest, durch gütige Vermittelung des Hrn. Podestà

Ritter M. v. Tommasini, mich im Jahre 1852 zur Befahrung der unterirdischen Recca mit Kähnen und Utensilien versehen. Der städtische Bauinspector Hr. J. Sforzi und der Gemeinderath Hr. Dr. Peter Kandler, der gefeierte Alterthumsforscher, haben mich reichlich mit Nachweisungen erfreut; in ihrer Gesellschaft sah ich die Quellen des Timavo und die gastlichen Hallen des romantischen Schlosses von Duino.

Es bedarf wohl keiner Erörterung, wie sehr derlei Untersuchungen mit Entbehrungen aller Art verbunden sind; um so wohlthuender ist es, freundliche Aufnahme an den Orten zu finden, die man zu Standquartieren wählen muss. Ich bin überall mit Zuvorkommenheit behandelt worden, aber es gereicht mir zur besonderen angenehmsten Pflicht, anzuerkennen welche freundliche Theilnahme, welch' frohe Stunden ich der Gastfreundschaft des Gemeindevorstandes und k. k. Postmeisters Hrn. Wilcher, des Hrn. Perennitsch und der Herren Brüder G. und J. Obresa in Planina, nicht minder der Frau Doxat in Adelsberg, des Verwalters Hrn. Teuchel in Lueg, des Hrn. Steuereinnehmers Stibil in Laas und insbesondere zu wiederholten Malen des Gemeindevorstandes Hrn. Mahorčič in Mattaun verdanke. — Hr. Wilcher veranstaltete 1850 in Planina ein Grottenfest, welches in unserer Erinnerung nie verlöschen wird, als die anmuthigste Anerkennung unserer Bemühungen um die herrliche Höhle von Planina*). — Zu besonderem Danke fühle ich mich aber Hrn. Ludwig Dolenz zu Nussdorf (bei Adelsberg) verpflichtet, in welchem ich 1853 einen eben so für die Sache begeisterten als liebenswürdigen und ausdauernden Gefährten meiner unterirdischen Wanderungen erhielt. Möge es mir gegönnt sein, bald wieder mit ihm zu neuen Wundern der merkwürdigen Karstwelt zu pilgern!

Die kaiserl. Akademie der Wissenschaften endlich hat mir die Ehre erwiesen, die Herausgabe des vorliegenden Werkes zu übernehmen. Es liegt in der Natur der Sache, dass eine solche Arbeit nur durch Beigabe von Karten, Plänen und Ansichten ihren

---

*) Die Zeitschrift „Novice" gab eine Schilderung desselben von Hrn. Podlipski: „Slovernost v jami pod ellalim gradam pri Planini." 1850 Nr. 37 und 38.

Zweck annähernd erreichen kann, welche Ausstattung dasselbe aber bedeutend vertheuern muss. Soll daher ein derartiger Beitrag zur Vaterlandskunde auch in weiteren Kreisen mittheilend und anregend wirken, so ist diess eben nur dadurch möglich, dass ein mit solcher Munificenz vorgehendes Institut, wie die kaiserl. Akademie, dasselbe unter ihre Aegide nimmt.

Die Karte erhielt ich durch die Güte des k. k. Ministerialsecretärs Hrn. Jos. Streffleur; es ist eine Copie der Originalaufnahme des k. k. General-Quartiermeisterstabes. Die Pläne sind nach Hrn. Rudolf's markscheiderischen Aufnahmen reducirt.

Die Ansichten habe ich selbst nach der Natur gezeichnet, weil es mir nicht glücken wollte einen Künstler von einigem Rufe für mein Unternehmen zu gewinnen. Es sind Skizzen, welche durchaus keinen Anspruch auf künstlerischen Werth machen, aber sie werden den Zweck erfüllen, ein richtiges Bild der Gegenstände zu geben, und scheuen wenigstens nicht den Vergleich mit ihren Vorgängern, den Schaffenrathischen Ansichten u. s. w. Es ist wohl überflüssig auf die Schwierigkeiten solcher Zeichnungen in Höhlen hinzuweisen, die häufig auf den unbequemsten Standorten bei Fackelschein entworfen werden müssen, wo überdiess der Umstand störend einwirkt, dass der Fackeldampf in kurzer Zeit den Gegenstand undeutlich macht. Es war nur selten möglich, eine concentrirte Beleuchtung anzubringen; in der Regel musste der Mittelgrund durch eine zweite Fackel, die verdeckt aufgestellt wurde, erkennbar gemacht werden.

Die Vorsehung liess mich und meine Begleiter bisher ungefährdet unsere Untersuchungen zurücklegen und die nicht fehlenden Mahnungen an die mannigfachen Gefahren, die möglicherweise eintreten konnten, erfüllten uns nur mit um so innigerem Dankgefühle für das glückliche Ueberstehen derselben. Die Stunden, welche ich in den Höhlen des Karstes verlebte, gehören zu den genussreichsten meines Lebens. Vieles ist noch zu thun, um diese Wunder unseres gemeinsamen Vaterlandes so bekannt und dem Forscher so zugänglich zu machen, als sie es verdienen: möchte meine Arbeit dazu beitragen, dass sie es werden!

Wien, am 18. Mai 1854.   Schmidl.

A. EINLEITUNG.

Geschichtliche und literarische Notizen.

Ueber die interessanten Gegenden, welche in den vorliegenden Blättern beschrieben werden, sind aus dem classischen Alterthume so wenig bestimmte Angaben auf uns gekommen, dass in diesem der weltherrschenden Italia so nahen Landstriche nur die Endpuncte, Triest und Loitsch, mit Gewissheit als das alte *Tergeste* und *Longaticum* nachgewiesen werden können.

Ueber Adelsberg selbst liegt gar keine Nachricht vor; für den, wie es scheint, allerdings seit alten Zeiten in Gebrauch befindlichen lateinischen Namen des Marktes »*Aquila montium*« spricht keine bestimmte ältere Autorität *). Die zwei Ortsnamen, welche aus dem classischen Alterthume in unserer Landschaft zwischen Loitsch und dem Wippachthale überliefert wurden, sind »*in Alpe Julia*« der Peutingerischen Tafel und »*ad Pirum summas alpes*« des *Itinerarium Hierosolymitanum.*

Schönleben **) zweifelt nicht an der Identität von *in Alpe Julia* mit dem heutigen Planina, denn der römische Name sei noch in dem deutschen, im Mittelalter allgemein gebräuchlichen »*Alben*« erhalten (P. I. S. 122). Hoff ***) behauptet ganz bestimmt, Planina sei von den Alten »*Alpes Juliae*« genannt worden, aber ohne irgend einen Beweis dafür beizubringen.

Die Station *ad Pirum* soll nach Cluver von einem mächtigen Birnbaume den Namen erhalten haben, der dann auf den ganzen Wald überging, welcher die Landschaft bedeckte, der sowohl im Deutschen »*Birnbaumerwald*« heisst, wie im Slawischen »*Hruchica*«. Linhart aber †) ist mit Popovich der Ansicht, dass *ad Pirum* nicht von der Benennung eines Birnbaumes, sondern von

---

*) Bischoff und Möller, vergleichendes Wörterbuch der alten, mittleren und neuen Geographie. Gotha 1829; 8. S. 1019 u. 22. Wenn daselbst aber als lateinischer Name auch „*Pastoina*" angeführt wird, so ist dieses offenbar nur eine Verstümmelung des slawischen *Postojna.*

**) *Carniolia antiqua et nova etc.*

***) Hist. statist. top. Gemälde vom Herzogthum Krain. Th. III. S. 96.

†) Versuch einer Geschichte von Krain etc. Thl. I. S. 305.

1 *

dem alten gallischen *Pyrn,* das insgemein »Berg« hiess, und wovon die Pyrenäen ihren Namen herleiten, abstammt. Schönleben ist in seinem Urtheile vorsichtig (P. I. S. 101), er sagt nur: *»videtur intelligere ad Pirum alpes, infrà quas nunc oppidulum est, dictum Planina.*

Mannert *) versetzt beide Stationen, sowohl *»in Alpe Julia«* als *»ad Pirum summas alpes«* in den Birnbaumer Wald, in die Nähe der Station, welche »Posthaus« heisst. Es ist damit offenbar jenes Posthaus auf der Strasse von Loitsch nach Wippach und Heidenschaft gemeint, welches Valvasor beschrieben und abgebildet hat, auf seiner Karte aber »Pirbaumer Wald« benennt, wahrscheinlich das heutige *Hrúshiza.* Jene Quellen nun reihen sich ihrem wahrscheinlichen Alter nach mit ihren Angaben folgendermassen:

Tabula Peutingeriana	*Itinerarium Antonini*
circa 230 n. Chr.	*circa* 300 n. Chr.
Fl. frigido XV.	*fluvio frigido mpm. XXXVI.*
in alpe julia V.	*Longatico mansio mpṃ. XXII.*
Longatico VI.	

Itinerarium Hierosolymitanum
circa 333 n. Chr.
mansio Fluvio frigido mil. XII
inde sunt Alpes Juliae
ad Pirum summas Alpes mil. VIIII
mansio Longatico mil. X. **).

Der Vergleich zwischen dem ersten Itinerarium und den beiden folgenden zeigt, dass die Strasse im Verlaufe der Zeit eine längere geworden sei; man suchte eben eine bequemere Linie. Das *Itiner. Antonin.* gibt nur die Entfernung der beiden Mansionen an, die Peutingerische Tafel aber und das *Itiner. Hierosol.* kennen noch eine Zwischenstation *»in alpe julia«* oder *»ad Pirum sum-*

---

*) Geographie der Griechen und Römer etc. Thl. III. S. 1782.

**) *Tabula Itiner. Peutinger. Ed. Scheyb-Mannert. Segm. 4. — Itinerarium Antonini Aug. et Hierosol. Ed. Parthey-Pinder.* Letztgenanntes Werk hat beiläufig gesagt einen Druckfehler im Index S. 370 *»Struschesa«* statt *»Hrúshiza.«*

mas alpes. Ob diese zwei Puncte als identisch, ob sie als verschieden anzunehmen sind, ist nicht leicht zu entscheiden, für beides können Gründe angeführt werden. Beide Benennungen aber scheinen auf einen hoch gelegenen Ort bezogen werden zu müssen, auf einen der höchsten oder den höchsten Punct zwischen dem Wippachthale und Loitsch. Diess schliesst jedoch nicht aus, dass die Station selbst nicht unmittelbar auf der Höhe gelegen war; sie kann jenseits des Scheitels gewesen sein, am Fusse des Rückens, ein willkommener Ruhepunct nach bewerkstelligtem Übergange. Die alte Strasse von Loitsch nach Heidenschaft-Görz führt nun allerdings durch den Birnbaumer Wald, die jetzige Poststrasse hingegen über Planina und Präwald; sonach hätte Mannert Recht, wenn er beide Stationen in den Birnbaumer Wald verlegt, da der jetzigen Poststrasse auch die zu geringe Anzahl von Schritten im Ausmasse der alten Angabe nicht entspricht.

Die alte Geographie dieser Gegenden bedarf überhaupt noch einer genauen Forschung. Mir wurde 1852 mit Bestimmheit versichert, ohne dass ich aber im Stande war von der Wahrheit dieser Angaben mich zu überzeugen, dass von der Römerstrasse nordöstlich von Präwald noch sehr deutliche Spuren vorhanden seien. Sie führte von Präwald gegen Ubelsko, bei der dortigen Ziegelhütte rechts herab über die Wiese, wo die Randsteine noch erkennbar sein sollen. Der weitere Verlauf ist über Berdach gegen St. Michael zu verfolgen, wo die Strasse unter der St. Georgs-Kirche deutlich wahrnehmbar ist, sodann über Landol nach Kaltenfeld. Ist diess richtig, so folgte die Strasse den Abhängen des Nanos und des Birnbaumer Waldes, und führte dann wahrscheinlich von dem hochgelegenen Kaltenfeld nach Planina herab und in der Richtung der jetzigen Strasse nach Loitsch, schwerlich aber quer durch den bis auf unsere Zeit herab unwirthbar gewesenen Birnbaumer Wald. Dann dürfte aber das hochgelegene Kaltenfeld auf die alte Station *ad Pirum summas alpes* mehr Anspruch haben, als das am Fusse des Gebirges gelegene Planina *).

---

*) H. M. Mervig nimmt die Führung der Römerstrasse durch den Birnbaumer Wald als unzweifelhaft an (die Römerstrasse durch den

Bei der Dürftigkeit der Nachrichten über diese Gegenden ist es wohl natürlich, dass wir von den Höhlen daselbst im Alterthum keine Erwähnung finden. Die Adelsberger Grotte ist im allgemeinen unter ihren Schwestern im Karst die am längsten bekannte, wenigstens ist dieser Umstand bei ihr nachzuweisen. In der sogenannten »alten Grotte,« dem am frühesten entdeckten Gange derselben, befinden sich nämlich Inschriften der Besucher und als die älteste Jahrzahl darunter wurde bisher 1213 angegeben, wornach also die Grotte schon im 13. Jahrhundert besucht gewesen wäre. Die Richtigkeit dieser Angabe wird billig bezweifelt und höchst wahrscheinlich ist die Jahrzahl 1413 zu lesen. Es sollen übrigens auch die Zahlen 1323, 1393 und 1412 vorkommen. Mit dem 16. Jahrhundert werden Zahlen und Namen häufiger und sind auch nicht wohl zu bezweifeln. Es verschlägt übrigens dem Ruhme der Grotte nichts, wenn wir die ersten notorischen Wanderungen in derselben, oder wohl gar die Entdeckung selbst aus dem 13. in das 15. oder noch später in das 16. Jahrhundert herabrücken; wurde doch selbst die herrliche Grotte auf Antiparos erst 1673 durch den Marquis von Nointel wieder entdeckt und durch seinen Begleiter Cornelius Magni beschrieben.

An die Stelle der wenigen und nicht nachweisbaren topographischen Daten des classischen Alterthums treten im Mittelalter die abentheuerlichsten Fabeln. Werfen wir einen Blick auf den »Novus Atlas,« Das ist Weltbeschreibung etc., durch Gvil. und Joh. Blaev zu Amsterdam. Bei Joh. Blaev 1647,« und in die folgenden Ausgaben dieses berühmten Werkes, so finden wir einen wahren geographischen Gallimathias über diese Gegenden. Die Karte »Karstia, Carniola, Histria, et Windorum Mar-

---

Birnbaumer Wald. Illyr. Blatt 1848, Nr. 79) und ist der Ansicht, dass die alte Römerstrasse bis auf Carl VI. herab in Gebrauch, aber so verfallen war, dass dieser Monarch die »Verbindungsstrasse zwischen Görz und Präwald« in ihrer dermaligen Gestalt herstellen und den Birnbaumer Wald umgehen liess. In neuester Zeit unternahmen es einige Gemeinden die alte Strasse theilweise in fahrbaren Stand zu setzen etc.« — Leider nennt H. Mervig weder diese Gemeinden, noch gibt er Beweise für seine obige Behauptung.

chia, *Ger. Mercatore Auctore« *)* lässt östlich von »Logitsch«
einen Fluss »Alben« entspringen, der dann östlich vom Orte Alben
den »Fulru Fluss« aufnimmt, bei »Landole« und »Jablonicz« vorbei,
zwischen »Czernical und Schillrtaubr«, bei »Karon« vorbei, zwischen »Cavo de Istria und Mugels« — in das Meer fällt. Zwischen
Alben und »Logitsch« liegt »Plania«, südlich von Alben »Adelsperg.« Nordwestlich von Alben liegt »Lueg«, dort entspringt ein
Fluss, der nach »Ober-Laubach« geht. Die Identität der Recca
und des Timavo ist übrigens bereits ersichtlich. Der Text zu diesem Blatte enthält nur einige Notizen über den Zirknitzer
See. Ueber diesen allein weiss auch Kircher in seinem *Mun-
dus subterraneus* zu berichten, der doch gewiss nicht unterlassen hätte einer der Karsthöhlen zu erwähnen, wären sie ihm bekannt gewesen.

Es sind die vaterländischen Topographen, denen wir die ersten bestimmteren Nachrichten über diese merkwürdigen Gegenden verdanken.

Schönleben spricht 1681 (a. a. O.) von der Adelsberger
Grotte noch nicht, allerdings ein auffallender Umstand, wenn man
jener Inschriften in der alten Grotte und Valvasor's gedenkt,
der nur wenige Jahre nach Schönleben schrieb. Aber Schönleben kennt bereits die Lueger Höhle »*Lugea specus*« (I. 123).
von welcher derselbe ausdrücklich sagt, dass nach seinem Wissen
keiner der alten Historiker derselben Erwähnung macht.

Interessant sind die beiden seinem Werke beigegebenen Karten. Die erste *(Carniolia antiqua sive Pars Norici, et Car-
niae Antiqq. etc. W. delin.)* verzeichnet nur die von den
Alten angegebenen Orte. »*A.Pirum*« ist aber so weit nordwestlich
vom Flusse Poik gesetzt, dass es nur auf Kaltenfeld, nicht aber
auf Planina bezogen werden könnte. Die zweite Karte*(Carniolia,
Karstia, Histria et Windorum Marchia. Delineata et recens
edita Per Joëm Weichardum Valvasor L. B. Wagenspergi
in Carniolia)* enthält bereits die verschwindenden Flüsse überraschend richtig. Bei Lueg verliert sich ein unbenannter Bach; bei

---

*) Ausgabe von 1667, *Vol. III. no.* 32.

Adelsberg der »Poigfluss.« Bei »Kleinheisl« bricht eine Quelle hervor und eine zweite richtig gezeichnet im Mühlthal daneben, wohin er aber den Ort Alben verlegt, also an das rechte Ufer und nicht an das linke, wo heutzutage Planina liegt, zunächst bei Kleinhäusl. Bei »Hasperg« verschwindet auffallender Weise das Gewässer wieder und bricht östlich vom Schlosse abermals hervor und zwar als »Vnz-Fluss«, dessen Verschwinden weiterhin richtig angegeben ist. Eben so verschwindet die Reka bei »St. Kozian«, am Fusse des »Mons Gaberg.« Diese Karte enthält aber 1 Meile nordwestlich von Alben einen Ort »Pirbaumerwald,« welcher von dem *A Pirum* der ersten Karte um $^1/_2$ Meile weiter entfernt ist.

Acht Jahre nach Schönleben's *Carniolia antiqua et nova* erschien 1689 Valvasor's berühmtes Werk *): noch immer das Hauptwerk, trotz der unzähligen Irrthümer und Fabeln, die es enthält.

Erst im Jahre 1744, verfasste Floriantschitsch eine Karte, welche den Höhlenbildungen insoferne Rechnung trug, als das Verschwinden und Hervorbrechen der Flüsse mit mehr Bestimmtheit und richtiger angegeben wurde **). Namentlich ist diess mit der Poik der Fall, ihrem Verschwinden bei Adelsberg, Hervorbrechen bei Kleinhäusl und ihrer Vereinigung mit dem Mühlthalwasser vor Hasberg. Hierauf folgt das Dorf »Na Lasech« mit seiner Brücke und unterhalb desselben ist erst der Name »Unz-Fluss« beigeschrieben; ein neuer Beweis, wie unrichtig der Name »Unzhöhle« ist, weil in der ganzen Gegend das Gewässer, welches aus der Kleinshäusler Grotte hervorbricht, »die Poik« heisst. Zu Floriantschitsch's Zeiten führte die Strasse noch über »Lasech« und »Jacouza« (Jakobowitz) nach Planina, so wie die Triester Poststrasse über »Duatsch« (Divazza) und »Cornial«, damals eine Poststation. Bei dem einzigen »Lueg« erscheint das Zeichen einer Höhle (⌂) , indem das Schloss als in einer solchen befindlich angegeben ist.

---

*) »Die Ehre des Herzogthums Krain.«
**) *Ducatus Carniolae Tabula geographica etc.* 12 Bl.

Dem Blicke eines so erhabenen Kenners und Beförderers der Naturwissenschaften wie Maria Theresia's Gemal, Kaiser Franz I., entgingen auch nicht die unterirdischen Wunder Krains. Auf seinen Befehl untersuchte im Jahre 1748 J. N. Nagel die »natürlichen Merkwürdigkeiten« dieses Landes und verfasste von ihnen eine ausführliche mit Abbildungen begleitete Beschreibung. Dieses Werk erschien nicht im Drucke, aber die k. k. Hofbibliothek in Wien bewahrt das prachtvoll ausgestattete Manuscript desselben:

»Beschreibung deren auf Allerhöchsten Befehl Ihro Röm. Kayl. und Königl. Maytt. *Francisci I.* untersuchten, in dem Hertzogthum Crain befindlichen Seltenheiten der Natur« 97 Blätt. Fol. mit 22 Tafeln Tuschzeichnungen. Der Name des Verfassers befindet sich unter der Dedication, in welcher derselbe erwähnt, dass seine »Beschreibung des Ötscher-Berges und einiger anderer in dem Herzogthum Steyermark befindlichen Wunderdinge der Natur« sich einer huldvollen Aufnahme von Seite des Monarchen zu erfreuen hatte und ihm selbst die Ernennung zum »kaiserlichen *Mathematicum*« zu Theil wurde.

Nagel hat keine neuen Entdeckungen gemacht, das schon Bekannte zwar ziemlich genau beschrieben, jedoch weder Messungen noch irgend welche entscheidende Beobachtungen angestellt. Sein Hauptverdienst ist die erste Beschreibung der Grotte von Corgniale, welche sich vorfindet, dessen er sich auch selbst rühmt. Er war von einem Zeichner begleitet, der auf Taf. 18 sich nennt: »*Tous Ses Désseins Sont faits d'apres nature par Carles Beduzzi Ingenieur.*« Es dürften aber wohl nur die 4 letzten Tafeln von diesem herrühren, indem die früheren eine viel flüchtigere Hand verrathen, was sehr zu bedauern ist. Diese 4 letzten Tafeln haben durch ihre Genauigkeit wirklich wissenschaftlichen Werth, die ersteren erheben sich nicht über gewöhnliche Prospecte. Die Vorrede ist wesentlich eine Polemik gegen einige Fabeln Valvasor's, mit deren Widerlegung sich der Verfasser bemüht und dann folgendermassen fortfährt:

»Es ist demnach eine höchst ruhmwürdige Sache, da Ihro Kayserl. und Königl. Mayt. die Untersuchung deren Natur-Wundern des Hertzogthums Crain Allergnädigst entschlossen haben; Indeme man unter die Zahl derselben so viele fabelhafft, und aberglaubische Erdichtungen, womit Bücher und Gemüther vieler Inwöhnern dieses Landes, und deren reisenden Fremdlingen überhäuffet sind, und werden, mitrechnen wolte. Auf dass also einmahl durch eine genaue Beschreib- und Abbildung deren Merkwürdigkeiten das Wahre vom Falschen unterschieden werden möchte.

Dieser Allerhöchsten Absicht zufolge, habe ich mir in gegenwärtigen fürnehmlich angelegen seyn lassen, all- und jedes solchergestalt vorzustellen, dass dardurch dem Leser kein anderer Begriff beigebracht werden möchte, als den er erlangen würde, wan er es selbst in Augenschein nehmen solte. Ich habe mich hierzu der Deutlichkeit, doch auch dabey der Kürtze möglichst befleissen müssen; und zwar Letzteres, weilen es hauptsächlich vor einem Monarchen geschrieben ist, dem höhere Geschäfte zu Lesung derley Sachen nicht viel zeit übrig lassen wollen. Ich suche niemahl darin etwas verwunderlich zu machen, ausser vorüber ich mich selbst habe verwunderen müssen. Und mag jenen nicht nachahmen, welche, da sie aus fremden Ländern zurück — kommen, und vorsehen, dass man sie keines wiedrigen überweisen könne, sich durch Grossmachung der gesehenen Dingen gross zu machen, und also die Gewogenheit der Zuhörer zu gewinnen trachten.«

Das Werk hat keine Inhaltsanzeige und die Abschnitte sind nicht beziffert; es sind deren im Ganzen 14:

1. »Von dem Circknitzer See.
2. Von der Hölen bei St. Canzian (womit die Felsenbrücke von St. Kanzian bei Mauniz gemeint ist.)
3. Von der Gotscheer Hölen.
4. Von dreyen Wetter-Hölen bey Ober-Gurck.
5. Von einer wunderlichen Quelle bei Ober-Laibach.
6. Von der Hölen bey Planina.
7. Von der Adelsperger Hölen.
8. Von der Magdalenen-Höle ohnweit Adelsperg.
9. Von der Lueger Höle in Inner-Crain.
10. Von der Höle bei St. Servolo.

11. Von der verwunderlichen bisshero unbekannten Höle bei Cornial.

12. Von einem besonders gearteten Nuss-Baum (bei Cornial).

13. Von den Muschlen so man *Dattili del Mare* nennet.«

Hiermit endet die Beschreibung der Krainer Naturwunder, nachdem der Verfasser noch die Abbildung des Ursprungs der Wocheiner-Save und eines Wasserfalles unweit Feistritz in Ober-Krain beigefügt hat, jedoch ohne Erklärung.

Die folgenden Capitel handeln von Mähren:

14. »Von der bei dem Dorff Schloup in Mähren gelegenen Höle.

15. Von einem in Mähren befindlichen Abgrunde die Mazocha genant.«

Den Schluss bildet ein »*Catalogus* Deren aus Crain und Mähren mitgebrachten Naturalien, und einiger anderen zur Beschreibung dienenden Sachen.«

Bemerkenswerth ist es, dass dieser Untersuchungen Nagel's, die nicht verfehlen konnten in Krain alle Aufmerksamkeit auf sich zu ziehen, keiner der gleichzeitigen oder späteren Schriftsteller gedenkt, wenigstens fand ich nirgend derselben erwähnt. Ich werde auf dieses interessante Manuscript im Verlaufe meiner Beschreibungen an den bezüglichen Stellen noch oft zurückzukommen Gelegenheit haben.

Fast 100 Jahre nach Schönleben erhellte diese unterirdischen Räume Hacquet mit der Leuchte der Wissenschaft *), führte Valvasor's Märchen auf ihr gehöriges Mass zurück, und bereicherte die Kenntniss der Zirknitzer Abzugshöhlen, der Grotten von Adelsberg, Magdalena und Lueg durch genaue Beobachtungen; in der Kleinhäusler Grotte scheint er aber nicht gewesen zu sein. Hacquet's Werk ist mit einer Karte von Fr. X. Baraga versehen, auf welcher zum ersten Male ein eigenes Zeichen für Grotte gebraucht wird. Dieses Zeichen steht bei Adelsberg; dann etwas nördlich davon ohne Namen, offenbar die Magdalena-

---

*) *Oryctographia Carniolica.*

Grotte bedeutend; dann bei Lueg; zwischen Zirknitz und Planina, gleichfalls ohne Namen, vermuthlich die St. Kanzianer Felsenbrücke; bei Planina-Kleinhäusel befindet sich aber auffallender Weise dieses Zeichen nicht. Ferner kömmt dasselbe vor bei »St. Konzian« (Suet Kozian), wo es die Reccahöhle bedeutet, und wieder bei dem Orte »Lockuu« zwischen »St. Kozian und Besavitza« offenbar die Grotte von Corgnale bezeichnend, da Corgniale im slovenischen Lokva heisst.

Unstreitig das Bedeutendste über diese Gegenden leistete aber Tob. Gruber 1781 *), und brachte auch die ersten Ansichten von fast allen Höhlen, die er besuchte, die aber freilich leider kaum erkennbar und ohne allen Werth sind. Ihm verdanken wir (ausser Nagel) die ersten bestimmteren Nachrichten über die Kleinhäusler Grotte, wogegen er aber nichts von Lueg berichtet.

1805 lieferten Rosenmüller und Tillesius **) die erste Zusammenstellung der glaubwürdigsten Nachrichten über die Krainer Höhlen, mit manchen Originalbemerkungen und literarischen Nachweisungen vermehrt und gaben unter anderen auch eine etwas ausführlichere Beschreibung der Kleinhäusler Grotte.

Hoff theilte 1808 (a. a. O.) über die Höhlen nichts Neues mit, aber einige richtigere Bemerkungen über den Poik-Unz-Laibach-Fluss.

Dass dem patriotischen Valvasor Phantasie und Leichtgläubigkeit manchen Streich gespielt haben, ist bekannt, und namentlich was er über die Krainer Höhlen sagt, kann uns jetzt nur ein Lächeln abgewinnen. Aber bedenklicher ist es allerdings, wenn man in einem wissenschaftlichen Werke über Höhlen, wie in dem genannten von Rosenmüller und Tillesius, noch in unserem Jahrhunderte von »gefährlichen Irrgängen« liest, »in welchen schon Mehrere Tage lang verzweifelnd herum geirrt waren; »dass 2 oder 3 Personen, welche eine so weitläufige Höhle besuchen, wenn sie

---

*) Briefe hydrograph. u. physikal. Inhalts aus Krain etc.
**) Beschreibung merkwürdiger Höhlen. Bd. II.

in den Irrgängen sich verlieren und beide den rechten Weg aufsuchen, sich meilenweit von einander entfernen; »dass man überall erschreckliche Tiefen und Abgründe, dunkle Grüfte, unabseh-
bare Höhlen erblickt« u. s. w. Die Adelsberger Grotte ist jetzt
in ihrer längsten Ausdehnung keine halbe Meile lang, die »mei-
lenweiten« Entfernungen sind demnach durch die so oft bei Rei-
sebeschreibungen vorkommende Täuschung zu erklären, dass man
die Länge der Zeit, welche man braucht um eine Strecke zurückzulegen, für die Länge des Weges selbst hält; zwei Stunden l a n g
heisst aber nicht immer zwei Stunden w e i t gegangen, und bei Höh-
lenwanderungen gilt das wohl noch mehr als bei anderen Gele-
genheiten.

Man darf aber bei der Vergleichung alter Beschreibungen nicht
die jetzt gebahnten Wege zum Massstab nehmen. Man betrete
nur die sogenannten »ungangbaren«, d. h. nicht mit gebahnten
Wegen versehenen Seitengänge der Adelsberger Grotte, und man
wird an die Möglichkeit des Verirrens in der Hauptgrotte zur
Zeit, als dieselbe noch im ursprünglichen Zustande sich befand,
leicht glauben können. Als jene Schriftsteller über die Grotte
schrieben, war allerdings nur die »alte Grotte« bekannt, welche
wenigstens jetzt keine Seitengänge mehr hat, und doch fand sich in
dieser das »vertropfte Gerippe« vor, der unwiderlegbare Beweis,
dass ein Wanderer daselbst verunglückte *). Was aber die »Abgründe« betrifft und die »erschrecklichen Tiefen,« so wolle man
sich in die Zeit zurück versetzen, wo im grossen Dom der Adelsberger Grotte noch keine bequemen Treppen in die Tiefe hinabführten, wo auf der Naturbrücke oben noch kein sicheres Geländer
bestand; oder man dringe bis zum »Tartarus« vor, und blicke

---

*) Als ich 1852 in der gothischen Halle der Johannsgrotte eine Stunde
gezeichnet hatte, und dann aufbrach, schlug zu meinem Erstaunen
der F ü h r e r den Weg in das Innere ein, statt dem Ausgange zu-
zueilen, und ging eine Strecke fort, ehe er meiner Versicherung
glauben wollte, dass er sich geirrt habe. Ich erwähne diess nur, um
dieMeinung derjenigen zu widerlegen, die da glauben, man könne in
den bekannteren Höhlen ohne alle Vorsicht umher wandeln, und
die Führer seien geradezu untrüglich.

in diesen noch ganz naturwüchsigen Schlund beim ungewissen Schein von ein paar Grubenlampen hinab, und man wird eben nicht finden, dass jene Angaben gar so viel übertrieben waren.

Bis zum Jahre 1816 war für die Zugänglichkeit all dieser unterirdischen Wunder wenig oder nichts geschehen; einige Einwohner von Adelsberg übernahmen das Amt der Führer in die dortige und in die Magdalena-Grotte gegen ein Entgeld, welches von dem guten Willen der Reisenden abhing; die Beleuchtung geschah mit Holzspänen (Dorschen), und den Abgrund, in welchem die Poik strömt, pflegte man durch hinabgeworfene brennende Strohbüschel zu erleuchten.

Die Reise Sr. Majestät des Kaisers Franz I. im Jahre 1816 nach Triest begründete aber eine neue Epoche für die Adelsberger Grotte. Der damalige k. k. Kreiscassier Joseph Ritter von Löwengreif war ein eifriger Freund der Grotte und beabsichtigte den grossen Dom zweckmässiger als bisher zu beleuchten. Am besten konnte diess dann geschehen, wenn es gelänge in der Tiefe am Ufer der Poik Lichter anzubringen. Er dingte zu diesem Zwecke mehrere muthige Arbeiter und gelangte über zusammengebundene Feuerleitern wirklich in die Tiefe hinab, wo es sich denn alsogleich herausstellte, dass das Gewässer nichts weniger als unergründlich war, wie man seither behauptet hatte, sondern nur 1 bis 2 Fuss tief. Löwengreif stellte zugleich Nachforschungen an, ob sich kein weiterer Gang entdecken liess, »aber senkrechte Wände verhinderten alles weitere Vordringen, nur das Rinnsal des Baches zeigte bei dessen Ein- und Ausfluss eine nicht durchschreitbare Oeffnung« *). Herr von Löwengreif liess nun unten an beiden Ufern Lichter anbringen, und so erglänzte am 16. Mai 1816 bei

---

*) So erzählt Graf Hochenwart. (S. V.) Beim Einflusse des Baches in den Dom kann man allerdings nicht vordringen, weil der Fluss hier einen tiefen Tümpel zwischen schroffen Wänden bildet. Beim Abflusse aus dem Dom in das Innere ist aber die Oeffnung sehr wohl zu „durchschreiten", wie sich in der Folge zeigen wird; auch fand ich keine Spuren, dass die Oeffnung etwa seit jener Zeit durch Einsturz erweitert worden wäre; jene Nachsuchung scheint daher nur

dem Besuche des Monarchen der grosse Dom zum ersten Male in entsprechender würdiger Beleuchtung. Der Kaiser hatte seinen Standpunct eben auch auf der »Naturbrücke«; zum Flusse hinab führte damals noch kein Weg.

Herr von Löwengreif besuchte zu jener Zeit auch die »alte Grotte« wieder, welche ganz verschollen war, obwohl die früheren Beschreibungen nur von ihr gelten konnten, denn die kurze Strecke vom Eingange bis in den grossen Dom bietet nichts besonders Merkwürdiges. Die Gefährlichkeit des Zuganges scheint jedenfalls längere Zeit hindurch vom Besuche derselben abgehalten zu haben.

Herr von Löwengreif nun galt bisher auch als der Entdecker des neuen, jetzigen Hauptganges, von ihm Kronprinz Ferdinands - Grotte (nunmehr Kaiser Ferdinands - Grotte) benannt, welche er aufgefunden haben soll, als er die Vorbereitungen leitete, da der Besuch des damaligen Kronprinzen, Erzherzogs Ferdinand kaiserliche Hoheit, im Jahre 1819 bevorstand. Graf Hochenwart und Kreisingenieur Schaffenrath geben ausdrücklich Herrn von Löwengreif als Entdecker an, und der Erstgenannte erzählt sogar die Nebenumstände der Entdeckung. Als aber Herr von Löwengreif später die Leitung der Grotten-Verwaltung zurücklegte und der damalige Kreiscommissär, Friedrich Kreizberger Ritter von Kreizberg, dieselbe übernahm, suchte dieser über das Factum der Entdeckung Gewissheit zu erlangen und vernahm den gewesenen provisorischen Strassenbau-Assistenten zu Adelsberg, Jacob Vidmar, daselbst am 19. December 1823 zu Protokoll, wie folgt *):

»Es war im April 1818 als Se. Majestät unser angebethete Kaiser Franz der Erste — mit a. h. Ihrer durchlauchtigsten Gemalin, der Kaiserin Carolina Augusta hier durch und nach Dalmatien reiseten.

Einige Tage vor dem Eintreffen der a. h. Herrschaften in

oberflächlich gemacht worden zu sein, weil der Wasserlauf ohne diess nur eine zeitweilige Zugänglichkeit versprach.

*) (Mittheilungen des hist. Vereins f. Krain 1846. Illyr. Blatt 1846. N. 46.)

Adelsberg wurden in der alten, bis dahin nur bis zur natürlichen Brücke über den Poikfluss bekannten Grotte einige Arbeiten zur Beleuchtung derselben angewendet, weil a. h. Ihre Majestät die Kaiserin vor hatte diese Grotte in hohen Augenschein zu nehmen, was auch späterhin wirklich stattgefunden hat.

Auf Veranlassung des Herrn Kreiscassiers Ritter v. Löwengreif — halb aus freiem Willen — übernahm ich bei diesen Arbeiten eine Art von Aufsicht, besonders aber die Obsorge über den Verbrauch der bei den Arbeiten erforderlich gewesenen Beleuchtungsmaterialien.

Gegenüber von jener natürlichen Brücke auf einem vorstehenden, früher schon bemerklich gewesenen grossen Felsen wollte man eine Pyramide mit einer auf den hohen Besuch der Kaiserin Mutter verfassten transparenten Inschrift aufstellen.

Es traf sich an einem Tage, dessen ich mich nicht mehr genau besinne, dass ich Nachmittags bei diesen Arbeiten war, während sich gleichzeitig auch Jacob Vitschitsch, Kupferschmied in Adelsberg, Franz Schibenig *), Lucas Tschetsch **), Valentin Varne und ein Insasse von Adelsberg mit dem Vulgar-Namen Mallnar nebst mir in der Grotte befanden. Man wollte jene Pyramide auf den gewählten Felsen aufstellen, und wir standen die meisten unten am Fusse am diesseitigen Ufer. Es wurde über den Fluss eine grosse Leiter und darauf ein Bret gelegt, und obbemeldeter Lucas Tschetsch ging mit einer Lampe über diese Nothbrücke, um einen Weg zu jenem auf jenseitigem Ufer stehenden grossen Felsen zu finden. Mit der grössten Anstrengung und mit höchster Lebensgefahr kletterte nun Tschetsch langsam den Felsen hinan, ehe dass wir, mit anderen Dingen beschäftiget, besonders auf ihn geachtet hatten. Erst als er oben war, rief er uns zu, und wir sahen ihn oben stehen, sahen ferners, dass er weiter gehe, sahen einige Zeit noch den Schimmer seines Lichtes. Nun warteten wir eine gute halbe Stunde auf die Rückkunft des kühnen Menschen, und waren schon um ihn in den äussersten Sorgen,

---

*) Der älteste der jetzigen Führer.
**) Bereits verstorben, sein Bruder ist jetzt gleichfalls Führer.

da wir vermeinten, es sei ihm ein Unglück widerfahren. Nach langer Weile erblickten wir wieder einen Lichtschimmer und es erschien Tschetsch wieder auf dem grossen Felsen.

Jubelnd rief er uns zu: »Hier ist eine neue Welt — hier ist das Paradies!« Er kam herab und erzählte uns, dass er eine neue Grotte entdeckt habe, deren Ende er nicht habe erreichen können. — Er seie weit hinein gegangen, und um wieder den Rückweg finden zu können, habe er abgebrochene Tropfsteine so legen müssen, dass die Spitze ihm den Rückweg gewiesen.

Nun war die Grotte entdeckt, und Tags darauf haben wir uns — ich, Franz Mühleisen, k. k. Distrikts-Förster in Planina, Jakob Vitschitsch, Franz Schibenig und dieser Tschetsch — sogleich so weit hineingewagt, dass wir mehrere Stunden ausblieben, nur haben wir damals nicht den Weg in den grossen Grottengang gegen den Turniersaal, sondern jenen in die nunmehrige Ferdinandsgrotte eingeschlagen *).

Die Wahrheit dieser meiner Erzählung verbürge ich mit meiner Ehre, auch müssen solche die übrigen Zeugen bestätigen.

Adelsberg am 19. December 1823.

Jakob Widmar *m. p.*«

Das Factum der Entdeckung, als schon im Jahre 1818 stattgefunden und zwar nicht durch Ritter v. Löwengreif, sondern durch den oben genannten Führer Lucas Tschetsch, muss über allen Zweifel hinaus sicher gestellt gewesen sein, weil sich später sogar ein kreisämtlicher Bericht ausdrücklich darauf beruft **).

---

*) Damit ist der Seitengang No. 1 gemeint, welchen Kaiser Ferdinand zuerst betrat, der Hauptgang wurde nämlich erst nach der Hand entdeckt.

**) Der in der Laibacher Zeitung (1819 S. 297) erschienene offizielle Bericht über den Besuch Sr. kais. Hoheit des damaligen Erzherzogs Ferdinand sagt: „Die seit 2 Jahren entdeckte obere Grotte,“ wornach dieselbe also gar schon 1817 entdeckt worden sein müsste? — offenbar ein Irrthum. Bemerkenswerth ist der Umstand, dass in diesem Berichte des Ritters v. Löwengreif mit keiner Sylbe erwähnt wird. Costa (Reiseerinnerungen aus Krain) nennt schon den Tschetsch als Entdecker.

Es scheint, dass aus Rücksicht für den um die Grotte jedenfalls hochverdienten Ritter v. Löwengreif und seinen Gönner, den Grafen Hochenwart, der ihn als eigentlichen Entdecker in die Welt eingeführt hatte, die Aufhellung der wahren Sachlage so lange unterblieb.

Se. kais. Hoheit der damalige Kronprinz, Erzherzog Ferdinand betrat am 17. August 1819 um 4 Uhr Nachmittags (von Zirknitz kommend) die Grotte, welche geschmackvoll beleuchtet war. Auf der Naturbrücke stand eine transparente Pyramide mit der Aufschrift » Vivat Ferdinandus« und bei derselben war ein Sängerchor und eine Musikbande aufgestellt. Als der Erzherzog sich näherte stimmte die Musik die österreichische Volkshymne an, und der Chor von Mädchen und Knaben sang ein von Heinrich Costa verfasstes Festlied, dessen Manuscript ein kleines Mädchen dem Prinzen überreichte. Der Erzherzog blieb bei drei Stunden in der Grotte, sprach seine Zufriedenheit mit den getroffenen Anstalten aus, und schrieb sich eigenhändig in das zum Andenken an diesen Festtag eröffnete Denkbuch der Grotte ein. Die Stelle, wo dem Erzherzog jene Huldigung dargebracht wurde, bezeichnet ein von Herrn Löwengreif errichtetes Monument.

Im Jahre 1844 am 4. September beehrte Kaiser Ferdinand, mit Ihrer Majestät der Kaiserin Maria Anna, und Sr. kais. Hoheit dem Herrn Erzherzog Johann, zum zweiten Male die Grotte mit einem Besuche. Im Tanzsaale war ein Musikchor aufgestellt, die höchsten Herrschaften gingen bis zum Vorhange und blieben über zwei Stunden in der Grotte.

Die Entdeckung der neuen Grotte, unbestritten der grössten damals bekannten in der Monarchie, musste nothwendig grosses Aufsehen machen und zahlreichen Besuch veranlassen. Schon im Jahre 1819 fand sich glücklicherweise das k. k. Kreisamt bewogen die Grotte zu sperren und nur gegen ein Eintrittsgeld von 30 Kreuzer für die Person zu öffnen, wodurch den Devastationen vorgebeugt wurde, welche rasch die Grotte ihrer schönsten Zierden zu berauben drohten. Ritter von Löwengreif nahm ausschliesslich die Leitung aller Arbeiten in der Grotte, die Herstellung der Wege, Dämme, Brücken etc. auf sich, und insbesondere liess er die solide Steintreppe anlegen, welche in den grossen Dom hinab, und jenseits wieder hinaufführt. Löwengreif hing wahrhaft mit Begeisterung an der Grotte, und es ist kein Zweifel, dass er selbst so manche Auslage aus eigenen Mitteln bestritt, die er zum Besten der Grotte für nothwendig hielt. Dafür wurden ihm auch Allerhöchsten Ortes auszeichnende Anerkennungen zu Theil. Ein ämtlicher Bericht erwähnt ausdrücklich, »dass seine persönlichen Verwendungen von den glücklichsten — selbst von des Kaisers von Oesterreich und Kaisers von Russland Majestäten beinahe gleichzeitig durch das Geschenkniss reicher Brillantringe ehrenvollst anerkannten — Erfolgen waren.«

Aber diese und so viele andere ihm gewordenen Auszeichnungen erweckten den Neid, ja sogar die Verleumdung, und von Löwengreif, dem endlich dergleichen selbst zu Ohren kam, sah sich genöthigt, eine Klage wegen Ehrenbeleidigung bei dem Kreisamte anzubringen, welche er zwar nach erfolgter Abbitte wieder zurücknahm, aber am 3. October 1823 begab er sich aller und jeder Aufsicht über die Grotte förmlich und konnte zur erneuerten Uebernahme nicht mehr bewogen werden. Bei dieser Gelegenheit wies er nach, dass er seinerseits eine ansehnliche Summe als für die Grotte geleisteten Vorschuss anzusprechen habe.

Löwengreif's Rücktritt war die Veranlassung zur Bildung einer eigenen Grotten-Verwaltungscommission, welche aus dem Kreisingenieur, Bezirkscommissär, dem Gemeinderichter und einem Gemeindemitglied, als Tagescassier fungirend, bestand. Sie hielt am 17. August 1824 ihre erste Sitzung, bei welcher Herr Ritter von Kreizberg, ein nicht minder eifriger Freund der Grotte, einen »Entwurf der Bestimmungen einer geordneten Verwaltung und Aufsicht über die Adelsberger Grotte« vorlegte, welcher nach seinen wesentlichen Grundzügen noch jetzt in Uebung ist. Wie rasch der Fremdenbesuch zunahm, kann man daraus schliessen, dass vom 23. April 1830, mit welchem Tage das Einnahms-Journal eröffnet wurde, bis letzten September jenes Jahres schon 924 fl. 21 kr. eingenommen wurden. Die Einnahme steigerte sich in der

2 *

Folge so sehr, dass nach Abschlag der Provision von 5°/₀ für den Tagscassier und nach Bestreitung aller für die Grotte nöthigen Ausgaben im Jahre 1846 schon ein Fond von mehr als 4000 fl. C. M. gebildet war; und doch rechnete man anfangs nicht einmal auf die Deckung der Grottenbedürfnisse und hatte Unterstützung durch bemitteltere Landesanstalten im Auge!

Sobald nun die Adelsberger Grotte ausser ihrem Rufe als Naturmerkwürdigkeit auch noch als Ertragsquelle sich bemerkbar machte, erhoben sich von allen Seiten Ansprüche auf dieselbe, und das Eigenthumsrecht — natürlich insbesondere an den Grottenfond — wurde endlich Gegenstand eines interessanten mehrjährigen Rechtsstreites.

Der Adelsberger Cameral-Verwalter Carl S c h m o l l gab den ersten Anstoss hierzu im Jahre 1823, indem derselbe im Namen der Staatsherrschaft Adelsberg das Eigenthum der Grotte in Anspruch nahm und zugleich vorschlug, das Erträgniss derselben zu verpachten, den Pachtschilling aber zur Dotation einer in Adelsberg zu errichtenden Mädchenschule zu verwenden.

Im Verlaufe der Zeit bewarb sich auch die Gemeinde Adelsberg um Ueberlassung des Grottenfondes, 1842 zur Erbauung einer Caserne — später wieder zur Gründung eines Spitales (1846, wobei auf den Umstand hingewiesen wurde, dass im Kreise gar kein Krankenhaus bestehe, ausser dem speciellen Werksspitale zu Idria, dass ferner auf 14 Quadratmeilen und 31,000 Seelen nur 1 Med. Doctor, auf 3¹/₂ Quadratmeilen und 8000 Seelen nur 1 approbirter Wundarzt entfalle) *). Zugleich machte die Gemeinde Rechtsansprüche auf die Grotte selbst geltend, als Nutzeigenthümerin der über der Grotte befindlichen Weide.

Im Jahre 1842 ersuchte auch das Collegium der landständischen Verordneten um Ueberlassung des Ueberschusses in der

---

*) Bei dieser Gelegenheit mag erinnert werden, dass 1818 in Adelsberg eine Scherlievo-Heilanstalt errichtet wurde, welche vom 18. Mai bis 31. December 393 Personen aufnahm, von denen 369 vollkommen geheilt entlassen wurden.

Adelsberger Grottenfondscasse (oder um den Grottenfond) an das Krainer Landesmuseum. Die Stände stellten zugleich den Antrag die Oberaufsicht über die Grotte und die Verwaltung des Fondes zu übernehmen. Das Kreisamt konnte nicht darauf einrathen und wie richtig dasselbe die Bestimmung des Grottenfondes auffasste, geht aus folgender Stelle seines Berichtes hervor, welcher in der That der registraturlichen Vergessenheit entrissen zu werden verdient. »Der Grottenfond soll seiner nächsten Bestimmung nicht entzogen werden, welche darin liegt, dass seine Ueberschüsse für Umstaltungen und Verbesserungen in der inneren Grotteneinrichtung und für solche Anlagen verwendet werden, die den Reiz für Bewunderer erhöhen und indem sie fortwährend neue Besuche anlocken, auch dem Fonde nachhaltige und vermehrte Zuflüsse sichern... Die Conservirung und Erweiterung der bestehenden Grottengänge, die Sorge für die Sicherheit und Bequemlichkeit erheischt manchen Aufwand und es muss für Verbesserungen viel geschehen, wenn das Interesse am Gegenstande rege erhalten werden soll, auch werden kostspielige Versuche neuer Entdeckungen nicht zu vermeiden sein, wenn für das naturhistorische sowohl als für das pecuniäre Fondsinteresse gesorgt werden will.« — Uebrigens war aus dem Grottenfonde dem Landesmuseum schon ein Vorschuss von 400 fl. gemacht worden, und die Hälfte davon wurde demselben ganz nachgesehen.

Bei weitem wichtiger waren die Ansprüche der Staatsherrschaft Adelsberg, auf den Grottenfond sowohl als auf das Eigenthum der Grotte selbst, und die in dieser Rechtssache gewechselten Schriften sind von nicht geringem Interesse. Die kreisämtlichen Berichte in dieser Angelegenheit sind wahre Musterstücke, selbst was den Styl anbelangt, und ein Beweis, wie ausgezeichnete Kräfte in der stillen Wirksamkeit unserer Beamtenwelt auch in früherer Zeit anzutreffen waren. Das Kreisamt unterschied sehr richtig die Ansprüche auf das Eigenthum der Grotte und jene auf den Grottenfond. Dem Obereigenthum der Staatsherrschaft in Bezug auf die Alpe Gora werde das unbestreitbare alleinige Nutzeigenthum auf die Weide daselbst entgegen gesetzt, welches der Markt Adelsberg mit anderen benachbarten Orten ausübt, und das weit über den Zeitraum der Verjährung oder Ersitzung zurückreicht — Verhältnisse, welchen auch die Kammer-procuratur in einem Gutachten Rechnung trug. Das Kreisamt ver-trat kräftig die bisherige Leitung des Grottenwesens durch die Or-gane der Regierung, die Herausbildung desselben zu einer öffent-lichen Anstalt und zwar durch das Erträgniss, welches eben diese Bemühungen um die Grotte zu Stande gebracht hatten, und wies energisch auf die Nothwendigkeit hin, in jedem Falle durch Re-gierungsorgane das Gebahren einer anderen Verwaltung überwa-chen zu lassen.

Dieser Streit wurde durch 25 Jahre fortgesponnen, wenn man das Jahr 1823 wie erwähnt zum Ausgangspunct annehmen muss, und erhielt endlich durch eine Allerhöchste Entschliessung vom 27. April 1848 seine Erledigung. In Folge derselben ist die Adels-berger Grotte als ein Eigenthum der k. k. Staatsherrschaft Adels-berg anzusehen. Die Verwaltung der Grotte ist von der dermal beste-henden Commission, auf Grundlage der von dem k. k. illyrischen Landespräsidium provisorisch gut geheissenen Instruction, zu füh-ren, deren Wirksamkeit auf einer zu jeder Zeit widerruflichen Bewilligung der obersten Finanzverwaltung beruht, welcher es vorbehalten bleibt in der jeweiligen Instruction Aenderungen vor-zunehmen, wie sie die jedesmaligen Umstände erheischen wer-den... Was den dermaligen Grottenfond, oder eigentlich dessen Ueberschüsse betrifft, so dürfen dieselben zu keinem anderen Zwecke verwendet werden, als um die Grotte im guten Stande zu erhalten, die dieserwegen nothwendigen Bauführungen und sonsti-gen Arbeiten vorzunehmen, und soweit es die Mittel des Fondes und die Rücksichten auf künftige Auslagen erlauben, auch auf Verschönerung und Erweiterung der Grotte Bedacht zu nehmen etc.

Die neu entdeckte Grotte erhielt auch ihre eigene Litera-tur. Der Director der nautischen Akademie zu Triest, H. Volpi lieferte die erste Beschreibung, hierauf folgte Agapito, endlich Graf Hochenwart, dessen Monographie in erster Reihe steht, mit eben so viel Kenntniss als Liebe zur Sache geschrieben, durch

strenge Wahrheitsliebe und einfach edle Darstellung den Leser
auch für die Persönlichkeit des Verfassers gewinnend. Der Graf gab
seinem Werke auch Ansichten aus der Grotte bei, welche der Kreisingenieur Alois Schaffenrath gezeichnet hatte, leider mit eben
so wenig Geschmack als Treue. — In zahlreichen Reisewerken
wurden fortan der Grotte eigene Abschnitte gewidmet, von denen
aber die wenigsten neue Daten liefern, ausser die naturhistorischen
Reisewerke; am ausführlichsten ist Bronn *).

Die Grottenverwaltungs-Commission veranstaltete nun auch
1833 eine markscheiderische Aufnahme durch den k. k. Oberhutmann Joh. Fercher aus Idria, und gab nach seinem Original-
Plane einen Grundriss der Grotte heraus, welcher auch Vignet-
ten-Umrisse einiger Tropfsteingebilde enthält **). Es ist zu

---

*) (Volpi.) Ueber ein bei Adelsberg neu entdecktes Palaeotherium, von
einem Freunde der Natur. Triest 1821; 8.

Agapito, *Le grotte ed altri notevoli oggetti nelle vicinanze di
Trieste. Vienna* 1823; 8°.

Franz Graf von Hochenwart, Wegweiser für die Wanderer in der
berühmten Kaiser Ferdinands-Grotte bei Adelsberg in Krain. Als Erklärung der von Herrn Alois Schaffenrath, k. k. Kreisingenieur
in Adelsberg, gezeichneten Ansichten dieser Grotte. Laibach 1837; 8.
mit 19 Kupf. in Querquart.

(Auffallend ist der Umstand, dass keine der öffentlichen Bibliotheken Wiens diese Werke besitzt! Man mag daraus auf die Schwierigkeiten schliessen, welche Arbeiten zur Vaterlandskunde finden.)

Heinrich G. Bronn, Ergebnisse meiner naturhistorisch-ökonomischen
Reisen. 2 Thl. Heidelb. 1826; 8. Thl. I. S. 610 u. s. w.

Volpi bemerkt a. a. O. „Der k. k. Distriktsförster Mühleisen in
Planina arbeitet an einer ausführlichen Monographie der Höhle.« Erschienen ist dieselbe nicht, und ich konnte auch über das Manuscript
nichts erfahren.

**) Situationsplan aller Verzweigungen der berühmten Grotte bei Adels-
berg, welche auf Veranlassung Sr. Hochgeb. des Herren Grotten-Com-
missions-Präses, k. k. Gubernialrath und Kreishauptmann zu Adelsberg Grafen zu Brandis vom k. k. Bergamt zu Idria durch Herrn
Johann Fercher, k. k. prov. Oberhutmann markscheiderisch aufgenommen wurde. Zur Herausgabe in das Mass reducirt, gezeichnet,
mit drei inneren Ansichten und mit der Situation und Beschreibung
vermehrt vom k. k. Kreis-Ingenieur Hrn. Alois Schaffenrath etc.

bedauern, dass damals der Verlauf der Grotte nicht auch über Tags ausgesteckt und durch bleibende Merkzeichen ersichtlich gemacht wurde. Zugleich veranlasste die Commission Herrn Schaffenrath zur Herausgabe eines neuen Wegweisers für Reisende *).

Es ist bemerkenswerth, dass man in den früheren Jahrgängen der Laibacher Zeitung und ihrer Beilagen (Laibacher Wochenblatt, dann Illyrisches Blatt) vergeblich ausführlichere Nachrichten über die Krainer Höhlenwelt sucht. Eine grössere Sterilität an Beiträgen zur Vaterlandskunde ist nicht denkbar — die Ursachen davon gehören der österreichischen Literaturgeschichte an. Kaum dass die Adelsberger Grotte gelegentlich des Besuches hoher Herrschaften genannt wird, anderer Grotten wird gar nicht gedacht.

Im Jahre 1849 veröffentlichte Professor Voigt seinen Vorschlag zu einer unterirdischen Eisenbahn zwischen Laibach und Triest und diese Hypothese veranlasste den damaligen Cooperator zu Planina, Herrn A. Urbas, zur Mittheilung seiner Entdeckungen in den Höhlen bei Planina **) um so dankenswerther, als sie vor-

---

Von der Adelsberger Grotten - Verwaltungs-Commission den 1. Jänner 1834. 1 Bl. Grossfol. (1 Zoll = 40 Klaft.)

Herr Fercher hatte die Gefälligkeit mir seinen Originalplan zukommen zu lassen, welcher nebst dem Grundriss auch den Aufriss enthält, der in dem lithographirten Plane leider weggelassen wurde.

*) Schaffenrath Alois, Beschreibung der berühmten Grotte bei Adelsberg in Krain, nach allen ihren Verzweigungen, Enden und Klüften; in Bezug auf Richtungen, Distanzen, Höhen und Sehenswerthes derselben, sammt einer vor dem Eintritte erwünschten Uebersicht und einem die Einrichtung und den P. T. Herrn Grottengast betreffenden Anhange. Mit zwei lithogr. Zeichnungen. Laibach 1834; 8. (Die Lithographien bestehen in einer Reduction des Fercher'schen Planes und einer ganz verzeichneten Ansicht des Vorhanges.)

**) Voigt, Christ. Aug., Vorschlag zu einer Eisenbahn, welche Triest und Fiume direct unter einander und beide wieder mit Laibach auf dem möglichst kurzen Wege verbindet. (Mit 1 lith. Karte.) Illyrisches Blatt 1849. Nr. 28. 29. 30. (Auch unter dem gleichen Titel als Broschüre erschienen, Wien 1850 bei L. Sommer; 8.)

(Urbas.) Die Grotten und Abgründe von Planina. Illyr. Blatt 1849. N. 32. 34. 37.

nehmlich die bis dahin noch so wenig gekannte Kleinhäusler Grotte betrafen.

In den letztverflossenen Jahren sind allerdings eine namhafte Anzahl von Höhlen und Grotten in Krain — insbesondere durch Professor Arenstein und den unermüdeten Custos H. Freyer — theils gründlicher untersucht, theils neu entdeckt worden, die aber ausser dem Kreise liegen, auf welche sich das vorliegende Werk beschränkt *).

Im Jahre 1849 besuchte ich Planina und Adelsberg in der Absicht meinen längst gehegten Plan zur Untersuchung der dortigen Höhlen auszuführen, musste mich aber auf eine Recognoscirung beschränken, da der hohe Wasserstand nicht erlaubte, in die Kleinhäusler Grotte einzudringen, und die im Litorale herrschende Cholera keine Aufmunterung zu derlei Expeditionen war. Im August 1850 begann ich meine Untersuchungen in der Kleinhäusler Grotte mit Hrn. Joh. Rudolf, k. k. Bergbeamten aus Idria (siehe Vorrede), worauf wir die Felsenbrücke von St. Kanzian etc., die Adelsberger Grotte und die Piuka Jama besuchten und 1852 vorzugsweise die beiden letzteren, so wie die Lueger Höhlen erforschten **). Die Resultate dieser Untersuchungen werden hiermit dem Publicum übergeben, mit dem vollen Bewusstsein, dass

---

*) Berichte über die Zusammenkünfte der Wissenschaftsfreunde in Laibach. Berichte über die Mittheilungen von Freunden der Naturwissenschaften in Wien. Von W. Haidinger. Bd. VI. S. 174. Bd. VII. S. 50.

**) Die ursprünglichen Berichte über meine Untersuchungen veröffentlichte ich in einer Reihe von Artikeln über „Die Höhlen des Karst" in dem „Abendblatte" der Wiener Zeitung, 1850 Nr. 195, 196, 200, 205, 208, 209, 212, 214, 219, 222, sodann 1852, Nr. 200, 202, 207, 210, 211, 220, 224, 227. Dieselben sind sämmtlich auch in der Laibacher Zeitung abgedruckt worden. Die Leipziger „Illustrirte Zeitung" brachte 1852 in Nr. 45 u. f. einen fast wörtlichen Abdruck meiner Reiseberichte in der Wiener Zeitung, nannte mich aber Schmidt und meine diessfällige Reclamation blieb unberücksichtigt. Vergleiche ferner meinen „Beitrag zur Höhlenkunde des Karst" im Decemberheft 1850 der Sitzungsberichte der mathematisch-naturwissenschaftlichen Classe der k. Akademie der Wissenschaften. —

dieselben als nur locale, für die genannten Höhlen und Grotten speciell geltende und keineswegs vollständige anzusehen sind. Zu einer umfassenden Darstellung des Karstes und seiner so überaus merkwürdigen Höhlensysteme sind noch zahlreiche wiederholte Untersuchungen nothwendig, und die vorliegenden topographischen Schilderungen können nur als die Grundlage zu künftigen geographischen und insbesonders zu geologischen Forschungen betrachtet werden.

In welchem Grade übrigens die Kenntniss der Geologie, der Fauna und Flora der Krainer Höhlenwelt in neuerer Zeit durch die Forschungen von Morlot's, der Grafen von Hochenwart und Khevenhüller, Freyer's, Ferdinand, Schmidt's, des Dänen Schiödte u. s. w. gewonnen hat, werden die speciell naturwissenschaftlichen Abschnitte des Buches darthun. Jedenfalls sind wir dahin gelangt, dass der Karst und seine Höhlen die volle Aufmerksamkeit des wissenschaftlichen Publicums auf sich gezogen hat.

Was nun insbesondere die Adelsberger Grotte anbelangt, so haben wir gesehen, dass durch die im Jahre 1848 erflossenen Verordnungen die Erhaltung und fortschreitende Verbesserung der Anlagen in derselben für die Zukunft gesichert ist. Die Jahre 1848 und 1849 waren indessen der Erhaltung der Grotte und der Vermehrung ihres Fondes sehr ungünstig; die Grotte war besonders im Jahre 1848 fast preisgegeben, Beschädigungen waren nicht zu verhüten und Eintrittsgelder flossen nur höchst spärlich ein. Mit der Consolidirung und Verbesserung unserer öffentlichen Zustände trat auch für die Grotte ein günstiger Wendepunkt ein, und der Besuch ist von Jahr zu Jahr im Steigen. 1852 wurden mehrere kostspielige Arbeiten in der Grotte ausgeführt, eine neue Brücke über die Poik hergestellt, die Treppe in den Tanzsaal breiter gemacht u. dgl. mehr. Die Vollendung der Karstbahn aber wird für die Grotte eine neue Aera herbeiführen. Die Entfernung des Bahnhofes vom Markte wird die Erbauung eines Hotels bei demselben und die Einrichtung von Omnibus nöthig machen, welche die Reisenden bis zur Grotte führen, was aber eine Verbesserung der zu derselben führenden Strasse erheischt. Jede Erleichterung und Beschleunigung der Reise nach und von Triest wird auch auf die Vermehrung des Grottenbesuches und damit des Grottenfondes einwirken; ist es wohl zu viel Phantasie, wenn man sich der Erwartung hingibt, dass der Grottenfond dann seine belebende Wirksamkeit auch auf die benachbarten Höhlen erstrecken dürfte? die so viel Eigenthümliches darbieten, aber noch des Mäcenas entbehren!

Wir haben uns bisher mit den Schicksalen der Höhlen beschäftiget, wir dürfen aber nicht unterlassen auch auf die Geschicke der Ortschaften einen Blick zu werfen. Die Quellen dafür fliessen leider noch sparsamer, und Valvasor ist fast ausschliessend der Gewährsmann, dem wir folgen müssen.

1. Adelsberg. Die richtige Schreibart ist offenbar »Adlersberg«, weil der slowenische Ortsname »Postojna« eben einen Adler bedeutet. Dass der felsige Schlossberg, schon im 17. Jahrhundert kahl und öde, ursprünglich ein Lieblingshorst des Königs der Lüfte gewesen, und der Name wirklich daher entlehnt sein mag, ist nicht unwahrscheinlich.

Ein altes Geschlecht edler Herren von Adelsberg hat wohl existirt (Herrmann dritter Graf zu Cylli soll eine Adelsberg zur Gemalin gehabt haben), aber dasselbe muss frühzeitig ausgestorben sein und um die Mitte des 17. Jahrh. war keine Spur mehr davon vorhanden. 1372 erhielt Graf Herrmann von Cylli Adelsberg pfandweise von den österreichischen Herzogen Albrecht und Leopold. 1435 muss die Herrschaft landesfürstlich gewesen sein, denn Erzherzog Friedrich schickte aus seiner »Hauptmannschaft Adelsberg viel Volks gegen die Stadt Laas.« 1458 war Adelsberg wieder im Besitz der Cyllier. Im Jahre 1463 finden wir Herrn Georg von Tschernembl als »Hauptmann zu Adelsberg und am Karst«. Im Kriege zwischen Kaiser Max und der Republik Venedig wurde das Schloss von Antonio Contarini durch Ueberfall genommen, aber bald wieder befreit. Drei Türkeneinfälle verheerten die Landschaft, 1559, 1560 und 1564. Im December 1615 lagerte bei Adelsberg die krainerische Ritterschaft unter

Balthasar von Scheyr, als man einen Einfall der Venetianer besorgte. — Von den Landesfürsten kam die Herrschaft an die Fürsten Eggenberg, in der zweiten Hälfte des 17. Jahrhunderts an die Fürsten Auersberg, jetzt aber ist Adelsberg Staatsherrschaft.

Valvasor bildete das Schloss (Bd. III. II. S. 6) noch als wohlerhalten, mit Mauern und einem Thorthurme ab, und rühmt schon damals den »Lustvollen« Markt Adelsberg wegen seiner schönen Häuser. — Laut einer Urbarial-Vormerkung legte am 10. Nov. 1689 früh zwischen 2 und 3 Uhr ein Blitzstrahl die Burg in Asche *).

2. Planina. Dieser slowenische Name hat den im Mittelalter herrschend gewesenen deutschen Namen »Alben« jetzt gänzlich verdrängt. Die »Herren von Alben« blühten zu Ende des 12. Jahrh. und Katharina, die Tochter Ulrichs von Alben, war Gemalin Orthulphs von Auersberg. Schon im 14. Jahrh. muss der Strassenverkehr sehr lebhaft gewesen sein, denn 1409 wurde der Zoll in Planina von den Grafen Heinrich und Mainhard von Görz dem Herrn Osterberger von Gallenberg dergestalt verpfändet, dass derselbe jährlich »100 fl. Zins abkürzen,« von dem übrigen Ertrage aber Rechnung legen solle.

Im Jahre 1618 ging eine schöne Müllerin auf den Jahrmarkt nach Planina, und wurde auf dem Rückwege zwischen hier und Haasberg von Hrn. Erasmus Rauber von Kleinhäusl eingeholt, der ihr schon öfter, aber vergeblich nachgestrebt hatte. Als er sie erreicht hatte, bäumte sich das Pferd, der Ritter fiel in seinen Dolch, der ihm aus der Scheide gefahren, so dass er mit durchbohrtem Herzen auf der Stelle todt blieb. Auf dem Platze wurde eine kleine Capelle errichtet, mit der Inschrift *Anno MDXVIII. XI. Julii hora post meridiem III. hoc in loco obiit, nobilis Vir, Erasmus Rauber, cujus anima requiescat in pace!* **)

Von den Grafen von Görtz kam Planina an die Herren Haller, dann an die Eggenberg und theilte fortan das Schicksal von Haasberg.

---

*) Costa Reiseerinnerungen S. 67.

**) Costa fand 1819 diesen Denkstein in einem Garten in Planina liegend und liess denselben in das Laibacher Museum bringen.

3. Haasberg. Wann das alte Schloss auf der Spitze des Berges ober dem jetzigen neuen Schlosse zur Ruine geworden sei, ist unbekannt. Nur wenige Trümmer sind von demselben noch zu sehen, und machen es wahrscheinlich, dass der neue Bau vom alten das Material erhielt. Auch die Erbauung des neuen Schlosses ist unbekannt, welches Valvasor schon fast in seiner jetzigen Gestalt sah und abbildete (Th. III. XI. S. 268); zu seiner Zeit war auch von dem alten Schlosse noch ansehnliches Gemäuer übrig.

Mainhard Graf von Görtz verpfändete die Herrschaft Haasberg im Jahre 1305 an die Herzoge von Oesterreich um seiner Kriegsrüstungen gegen Venedig willen. 1366 stürmten die Bürger von Laibach die Veste für den Erzherzog Albrecht und verloren viele Leute vor derselben. 1409 war Hr. Osterberger von Gallenberg Burggraf zu Haasberg. Jetzt erst werden die Herren von Haasberg genannt, 1432 etc. Diepold, (dessen Schwester Dorothea 1432 den Hrn. Jacob v. Raunachehelichte), der nebst seinem Bruder (oder Vetter) Ludwig auch bei den Tournieren genannt wird.

Schon 1435 aber erscheinen die Grafen von Cylli als Besitzer, von denen es an Oesterreich fiel. 1545 war Freiherr von Niclas Rauber Pfandinhaber, im 17. Jahrh. war Haasberg bei den Fürsten von Eggenberg nachmals bei den Cobenzl. Dem Schlosse widerfuhr 1660 die Ehre, dass am 16. Sept. Kaiser Leopold auf der Reise nach Görz und am 3. Oct. auf der Rückreise daselbst übernachtete *).

4. Kleinhäusel. Valvasor sah »Klainheisel« zum Theil noch unter Dach, aber schon nicht mehr bewohnt. Es war eine kleine Burg und soll auch desshalb so genannt worden sein (slowenisch *mali grad*, das kleine Schloss). Herren von Neuhaus sollen es erbaut haben, nachmals werden die Haller, dann die Rauber im Besitze aufgeführt, mit Haasberg kam es an die Eggenberg. Einst sollen Landtage in Kleinhäusel gehalten

---

*) In Keyssler's Reisen heisst es im 78. Schreiben (aus Planina den 5. Juni 1730 datirt) von Haasberg „an dessen Erbauung der Graf von Cobenzl vieles Geld wendet," was auf eine durchgreifende Restaurirung schliessen lässt.

worden sein, und zwei Gemächer noch im 17. Jahrh. die Aufschriften »Die Landstube« und »die Land-Cancelley« gehabt haben.

5. Lueg. Wenige Burgen im Lande sind durch eine romanhafte Begebenheit so interessant geworden, wie die alte Höhlenburg »Lueg« durch den tragischen Ausgang ihres letzten Besitzers Erasmus Lueger. Ein tüchtiger Kriegsmann, überhaupt mit dem Schwerte leicht zur Hand, erschlug er 1483 im kaiserlichen Hoflager den Marschall Pappenheim, der seines Freundes, des unglücklichen Andreas Baumkirchner's Andenken verunglimpfte. — Er musste fliehen, rettete sich in seine Höhlenburg, damals rings von undurchdringlichen Wildnissen umgeben, und lebte fortan vom Stegreife. Nicht genug, dass er der Schreck seiner Nachbarn war, zog er sogar die Türken auf den Karst und führte sie selbst vor Triest, wo sie aber die Bürger mit blutigen Köpfen heimschickten. Kaspar Rauber, Hauptmann zu Triest, erhielt nun Befehl diesem Unwesen ein Ende zu machen und sich Lueger's um jeden Preis zu bemächtigen, dessen Schlupfwinkel aber nicht auszuspüren war.

Lueger wurde dadurch immer verwegener, erschien einst sogar vor Kleinhäusel, wo Herr Rauber mit seiner Schaar eben lag, und schickte diesem Botschaft, er wolle ihm den Weg in seine Burg zeigen und ihn daselbst bewirthen. Es gelang zwar nicht den Tollkühnen einzuholen, aber der Hufschlag seines Pferdes leitete endlich bis vor seinen Höhlensitz. Lueger's Pferde und sonstiger Viehstand, vor der Höhle untergebracht, fielen in die Hände der Truppen, aber Herr Rauber erkannte auch die Unbezwingbarkeit der Burg. Kaiser Friedrich befahl die Besatzung auszuhungern; der Winter ging indess erfolglos vorüber, und in der Fastnacht des nächsten Jahres 1484 liess Lueger, den Soldaten zum Hohn, einen in vier Theile zerstückten Ochsen hinabwerfen. Die Belagerer hielten diess zwar nur für eine List, aber zu Ostern kam ein Lamm, sodann sogar etliche lebendige Schöpse herab, und Lueger lud Herrn Rauber wiederholt ein hinauf zu kommen, um sich zu überzeugen wie trefflich er vorgesehen sei, und betheuerte, er würde ihm gerne von seinem Ueberflusse herablassen, wären die Stricke nur lang genug; gegen sicheres Geleit für den

Boten wollte er ihm aber gerne einige Leckerbissen mittheilen. Dieses Anerbieten wurde angenommen und Lueger's Hoffarth war sonach die Falle, die er sich selbst legte. Sein vertrautester Diener, zugleich sein Schreiber, wurde zu der Botschaft ausersehen; auf einer Leiter stieg dieser bis zur grossen Grotte, worauf die Leiter wieder hinaufgezogen wurde, indem er dann weiter auf den Berghang klettern konnte. Er brachte Hrn. Rauber ein Körbchen mit Erdbeeren und Kirschen, mit dem Vorgeben sie seien in der Höhle gewachsen, obwohl sie aus dem Wippacher Thale, wo Alles mehrere Wochen früher reift, gebracht waren. So oft dann Hr. Rauber persönlich vor der Burg erschien, schickte ihm Lueger Obst, Fische u. dgl., aber der Diener liess sich endlich bestechen und verrieth seinen Herrn. Er bezeichnete ein Loch in der Felsenwand, das heimliche Gemach, auf welches die Feldstücke gerichtet werden sollten; wenn nun sein Herr sich dahin begeben würde, wie er allnächtlich zu thun pflegte, so wolle er an einem andern bezeichneten Orte ein Licht ausstecken, worauf dann die Stücke alle zugleich losgebrannt werden sollten. Es geschah, und die Geschützkugeln zwar trafen nicht den Ritter, aber Felsenstücke sprengten sie ab, deren eines ihn am Schienbein, das andere am Kopfe zu Tode trafen. Der Schreiber übergab hierauf die Burg, und offenbarte den Höhlengang, welcher aus der Burg zu Tage führte *).

Mit Erasmus Lueger starb dieses alte Geschlecht aus, das Besitzthum ging an den Landesfürsten über, die Wildniss ward nach und nach urbar gemacht und ein Dörfchen entstand gegenüber der Burg. 1566 brachte der erzherzogliche Kanzler Herr Joh. Cobenzl die Herrschaft an sich, und begann das neue Schloss zu bauen, welches Graf Joh. Philipp Cobenzl renoviren oder vollenden liess.

---

*) In Hormayer's Archiv für Geschichte, 1814 S. 91, erschien Kalchberg's Erzählung „Erasmus Lueger,« welche einiges Detail enthält, das in Valvasor's Erzählung nicht vorkommt, ohne jedoch die Quelle dafür anzugeben. — Eduard Breyer veröffentlichte im Illyr. Blatt 1845 Nr. 8 eine historisch romantische Erzählung „Der letzte Lueger.«

Schliessen wir diese Rückblicke mit der Erinnerung an einen vaterländischen Dichter, einen der gefeierteren seiner Zeit, heutzutage freilich kaum mehr genannt. Es ist Johann Georg Fellinger, der in Adelsberg seine letzten Lebenstage zubrachte, und für uns schon dadurch interessant ist, dass er ein grösseres Gedicht auf die Adelsberger Grotte schrieb. Geboren den 3. Jänner 1781 zu Peggau in Obersteier, trat Fellinger 1808 in die Landwehre, wurde Offizier und kam 1809 zu den Linientruppen. An der Piave verlor er durch einen Kolbenschlag das rechte Auge, wurde gefangen nach Marseille und Maçon sur Saone gebracht, wo er bis zur Auswechslung blieb. Nach dem Wiener Frieden in das Vaterland zurückgekehrt, garnisonirte er mehrere Jahre in Klagenfurt, wurde 1814 Oberlieutenant und Conscriptions-Revisor zu Judenburg, kam 1815 in dieser Eigenschaft nach Adelsberg und starb daselbst am 27. Nov. 1816. Seine poetischen Schriften, von Dr. J. G. Kumpf gesammelt, erschienen 1819—21 in zwei Bänden 8. zu Klagenfurt. Nach seinem Tode erst erschien in der Zeitschrift »Carinthia« (1816. No. 50, 51) sein Gedicht »die Grotte bei Adelsberg«, in 26 achtzeiligen Strophen, eine seiner letzten poetischen Arbeiten, zur Einrückung in ein grösseres Werk bestimmt *).

Der Dichter kehrte in gedrückter Stimmung aus der Grotte zurück, was wir durch seinen leidenden Zustand sehr erklärlich finden, und sein Werk ist auch der Ausdruck dieser Stimmung. Die letzte Strophe, offenbar die schönste, klingt wie Todesahnung:

»Du Berg mit deinen Wundern wirst versinken,
Mein Ich wird schweben über dem Ruin,
Und aus dem Born des Lichts Vollendung trinken,
Und jubelnd fassen, was ihm Wunder schien;
Dann, wenn die Tiefen aufgehellt mir winken,
Wenn ich begreife, was ich war und bin,
Dann soll mein Sang dem Schöpfer jedes Schönen
Den Preis in himmlischen Accorden tönen.«

*) Auf die erklärenden Anmerkungen zu dem Gedichte werde ich in der Topographie Gelegenheit haben nochmals zurückzukommen.

B. TOPOGRAPHIE.

I. Markt und Burgruine Adelsberg.

Der Marktflecken Adelsberg (slowenisch Postojna) liegt am Fusse des 2129 Fuss über die Meeresfläche sich erhebenden Berges Sovitsch und besteht, ohne einen eigentlichen Platz zu besitzen, aus einer ziemlich breiten Hauptgasse, durch welche die Poststrasse führt, und aus mehreren Seitengassen, welche beiderseits in ·die Hauptgasse münden. Diese zieht sich anfangs in einem nach Süden ausspringenden Bogen um den Schlossberg herum, und der Anfang derselben, vor dem Wegmauthhause, wird als eine Stelle bezeichnet, wo die Bora besonders heftig anfällt und wo gewöhnlich die stärksten Schneeverwehungen stattfinden. An dem Puncte wo der Schlossberg umgangen ist, so ziemlich im Drittheil der ganzen Ortslänge, steht etwas erhöht das Schloss, ein ältliches Gebäude von einem Stockwerke, in welchem die k. k. Bezirkshauptmannschaft sich befindet. Das Eckhaus, dem Schlosse links gegenüber, ist der Gasthof zur goldenen Krone, der vorzüglichste im Orte, im Besitze der Frau Witwe Doxat *).

Der Marktflecken ist im Ganzen gut gebaut und zählt mehrere stattliche Häuser. Unterhalb des Gasthofes befindet sich rechts im Eckhause im ersten Stockwerke das Casino, bestehend aus einem Billard- und Spielsaale und einem Lesezimmer, wo ein Dutzend der gelesensten Zeitungen aufliegen, auch eine kleine Büchersammlung sich vorfindet. Fremden wird der Zutritt mit grosser Liberalität gestattet. Weiterhin folgt die Post und die Apotheke.

Die Pfarrkirche (zu St. Stephan) steht nicht in der Hauptstrasse, sondern rechts abseits, etwas höher, aber in versteckter

---

*) Wo die Eilwagen-Passagiere speisen und täglich um 1 Uhr auch eine *table d'hôte* (das Couvert zu 30 kr.) zu finden ist, bei welcher die in Adelsberg stationirten Offiziere, mehrere Beamtete, so wie länger sich aufhaltende Reisende sich einfinden.

3 *

Lage. Es ist ein nicht unansehnlicher Bau, aber ohne besondere Merkwürdigkeit. Der Seitenaltar an der Evangelienseite hat ein gutes Bild von dem Krainer Herlein, den heiligen Franciscus Seraphicus darstellend. Das Geläute ist hübsch. Der Kirchhof enthält das Grab des Dichters Johann Georg Fellinger *).

Ehe man noch auf der Strasse von Planina zum Schlosse kommt, führt links eine Fahrstrasse zwischen Gärten ins Freie. Man gelangt hier in wenig Minuten zu einer vortrefflichen Quelle, welche, in eine Brunnenstube gefasst, den Markt mit Trinkwasser versieht. Weiterhin führt ein Fusssteig über eine Anhöhe in die seichte Doline, worin sich die Schiessstätte befindet, deren Scheiben an der südlichen Felswand aufgestellt werden **).

Neben dem Schlossgebäude führt eine enge steile Seitengasse den Schlossberg hinan. Gleich ausser den ersten Häusern betritt man aber einen parkartig angelegten Weg mit Akazien besetzt, der allmälig ansteigend bis zum Fusse der Burgruine führt; er ist zugleich der Weg nach der Magdalenagrotte.

Die Ruine der Burg Adelsberg bietet nichts Merkwürdiges ausser der schönen Uebersicht des Thales ***). Ein üppig grünes Gefilde liegt das Wiesenthal der Poik ausgebreitet vor dem

---

*) Vor seinem Geburtsorte Peggau in Steiermark steht dicht an der Poststrasse sein Denkmal, eine gusseiserne Tafel in einer Nische. Man liest in den meisten Reisewerken (auch in Tschischka's Kunst und Alterthum), dass Fellinger's Denkmal in der Adelsberger Kirche stehe; dem ist nicht so, wahrscheinlich sollte es daselbst aufgestellt werden, man zog es aber vor, dasselbe bei seinem Geburtsorte zu errichten. Als ich 1852 wegen dieses Denkmals Erkundigungen in Adelsberg einzog, konnte ich nicht nur nichts darüber erfahren, sondern man wusste weder des Dichters Grab noch irgend etwas von seiner einstigen Existenz in Adelsberg. Keine der öffentlichen Bibliotheken in Wien enthüllt seine Werke, denen der Herausgeber wahrscheinlich biographische Notizen beigegeben hat — er ist verschollen — armer Dichter!

**) Dolina ist der slowenische Name für Vertiefung überhaupt. Oberhalb der Schiessstätte ist die Eisenbahntrace ausgesteckt und in diese Gegend soll das Stationsgebäude zu stehen kommen.

***) In den „Reisebemerkungen" eines Unbekannten im Laibacher Wochenblatte 1817. Nr. 48 heisst es: „Dass zwischen der Adlersburg und der

Beschauer, von dem Flusse in zahlreichen Serpentinen durchzogen. Man kann genau unterscheiden wo Kalkboden mit Sandstein wechselt, denn auf ersterem erscheint das Grün alsbald minder üppig. Die nächste Umgebung des Berges ist schon kahler Karstboden, doch immer noch grüner, als man ihn jenseits von Senosetsch findet. Am nordöstlichen Fusse des Schlossberges liegt eine isolirte Hüttengruppe, es ist die Wasenmeisterei, bei der eine tiefe Kluft sich befindet, in welche die unbenützbaren Reste der gefallenen Thiere hinabgestürzt werden. Nördlich sieht man die dunklen Waldschluchten vor sich, durch welche die Poststrasse nach Planina sich windet. Im Osten streckt der gewaltige Nanos (nicht Nanosch) seinen langen Rücken empor, dessen höchster Punct 4098 Fuss Seehöhe hat. Südlich erhebt sich die Linie der dritten Karstterrasse, und die lichten Wolken über derselben schauen auch schon hinüber auf den glänzenden Spiegel des adriatischen Meeres; duftiger, sonnenglühender scheint dort der Horizont zu sein — man ahnet die Farbenpracht des italischen Himmels.

Den Grottenfreund interessirt vor Allem der Ueberblick des felsigen Hügels Sovitsch oder Gora, grösstentheils Hutweide, nur an einigen Stellen mit Gestripp bewachsen, namentlich am nördlichen Abhange *). In seinem Innern befindet sich die Adelsberger

---

Grotte dereinst eine unterirdische Verbindung statt gefunden, ist sehr wahrscheinlich, da sich noch jetzt eine, aber ganz verschlemmte Oeffnung gegen die Seite der Burgruinen bemerken lässt.« Ich konnte von einem solchen verschlemmten Eingang weder etwas erfahren noch entdecken.

Der »Reisebrief« eines russischen Marine-Offiziers, welchen das Illyrische Blatt von 1822, Nr. 2 mittheilt, gibt an, dass die Burg (Adelsberg oder Adlersberg) *Orlinaja gora*, von der Menge Adler so benannt worden sei, »die dort nisten.« Man sollte daraus folgern, dass der Verfasser die Nester gesehen habe? *utinam!*

Büsching's Angabe »Adelsberg, eigentlich Adlersberg, am Fusse eines hohen felsigten Gebirges, auf dem das Schloss Burg in der berühmten Höhle steht« verwechselte offenbar die Adelsberger Burg mit Lueg.

*) In amtlichen Schriften wird er die »Alpe Gora« genannt. Gora ist der slowenische Name für Berg.

Grotte, deren Eingang man auch erblickt. Wären die Hauptpartien der Grotte auf dem Berge über Tages durch Pfähle bezeichnet, so könnte man vom Schlossberge aus den ganzen Verlauf der Grotte verfolgen.

Gegenüber vom Gasthofe zur Krone führt eine andere Seitengasse hinter der Kirche weg ziemlich steil in einen Hohlweg hinab; es ist die Strasse zur Grotte. Am Fusse des Schlossberges hin leitet sie abwärts zum Flussufer, immer mit der anmuthigen Aussicht in das Poikthal und auf den Nanos hinüber. Man erreicht den Fluss an der Codelli'schen Mühle und sieht schon früher die Eingänge der Poikhöhle sowohl als der Grotte vor sich *).

Unmittelbar vor der Höhle, in welche die Poik sich stürzt, führt eine Holzbrücke über den Fluss, über welche die Strasse weiter und zuerst in wenig Minuten (120 Klafter) in das Dörfchen Gross-Ottok führt, durch welches man auch geht, wenn man den Fusspfad nach Lueg einschlägt.

*) Auf dem Ferche r'schen Plane ist vor der Mühle ein „Badhaus" angegeben; es existirt eben so wenig mehr als das „Florianeum" auf dem Berge. Letzteres hätte eine Art Casino-Garten etc. werden sollen, nach seinem Besitzer benannt; es blieb aber unvollendet.

II. Die Adelsberger - Grotte.

Die Adelsberger Grotte ist jedenfalls die ausgezeichneteste in der österreichischen Monarchie, mit welcher nur die Baradla bei Aggtelek in Ungarn zu vergleichen ist. Damit ist nicht gesagt, dass nicht andere Grotten Eigenthümlichkeiten haben, welche der Adelsberger fehlen, aber ihre vielen Vorzüge zusammen genommen, die Ausdehnung, die reiche Mannigfaltigkeit der Tropfsteine, die Verbindung einer Wasserhöhle mit einer trockenen Grotte, die Reinheit der Luft u. s. w., wozu noch die trefflichen gebahnten Wege kommen, kurz diese Vereinigung so vieler ausgezeichneten Eigenschaften ist es, welche die Adelsberger Grotte zu der berühmtesten unter ihren Schwestern im Kaiserreiche gemacht hat.

Aber selbst die merkwürdigen Grotten des übrigen Europa halten keinen Vergleich mit der Adelsberger aus, indem jede ihr in einer oder der andern Beziehung nachsteht. Die Grotte auf Antiparos ist mehr ein System zusammenhängender Schachte, ähnlich der Grotte von Corgnale, und von nur geringer Ausdehnung, wenn auch durch Tropfsteine ausgezeichnet; die deutschen Grotten Muggendorf, Biel u. s. w. sind schon gar in keinen Vergleich mit der Adelsberger zu bringen, so wenig als die berühmte Knochenhöhle von Kirkdale in England, kaum 200′ lang und arm an Tropfsteinen u. s. w. Amerika freilich hat Riesenhöhlen, gegen welche die Adelsberger Grotte fast verschwindet. Die Mammuthhöhle in Kentucky soll mit allen Seitengängen und Verzweigungen nicht weniger als 160 englische Meilen messen (also über 50 österreichische), und 9 englische Meilen in der Länge haben. Aber selbst diese Riesenhöhle steht nach dem Urtheile der neuesten Reisenden, denen auch die Adelsberger Grotte bekannt war, an Reichthum der Tropfsteinbildungen dieser weit nach [*]. Ueberwiegend und einzig in ihrer Art ist jene freilich durch ihre Fauna, aber wie die amerikanische Höhle unter

---

[*] Die Mammuthhöhle im Staat Kentucky. Von Dr. C. Scherzer. Abendblatt zur Wiener Zeitung (aus der Triester Zeitung) 1853 Nr. 100. 110. 111.

denHöhlen des Erdkreises überhaupt, so ist die Adelsberger unter den europäischen wieder am reichsten durch ihre Insecten-Fauna.

Die Adelsberger Grotte zerfällt gewissermassen in 4 Abtheilungen. 1. Die Poikhöhle, jenes tiefer gelegene Stockwerk, welches von dem Poikflusse durchströmt wird. 2. Die alte Grotte, eigentlich nur ein Seitengang, welcher schon im Mittelalter bekannt war. 3. Die neue Kaiser Ferdinands-Grotte. 4. Die Erzherzog Johanns-Grotte und die übrigen Seitengänge.

Die Kaiser Ferdinands-Grotte besteht aus zwei von einander sehr verschiedenen Theilen: dem Hauptgange oder der vorderen Grotte, von Süd nach Nord streichend, bis zur Pforte des Calvarienberges, — dann der hinteren Grotte, vom Calvarienberge bis zum Tartarus, von Ost nach West verlaufend, so dass der Grundriss dieser beiden Haupttheile fast der Gestalt eines Hammers ähnlich sieht *). Die vordere Grotte ist ein im Durchschnitt 30 Fuss breiter, 30 Fuss hoher, im Niveau nicht um 20 Fuss wechselnder Gang. Die hintere Grotte ist weit grossartiger; in der Regel ist der Gang 35 Fuss breit, die Höhe hingegen ist viel beträchtlicher, bis 180 Fuss, gegen 66 Fuss grösster Höhe der vorderen Grotte. Ueberhaupt sind alle Verhältnisse, alle Bildungen daselbst grossartiger und mannigfaltiger; dort erhebt sich der wahrhaft wundervolle Calvarienberg mit seinem Walde von Stalagmiten, dort ist der romantische Tropfbrunnen, dort der schauerliche Abgrund Tartarus.

Die meisten Reisenden gehen nur bis zum Vorhange, wozu man $1\frac{1}{2}$ bis 3 Stunden benöthigt, je nachdem man sich mit der Besichtigung der Gebilde mehr oder weniger aufhält. Um den Calvarienberg zu besuchen, ist zwar noch einmal so viel Zeit erforderlich, 3 bis 5 Stunden (von seinem Gipfel braucht man scharfen Schrittes eine volle Stunde bis zurück nach Adelsberg), aber die Schönheiten desselben lohnen reichlich die grössere Beschwerde. Der Tropfbrunnen erfordert eine weitere Stunde, die Erzherzog Johanns-Grotte nimmt für sich gegen 2 Stunden in Anspruch.

Gefahr ist in der Grotte nirgends zu besorgen, selbst in den

---

*) Man nennt gewöhnlich den Hauptgang bis zum „Vorhange" die vordere Grotte.

sogenannten »ungangbaren Saitengrotten« nicht, nur der Zugang zur »alten Grotte« ist bedenklich. Bis auf den Calvarienberg und in die Nähe des Tropfbrunnens sind gebahnte Wege angelegt, mit massiven gemauerten Brustwehren und festen Geländern gegen die Klüfte und Abgründe gesichert und an den Stellen, wo sich nach anhaltendem Regen Lachen bilden, sind erhöhte Dammwege geführt. In den ungebahnten Partien ist aber allerdings Vorsicht anzurathen, da man auf dem glatten Tropfsteinboden leicht ausgleitet. Die Luft ist durchaus rein. Ganz unbesorgt kann man sein wegen des Herabstürzens einzelner Stücke von der Decke. Graf Hochenwart schrieb: »dass nicht das kleinste Körnchen herabfiel, als man den neuen Fusspfad (auf den Calvarienberg) anlegte und Ritter von Löwengreif fünf Minen bohren und anzünden liess... jeder Knall dieser fünf Sprengminen war betäubend und schien die Grundfesten zu erschüttern; aber die Wölbung der Grotten und der Ueberzug, der sie birgt, erlitten auch nicht die geringste Einwirkung.« Ich meinerseits sass stundenlang zeichnend an verschiedenen Orten, ohne dass ich den Fall auch nur des kleinsten Steinchens nah oder fern beobachtet hätte, und kein Führer wusste mir von dergleichen zu berichten *).

Eine wiederholt ausgesprochene Behauptung ist es, dass in den Nachtstunden die Lichter heller brennen, und auch mir schien es so. Die Abend- und Nachtstunden sind aber in der warmen Jahreszeit namentlich noch aus dem Grunde zum Besuche vorzuziehen, weil man nicht so erhitzt bei der Grotte ankommt. Uebrigens ist es ein Vorzug der Adelsberger Grotte, dass man nicht wie bei andern Höhlen fast plötzlich in die eigentliche Temperatur derselben sich versetzt findet; die vorderste Abtheilung der Grotte nämlich, der grosse Dom, ist von den Wasserdünsten des Poikflusses erfüllt, und hat eine um 5—6 Grad höhere Temperatur als die innere Grotte, wo dieselbe freilich nur 6—7 Grade R. beträgt.

---

*) Das Herabstürzen eines grossen Stückes Tropfstein, welches eine Dame beinahe getroffen hätte, die auf einem Block ausruhend sass, wovon das „Oesterreichische Volksblatt« 1847. Nr. 55 (und ihm nach das Illyrische Blatt 1847. S. 165) erzählt, steht als der einzige Fall dieser Art da, wenn nicht die ganze Erzählung — Poesie ist?

Die Grotte wird von einer eigens dazu bestellten Commission, (siehe Einleitung) beaufsichtigt und verwaltet. Um dieselbe zu besuchen, muss man sich daher an den Grottencassier wenden (gegenwärtig Herr Jos. Ri a vi z), welcher die Eintrittstaxe in Empfang nimmt und die Führer anweiset *).

Die gewöhnliche Beleuchtung darf nur mit Grubenlampen geschehen, weil Fackeln durch ihren Rauch die Stalaktiten schwärzen. Bengalisches Feuer ist verboten, um der belästigenden Dämpfe willen **); will man eine stärkere Beleuchtung, so sind Unschlittkerzen anzuwenden ***).

---

*) Man bezahlt für die Person 30 kr. C. M. Eintrittsgeld, welches zur Erhaltung und Erweiterung der Anlagen in der Grotte verwendet wird, und zeichnet seinen Namen in das „Grottenbuch" ein, welches gewissermassen zur Controlle dient. Selbst eine einzelne Person ist gehalten drei Führer zu nehmen, deren jeder für eine dreistündige Begleitung 30 kr. bekömmt, wofür er die Beleuchtung durch eine Grubenlampe zu bestreiten hat. Für eine einzelne Person kostet daher der Eintritt 1 fl. 30 kr., vorausgesetzt, dass man nicht länger als 3 Stunden ausbleibt; über diese Zeit hinaus haben die Führer Anspruch auf eine verhältnissmässige Vergütung, und es ist nothwendig, ihnen die beabsichtigte Dauer der Wanderung anzugeben, damit sie sich mit Oel versehen. Vergleichungsweise erinnere ich daran, dass der Eintritt in die Mammuthhöhle 3, sage drei Dollars kostet (6 fl. 10 kr. C. M.)!

**) Wie nöthig dieses Verbot ist, mag folgende Thatsache beweisen. Als ich im September 1852 vierundzwanzig Stunden in der Grotte zubrachte, wollte ich ein kleines Feuer anzünden, wozu trockenes Holz und Stroh verwendet wurde. Der Ort, die 36 Fuss hohe Halle vor der Pforte des Calvarienberges, liess hoffen, dass der Rauch nicht lästig fallen werde, aber schon nach einer Viertelstunde musste ich das Feuer löschen lassen. Der Rauch hing nämlich unbeweglich und compact an der Decke, senkte sich endlich so langsam herab, dass er erst nach 6 Stunden auf 3 Fuss Höhe über den Boden kam, und nun erst merklicher nach auswärts zu ziehen begann. Erst nach 12 Stunden war er bei dem Vorhange angelangt und nach vollen 24 Stunden war er noch in den vorderen Partien der Grotte zu spüren. Hätten wir das Feuer brennen lassen, so würde die Rauchmasse uns den Aufenthalt unleidlich und den Fremden auf einige Zeit den Besuch der Grotte höchst unangenehm gemacht haben.

***) Die sogenannte „kleine Beleuchtung" des Domes, Tanzsaales und Calvarienberges geschieht mit 4 Pfund Kerzen, à 24 kr. und kostet

Erlauchte Personen werden mit Wachsfackeln begleitet, wie z. B. Se. Majestät Kaiser Ferdinand I. bei seinem Besuche im Jahre 1819 von 6 jungen Fackelträgern begleitet war. — Zur Beleuchtung der Johannsgrotte sind die Führer gehalten keine Grubenlampen, sondern Stearin- (Milly-) Kerzen zu verwenden, welche ihnen dazu von der Grotten-Commission geliefert werden.

Die Führer sind auf das Reglement verpflichtet, stehen zunächst unter einem Oberführer und sind durchaus sehr ordentliche verlässliche Leute *).

Am Pfingstmontage nach Mittag wird alljährlich das Grottenfest gefeiert. Der Hauptgang der Grotte ist bei dieser Gelegenheit bis auf die Spitze des Calvarienberges so beleuchtet, dass man keines Führers bedarf. Die schönsten Partien, wie der Dom, der Tanzsaal, der Vorhang und der Calvarienberg selbst sind besonders reich beleuchtet, letzterer mit mehreren hundert von Kerzen und im Tanzsaale ist ein Musikcorps aufgestellt, zu dessen Musik wirklich getanzt wird. Wer die Grotte in diesem feenhaften Schmucke sah, hat ein Schauspiel genossen, das nicht seines Gleichen hat! **).

----

daher über den oben angegebenen Betrag noch 1 fl. 36 kr., erfordert aber nebst den drei Führern noch zwei Beleuchter, deren jeder gleichfalls 30 kr. erhält; die Totalsumme ist daher in diesem Falle für eine einzelne Person 4 fl. 36 kr. Die sogenannte »grosse Beleuchtung« geschieht mit 5, 6, 8 oder 10 Pfund Kerzen und kostet um so viel mehr, als der Preis der Kerzen beträgt. Dieser Betrag vertheilt sich in einer grösseren Gesellschaft so, dass man die dadurch entstehende kleine Ausgabe nicht scheuen sollte, da namentlich der Calvarienberg erst bei stärkerer Beleuchtung seine Schönheit ganz entfaltet.

*) Gewöhnlich sind mehrere derselben im Gasthause zur Krone anwesend, wo auch der Herr Grottencassier zu erfragen ist.

Die Besichtigung der Erzherzog Johanns-Grotte wird nur auf ausdrückliche Erlaubniss des Herrn Bezirkshauptmannes gestattet, welcher den Schlüssel zu derselben verabfolgt und gewöhnlich durch einen begleitenden Beamteten die Führer überwachen lässt.

**) An diesem Tage besteht bei dem Eingange ausnahmsweise eine Cassa, denn 500 bis 1000 Fremde und eine fast gleiche Zahl von Eingebornen der Gegend von Adelsberg (welche bei dieser Gelegenheit freien Eintritt haben) besuchen die Grotte.

Als vor 30 Jahren der zweite Pfingstfeiertag für das Grottenfest bestimmt wurde, hatte man wohl mehr die Gäste aus
Triest, Fiume, Görz, Laibach u. s. w. im Auge, nicht aber den
Zug fremder Reisenden, der jetzt zu einer damals nicht geahnten
Masse herangewachsen ist. Für die grosse Zahl eigentlicher Reisenden
wäre es allerdings vortheilhafter, wenn nicht ein bewegliches Fest,
sondern ein bestimmter Tag im Jahre, und zwar in der Hauptferien-
und Reisezeit, der 1. September z. B., festgesetzt wäre.

Im Winter wird die Grotte nur sehr selten besucht, oft ver-
gehen Wochen ehe die Führer Beschäftigung finden, im März beginnt erst der Besuch sich zu heben und erreicht in den Monaten
August und September seine grösste Höhe *). Ausserordentlich
zahlreich sind die Engländer, unter denen nicht leicht ein Tourist verfehlt, der Grotte seine Huldigung darzubringen.

---

*) Der k. k. Eilwagen kömmt nach Adelsberg 2mal in 24 Stunden von
   Laibach und eben so oft von Triest, und zwar zu Mittag und in
   der Nacht. Gewöhnlich finden sich daher des Tags zwei grössere »Partien« von Fremden zum Grottenbesuche zusammen, gegen 4 Uhr
   nach Mittag, nach der Passagier's-*table d'hôte* und früh Morgens.

1. Die Poik-Höhle — der unterirdische Lauf der Poik.

Unmittelbar hinter der Brücke, die über den »Poik-Fluss« nach »Gross-Ottok« führt *), öffnet sich eine geräumige Höhle, in welche sich der Fluss verliert. Das Wasser hat keinen starken Fall und zieht sich mit leisem Rauschen einwärts; eine Dunstschichte liegt auf demselben und hindert den Blick tiefer einzudringen. Etwa 40 Klafter kann man in einem Kahne vorwärts kommen, dann senkt sich die Decke, der Fluss bricht sich an gewaltigen Felsblöcken und hat zugleich starken Fall, so dass man nur bei sehr kleinem Wasser weiter kann.

Ich selbst bin hier noch nicht eingedrungen, da die kurze Strecke bis in den grossen Dom in der Höhle wohl nichts Merkwürdiges enthalten dürfte; auch war der Wasserstand nicht günstig genug, wenn ich eben einen Kahn zur Hand hatte. Hacquet fand im Jahre 1774 das Flussbett ganz trocken, wagte sich der Erste in diese Höhle und beschreibt sie folgendermassen:

»Der Eingang, der gegen Mitternacht ist, wendet sich, wenn man einige Klafter Weges zurückgelegt hat, gegen Morgen. Der Weg darin ist ungemein beschwerlich, indem man über und unter lauter Felsenstücke klettern muss, wo sich dann das Wasser an allen Orten versenkt und wieder emporhebt. Die Seitenwände dieses Wasserganges sind oft mit Absätzen versehen, welche mit einer Thon- und Kalkguhr angefüllt sind, oft auch bloss mit einer unreinen Thonerde. Kommt man weiter, so finden sich sehr grosse Abfälle, dass man mit grösster Mühe über dieselben kommen kann, die aber, je weiter man kömmt, immer grösser werden. Obgleich damals der schönste Tag war, so war es doch nicht rathsam, sich lange darin aufzuhalten, und nachdem ich ungefähr einige siebzig Klafter tief hinein gekrochen war, um die grosse Höhe der

---

*) Gruber's Abbildung zeigt eine gemauerte Bogenbrücke, jetzt ist eine einfache Holzbrücke vorhanden.

oberen Grotte abzunehmen, begab ich mich wieder zurück; denn verweilet man sich an solchen Wassergängen und es fällt ein Sturmwetter mit Regen ein, so wird man durchs Wasser überrascht und der Rückweg ist auf ewig verschlossen.« (I. p. 123.)

Aus der hier mit gesperrter Schrift gedruckten Stelle geht hervor, dass also Hacquet bis in den grossen Dom vorgedrungen ist, und in der That beträgt die Länge dieser Höhle bis zu ihrer Mündung in den grossen Dom genau 70 Klafter; in letzterem hat man weitere 30 Klafter bis zur Brücke zurückzulegen, die aber zu Hacquet's Zeiten nicht existirte. Es bedarf wohl keiner Erwähnung, dass Hacquet's Besorgniss vor Wassergefahr etwas übertrieben war *).

Der Fluss beschreibt von seiner Einmündung bis in den grossen Dom einen vollkommenen halben Bogen von Nord nach Ost, so dass dessen Sehne genau die Puncte der Einmündung aussen und der Ausmündung innen im Dome schneidet. Im Dome selbst beschreibt der Fluss wieder einen halben Bogen in entgegengesetzter Richtung, und daher kommt es, dass man im Dome auf der Brücke das Wasser von rechts her kommen sieht, welches man draussen vor der Höhle zur Linken hatte, ein Umstand, der die meisten Reisenden desorientirt.

Von der Brücke im Dome hat Hr. Fercher die Wasserhöhle noch 60 Klafter weit vermessen, im Ganzen also 160 Klafter. Am rechten Ufer kann man hier etwa 30 Klafter weit gehen, natürlich nur bei niederem Wasserstande, dann am linken Ufer etwa eben so weit, worauf ein tiefer Tümpel das Vordringen hemmt. Das Wasser ist unter der Brücke bei niederem Wasserstande nur wenige Zoll tief, immer aber rasch strömend; das Getöse, welches man hört, kommt aus der Höhle, durch welche der Fluss in den Dom gelangt, wo die schon von Hacquet erwähnten Abstürze sind, welche kleine Fälle bilden. Je höher der Wasserstand, desto imposanter ist natürlicher Weise hier das Donnern des unterirdi-

---

*) Büsching erwähnt auch der Höhle, in welche der Fluss „Poig« sich stürzt, „der eine Meile davon aus einem Berg kommt;« schwerlich aber ist mit diesem Nachsatze der Ursprung des Flusses gemeint, sondern sein späteres Hervorbrechen bei Planina.

schen Flusses. Bei Hochwasser überflutet derselbe nicht selten 4—5 Fuss hoch die Brücke, so dass die Communication mit der Kaiser Ferdinands-Grotte schon acht Tage lang unterbrochen war, und dann beschränkt sich der Besuch der Grotte auf die Besichtigung des Domes, gerade so wie es vor der Entdeckung der Kaiser Ferdinands-Grotte der Fall war. Im November des Jahres 1851 erreichte der Wasserstand im Dome die ungewöhnliche Höhe von 30 Fuss.

Im Jahre 1850 bin ich mit meinem Sohne Ferdinand ohne weitere Begleitung in einem Kahne von der Brücke 300 Klafter flussabwärts vorgedrungen, welche Strecke dann von Hrn. Joh. Rudolf auch markscheiderisch aufgenommen wurde. Die Fahrt endete in einem tieferen Tümpel von etwa 6 Klafter im Durchmesser, wo die Decke sich so tief auf den damals sehr niederen Wasserspiegel herabsenkt, dass mit dem Kahn nicht unten weg zu kommen war, selbst wenn man sich in demselben niederlegen wollte. Vor diesem Vorhange und unter den herabhängenden Felszacken schwamm eine Menge Sägeklötze, Balken und anderes Holzwerk, welches die Hochwässer bis dorthin fortgerissen hatten *).

Von dem unterirdischen Laufe der Poik sind demnach im Bereiche der Adelsberger Grotte 400 Klafter bis jetzt bekannt, und vermessen. Die Höhe dieser Wasserhöhle beträgt im Durchschnitt 30 Fuss, die Breite eben so viel; die Wassertiefe wechselt von wenigen Zoll bis 20 Fuss.

Die Richtung des Flusses ist im Ganzen genommen nördlich und derselbe wird auf seinem weiteren Laufe sehr nahe an den Endpuncten »Bassin« und »Tartarus« der oberen trockenen Grotte vorbei kommen. Die Verbindung des oben genannten Bassins, einer mit Wasser gefüllten Kluft, mit dem Flusse ist unzweifel-

---

*) Bei niederem Wasser sperrt der Müller vor der Höhle die Schleusse und zieht dieselbe erst des Nachmittags, worauf das Wasser im Flusse und natürlich auch in der Höhle um ein paar Zoll steigt. Ich erwähne dieses Umstandes für künftige Forscher, damit sie nicht eben so durch das Steigen des Wassers frappirt werden möchten wie wir, ehe wir uns erinnerten, dass der Müller, nicht aber *Jupiter pluvius* das *agens movens* sei.

haft, denn bei Hochwasser der Poik läuft das Bassin über und erfüllt den ganzen Endraum der Grotte hinter dem Tropfbrunnen. Uebrigens liegt die trockene Grotte bedeutend höher als das Flussbett und eine directe Verbindung mit der Poik findet daher nicht statt.

Der Fluss wird auf seinem weiteren Laufe unter der Erde sehr nahe bei der Magdalenagrotte vorbeikommen, aber es ist ganz irrig, dass er durch dieselbe fliesse. Ich fand bei meinen wiederholten Besuchen der Magdalenagrotte immer nur stagnirendes Wasser in derselben vor. Im Jahre 1850 liess auf mein Ersuchen der Herr Bezirkshauptmann von Adelsberg, Freiherr von Mac Neven, eine Anzahl Korkstöpsel an Federkiele gesteckt in das Wasser werfen, und als ich 14 Tage später hinkam, fand ich diese leichten Körper noch an derselben Stelle vor, was gewiss nicht stattgefunden hätte, wenn das Wasser auch nur die leiseste Strömung zeigte.

Die Poik fliesst jedenfalls etwas tiefer, als der Wasserspiegel in der Magdalenagrotte liegt, tritt aber bei Hochwasser in dieselbe aus, wo dann der Wasserspiegel bedeutend steigt, und dass man zu dieser Zeit auch eine Strömung bemerkt, ist sehr erklärlich. In der, ¼ Stunde von der Magdalenagrotte nördlich gelegenen Poikhöhle *(Piuka Jama)* habe ich aber den Fluss wieder aufgefunden und weitere 400 Klafter verfolgt (siehe unten). Es ist sehr wahrscheinlich, dass bei günstigem Wasserstande die Verbindung aus der Piuka Jama in die Adelsberger Höhle wird gefunden werden können. Ich erfuhr unter anderem 1852 von dem Führer Tschetsch in Adelsberg, dass er auch schon einmal in einem Kahne auf der Poik so weit abwärts gekommen sei wie ich, über jenem letzten Bassin aber in der Wand ein Loch entdeckt habe, durch welches gekrochen, er einen weiteren geräumigen Canal vor sich gehabt. Der hohe Wasserstand erlaubte mir aber nicht die Wahrheit dieser Aussage zu erproben *).

---

*) In den Erklärungen zu Fellinger's Gedicht über die Adelsberger Grotte (Carinthia 1816. Nr. 51) heisst es, dass die Poik bei ihrer Einmündung (oder im Dome?) „3 bis 4 Klafter tief, 6—7 Klafter breit, und mächtig sei, im Innern des Berges viel in Seen zu verlieren

Die gewöhnliche Angabe, dass in der Grotte ausser der
Poik kein fliessendes Wasser mehr sich vorfinde, ist wenigstens jetzt nicht mehr richtig, denn im Herbste 1852 entdeckte
ich (bei mittlerem Wasserstande der Poik) in einer Seitenkluft,
etwa 15 Klafter hinter St. Stephan links, ein Bächlein, welches
leise aus einer Höhlung hervor ziehend, mit vernehmlichem Gurgeln sich unter den Steinen verliert.

scheine, weil sie schwächer wieder aus der Grotte fliesst.« Diese
Angabe ist ganz unrichtig; die Tiefe beträgt nicht einmal so viele
Fuss und bei Planina zeigt der erste Blick eine grössere Wasser-
masse der Poik als bei Adelsberg.

2. Der grosse Dom.

Dreissig Fuss über dem Wasserspiegel der Poik, bei deren Einmündung in die oben beschriebene Höhle, 900 Fuss über dem Meeresspiegel liegt der Eingang *) in die eigentliche Adelsberger Grotte, zu welchem eine Lindenallee von der Fahrstrasse hinaufführt. Ursprünglich führte von der Ottoker Fahrstrasse, dort wo an derselben das hölzerne Kreuz steht, ein Steig herauf; der Eingang war eine natürliche Felsspalte. Den jetzigen bequemen Fahrweg legte der Kreisingenieur North an, und Ritter v. Löwengreif liess die Bäume pflanzen.

Unmittelbar bei dem Puncte, wo sich die Allee von der Strasse abtrennt, sieht man eine seichte Schlucht den Berg sich hinaufziehen, von welcher die Sage geht, dass ehemals hier die Poik in den Berg geströmt, durch ein Erdbeben aber die Höhle verstürzt worden sei. War diess wirklich der Fall, so hatte allerdings der Fluss von hier zu der Brücke im Mittelpuncte des Domes einen geraden Lauf, statt der jetzigen Krümmungen. Jedenfalls ist der Umstand bemerkenswerth, dass eben hier die Endpuncte der alten »Kronprinz Ferdinandsgrotte« (nach Fercher's Plan) nur 2 bis 4 Klafter von der Oberfläche (oder vielmehr von der Aussenwand des Berges) entfernt sind. Man könnte daher allerdings auch hier ohne grosse Kosten einen Eingang eröffnen, der vor dem bisherigen jedenfalls das voraus hätte, dass er pittoresker wäre. Man findet nämlich in dem jetzigen Gange erst jenseits der Poik Tropfsteinbildungen, wogegen der hieher streichende Seitengang reich an denselben ist. Man gewänne noch überdiess den Vortheil, in die Ferdinandsgrotte auch dann gelangen zu können, wenn die Poikbrücke überschwemmt ist **).

---

*) Bronn (a. a. O.) lieferte eine kaum kenntliche Abbildung; die beste ist jedenfalls die von Schaffenrath in Graf Hohenwart's Werke. Die Namen hat Bronn fabelhaft entstellt, Poib statt Poik u. s. w.

**) Ich kann die Bemerkung nicht unterdrücken, wie auffallend es ist, dass noch keine Reitthiere, Ponny oder Esel, in der Adelsberger

Eine Parapetmauer schützt den Weg gegen den Abhang und an dieser sowohl als an der Bergseite sind Bänke angebracht, um vor dem Betreten der Grotte auszuruhen und sich abkühlen zu können.

Rechts ober dem Eingange sieht man eine kleinere viereckige regelmässige Oeffnung im Berge, den sogenannten Keller. Es ist ein nur wenige Fuss tief ausgesprengter Raum, welcher hergestellt wurde, um als Zeugkammer u. dgl. bei den ersten Arbeiten in der Grotte zu dienen. Am Pfingstmontage wird derselbe bei dem Grottenfeste wirklich als Keller verwendet.

Der Eingang in die Grotte ist mit einem massiven steinernen Thürstocke versehen und durch eine eiserne Gitterthür verschlossen *). Man hat eine seit jeher hier zu Tage mündende

Grotte in Anwendung sind. Wie die Sachen jetzt stehen, müssten die Thiere allerdings jenseits der Poik, beim Eingang der Ferdinandsgrotte stationirt werden, wenigstens den Sommer über, da man genug zu thun hätte sie die Stufen zweimal im Jahre hinab und hinauf zu bringen. In der Grotte weiterhin ist aber gar kein Hinderniss vorhanden; über die Stufen im Inneren können Reitbretter an der Seite gelegt, und die paar niederen Durchgänge können ausgesprengt, die Reisenden aber auch zum Absteigen vor denselben verhalten werden. Bei weitem die Meisten kehren jetzt beim Vorhange um, und sehen den imposantesten Theil der Höhle nicht, den Kalvarienberg nämlich, dessen Ersteigung übrigens auch manchen Damen schwer genug fällt. Nach anhaltendem Regenwetter sind überdiess einige Stellen der Grotte sehr nass. Da die Adelsberger Grotte nun einmal auch als Ertragsquelle behandelt wird, so liegt es in der Natur der Sache, sie dem Publicum so angenehm als möglich zu machen, eben um den Ertrag zu steigern. Und nicht blos der Tourist, auch der Naturforscher wird nach mehrstündigem Klettern in der Grotte nicht ungern bei der Rückkehr sich einem ehrlichen Grauschimmel anvertrauen.

Die Johannsgrotte wird freilich immer zu Fusse besehen werden müssen, obwohl ich 1852 es erlebte, dass ein Besucher derselben schon in der vorderen Partie umkehrte, weil ihm der Weg zu kothig war; Lackstiefel sind nun freilich ein für allemal keine Höhlenchaussure! Uebrigens kann man sich jetzt auch in die Grotte tragen lassen, wozu ein paar Tragsessel vorhanden sind.

*) In der Carinthia 1816 Nr. 51 wird eines zweiten Einganges gedacht: „Eine andere Oeffnung ist rechts über dem Wasser gegen die alte

Kluft dazu benützt, welche früher für Jedermann offen stand;
im Jahre 1819, nach der Herstellung der Communication in die,
1818 entdeckte neue Grotte, wurde von Seite des Kreisamtes, ein-
verständlich mit der Bezirksobrigkeit, die Grotte gesperrt und eine
Eintrittstaxe eingeführt.

Gleich innerhalb der Thüre werden von den Führern die Grubenlampen angezündet, welche daselbst in Bereitschaft stehen.

Ursprünglich muss die Eingangskluft nach links zu abschüssig
und in Verbindung mit der Höhle gewesen sein, in welche der
Fluss sich einmündet. Die Kluft war nämlich durch das Ausbrechen
einiger Schichten entstanden, so dass man die schiefen Flächen
der nächst oberen und unteren zu Sohle und First hatte. Jetzt ist
der Boden geebnet und links eine Parapetmauer aufgeführt, über
welche hinweg man durch eine Spalte in die vom Tageslicht erhellte Flusshöhle hinausblickt. Diese Spalte ist mit einem Eisen-
gitter verschlossen, seit dem Leute vom Flussufer hier herauf und
in die Grotte gedrungen waren. Bald schliesst sich der Gang beiderseits vollkommen, wendet sich gegen Norden (bisher gegen
Westen) und man steigt 9 Stufen hinan, welche wie alle folgenden in der ganzen Grotte von Stein sind, bequem hoch und breit *).

Hier erscheinen bereits einzelne kleine Stalaktiten an der
Decke, bis $1\frac{1}{2}$ Fuss Dicke, aber sämmtlich verstümmelt. Ihre
Spitzen sind der Bequemlichkeit des Ganges wegen abgeschlagen,
so wie viel andere Tropfsteine ganz abgebrochen werden.

Veste Adelsberg zu, kann aber der starken Verschlemmungen wegen
nicht befahren werden.« Ich konnte nichts darüber erfahren. Bronn
(a. a. O. S. 618) spricht gar von »einigen Höhlen in der Nähe der
Haupthöhle, an deren Eingängen das Gestein bogenförmig ausgesprengt sei.

*) Man wird hier durch ein schwarzes (in Folge der Nässe) hölzernes
Kreuz frappirt, in der Art wie sie auf den Gräbern stehen † und
dergleichen kommen in der Grotte sehr viele vor. Sie bezeichnen aber
nicht etwa die Stelle wo ein Wanderer verunglückte, sondern dienen
als Leuchter. Es wäre übrigens jedenfalls zu wünschen, dass diesen
Kerzenträgern eine andere gefällige Form gegeben würde.

Der Boden ist hier gewöhnlich durch zusammensickerndes Tagwasser etwas nässer. Nagel bemerkt ausdrücklich, dass 20 Klafter vom Eingange, also in dieser Gegend, sich zu seiner Zeit altes Gemäuer fand, »wodurch ehemals die Höhle geschlossen worden, darin sich die dasige Inwohner mit ihren Haab- vnd gut vor den Einfallenden Türcken hinein verbargen.« Davon ist keine Spur mehr vorhanden. — Man hatte bisher das Rauschen des Flusses verloren, aber so wie der Gang sich senkt, tönt es wieder entgegen, und nach 45 Klaftern *), steht man am Eingange des grossen Domes, zu welchem nun 13 Stufen hinabführen.

Rechts, in einer Art Seitennische, befand sich einst eine hübsche Tropfsteindecoration, der Altar genannt, den Fellinger besang, der aber schon 1816 gänzlich zerstört war, um der leidigen »Andenken aus der Grotte« willen. Schon auf diesen Stufen befindet man sich über dem Flusse, auf einer natürlichen Felsbrücke, die sich über den Fluss dergestalt wölbt, dass man beiderseits derselben auf ihn hinabsehen kann, oder wenigstens in die Tiefe, welche er durchströmt. Rechts hat man den weiten Abgrund vor sich, der grosse Dom genannt, der höchste freie Raum in der ganzen Grotte, vor welchem eine massive Parapetmauer schützt, links führt eine Treppe hinab in die Tiefe, mit starkem Holzgeländer verwahrt. 17 Klafter lang ist diese Naturbrücke, deren Schutzmauer (die sogenannte Gallerie) mit Kerzen besteckt wird, wenn man sich die Höhle beleuchten lässt, so wie auch in halber Länge derselben ein Holzluster angebracht ist, der an einer massiven Stange in den Abgrund hinaushängt **).

Am Ende der Naturbrücke, welche sich an die westliche Wand der Höhle anschliesst, steht das Denkmal der Anwesenheit Sr. Majestät Kaisers Franz, eine schwarze Marmortafel mit nachstehender Inschrift:

»Franz I. Kaiser von Oesterreich, der Gerechte, der Gütige,

---

*) Alle Entfernungen werden vom Eingange bemessen.
**) Dass alles Holzwerk nach kurzer Zeit erneuert werden muss, ist natürlich; im September 1852 fiel dieser Luster, der schon morsch geworden, hinunter, aber ohne Jemand zu beschädigen.

der Weise, stand am 16. Mai 1816 hier und besah diesen unterirdischen Schauplatz der wirkenden Natur.

Joseph Ritter von Löwengreif, k. k. Kreiscassier, hat dieses mit innigstem Gefühle der Unterthansliebe und Ehrfurcht der
Mit- und Nachwelt bemerkbar gemacht.«

Hinter diesem Monumente schliesst die vortretende Felswand
den Weg ab. Man kehrt daher um und steigt die erwähnte Stiege
weiter hinunter. Nach 23 Stufen kommt man zu einem Absatze, wo
man links in die dunkle Höhle sieht, durch welche der Fluss herein strömt, dessen Tosen heraufschallt. Ein hölzernes Geländer
schützt den Weg nach dieser Seite; ausserhalb desselben (man
muss hinübersteigen) führt der schmale gefährliche Pfad in die
alte Grotte, wovon später.

Nach weiteren 20 Stufen abwärts sieht man sich mit Erstaunen vor einer schmalen hohen Kluft, durch welche hinab die Steintreppe angelegt ist. Die oben erwähnte Naturbrücke ist also ein
kolossaler Felsenrücken, der zweimal durchbrochen ist, einmal
durch das grosse Gewölbe, das der Fluss durchströmt, das zweite
Mal durch diese schmale Kluft.

Noch 33 Stufen hat man zurückzulegen, im Ganzen also 89,
bis man den Grund der Höhle und das Flussbett erreicht. Das
diessseitige linke Ufer ist 10 Klafter breit, und ein massiver 3
Fuss hoher Steindamm führt über dasselbe zu einer hölzernen
Brücke über den Fluss, welche 14 Klafter lang, 6 Fuss breit ist.

Diese Brücke wird gleichfalls beleuchtet, indem Kerzen auf
die Geländer gesteckt werden, und von diesem Standpunct über-
sieht man erst die ganze Grösse des Domes, denn die vorausge-
eilten Führer haben indess auch die gegenüberliegende Höhe beleuchtet. Diese Höhle, der grosse Dom, auch wohl Neptunsgrotte
genannt, ist durchaus nackter Kalkstein, nur mit wenig Stalaktiten
verziert und hat vor anderen grossen Räumen in den Karsthöhlen
das voraus, dass sie in der Höhe beleuchtet werden kann und daher ein wahrhaft prachtvolles Schauspiel gewährt, in welchem der
Wiederschein der Lichter im Wasser keiner der kleinsten Reize
ist. Will man aber den vollen Genuss dieser Scenerie haben, so
muss ein Führer mit seinem Grubenlicht flussabwärts, der andere

flussaufwärts zu den Gewölben des Flussbettes gehen, ein dritter aber so viele Stufen in der Kluft, durch die man herabkam, wieder hinansteigen, bis man ihn und sein Licht nicht mehr sieht, wohl aber noch die beleuchtete Wand; dann erst erkennt man die ganze Ausdehnung und den merkwürdigen Bau dieser imposanten Halle. Lässt man zum Ueberflusse Harmoniemusik auf einer der Höhen anbringen (gewöhnlich wird dieselbe auf dem rechten Ufer, wo der Eingang in die neue Grotte sich befindet, hinter dem Monumente Kaiser Ferdinands verborgen aufgestellt), so steigert sich die Wirkung dieses unterirdischen Schauspieles bis zum Feenhaften, wozu der Moment einen interessanten Contrast bildet, wann bei Hochwasser die Felswände von dem Donnern des Flusses erzittern.

Ohne Kerzenbeleuchtung, nur mit den Grubenlichtern der Führer erhellt, macht der grosse Dom zwar keinen so zauberhaften, aber einen fast noch erhabeneren Eindruck, weil man nämlich die Decke und die Endpuncte im tiefen Dunkel gar nicht zu erkennen vermag. In diesem Falle sollte man aber doch einen Führer entweder bei der Naturbrücke oben zurücklassen, oder die jenseitige Höhe hinaufschicken, indess man selbst auf der Brücke steht, um an dem entfernten Lichte doch einen Massstab für die Ausdehnung des Raumes zu haben. Wenn man sich aber in die Zeit zurückversetzt, wo man vom Eingange her nur bis in die Gegend des erwähnten Mauerwerkes auf dem Felsenbogen vordringen konnte, hier ohne Geländer vorgebeugt mit halbem Leibe den brennenden Strohbüschen nachsah, die in die Finsterniss hinabgeworfen wurden, aus welcher der Bach herauf donnerte: so wird man es begreiflich finden, dass 1673 Fürst Joh. Weikhard von Auersperg um keinen Preis einen Bauer dahin bringen konnte ein zweites Mal sich hinabzuwagen, nachdem er doch schon einmal ungefährdet an Stricken hinabgelassen, im Flusse sogar gefischt hatte. (Valvasor I. 4. S. 532.)

Hat man die Brücke überschritten, so steigt man alsbald an der etwas überhängenden Felswand, deren Vorsprünge abgesprengt wurden, 82 Stufen hinauf und erreicht einen freien Raum, wo sich ein zweites Monument jenem ersten gegenüber befindet, zum

Gedächtniss an die Anwesenheit Sr. Majestät Kaisers Ferdinand I.,
der noch als Kronprinz hieher kam. Es besteht gleichfalls aus
einer schwarzen Marmortafel mit folgender Inschrift:

»In dieser Grottenhalle
Wie Zauber anzuschau'n,
Wo aus dem Tropfenfalle
Sich mächt'ge Säulen bau'n,
Trat ein aus fernem Land
Manch hoch Erhabner schon,
Vor allen Ferdinand,
Der hohe Kaisersohn.

Am 17. August 1819.

Hueber *sculpsit*,
Löwengreif *posuit*.«

Stalaktiten hängen hier schon etwas reichlicher von der Decke
herab, rechts öffnet sich eine 27 Fuss hohe Halle und man ahnet,
dass man vor einer neuen unterirdischen Welt steht; es ist der
Eingang zu der 1818 entdeckten neuen, der Kaiser Ferdinands-
grotte.

Hier herauf war also damals der kühne Tschetsch gestiegen, in der That nicht ohne Lebensgefahr, von hier hatte er nach
seiner Rückkehr aus der entdeckten Grotte den Andern hinabge-
rufen: »Hier ist eine neue Welt, hier ist das Paradies!«

Der Rückblick von diesem Standpuncte auf die Naturbrücke,
den Balcon und den Luster jenseits gewährt ein noch schöneres
Schauspiel als von drüben herüber. Auch hier kann man vom Monumente nur wenige Schritte noch vorwärts gehen, die Wand stürzt
dann schroff hinab zum Flusse. Dieser Punct ist aber von dem Ende
des jenseitigen Felsenrückens (hinter des Kaisers Franz Monument) nur 5 bis 6 Klafter entfernt, und es ist in der That zu wundern, dass man hier oben keine Brücke geschlagen hat. Abgesehen
davon, dass dadurch die Communication mit der Ferdinandsgrotte
auch dann offen wäre, wann die Poikbrücke überschwemmt ist, so
wäre es für die Besucher eine grosse Bequemlichkeit die 171 Stufen nicht zweimal zurücklegen zu müssen. Am entsprechend-
sten dürfte es sein, wenn diese obere Brücke einmal hergestellt
sein wird, beim Hineingehen in die Grotte den Weg über dieselbe zu
nehmen, und zurück dann über die untere Brücke. Man hätte da-

bei den Vortheil, durch den Aufenthalt in der Grotte an die Dunkelheit schon gewöhnt zu sein, wodurch die Beleuchtung des grossen
Domes bei weitem mehr Wirkung für das Auge machen wird.

Der grosse Dom ist in der warmen Jahreszeit mit Wasserdünsten angefüllt, wie das auch natürlich ist, und wenn man aus
der inneren Grotte kommend sich demselben wieder nähert, gewahrt man deutlich (in der Nähe der »Fleischbank«) diese Was-
serdünste wie einen Nebel vor sich, auch steigt die Temperatur
alsbald um 3 bis 4 Grade *).

Die Höhe des grossen Domes vom (mittleren Wasserspiegel
der Poik? oder dem Grunde des Flussbettes an der Brücke?) bis
zu (dem höchsten Puncte?) der Decke wird auf 16 Klafter angegeben, die grösste Breite auf 24 Klafter **).

Ueber die Dicke der Decke, also der Felsmasse, welche das
Gewölbe des grossen Domes bildet, von innen bis über Tages
liegt keine Messung vor, Hacquet meinte aber schon, dass sie
nicht beträchtlich sei, und nicht mehr als höchstens 10 Klafter
betrage.

Die früheren Angaben über die grosse Tiefe des Domes sind um
so auffallender, als ihre Unrichtigkeit sich schon dadurch aufdrin-

---

*) Es ist daher ein Irrthum, wenn Graf Hochenwart (S. 14) be-
hauptet, dieser Nebel sei blos eine optische Täuschung, welche sich
verliert, sobald man ¼ Stunde sich im Dome aufgehalten hat. Dass
man nach dieser Zeit alle Gegenstände deutlicher sieht, ist allerdings
richtig, wie in allen dunklen Räumen, wenn sich die Pupille wieder
erweitert hat, aber unrichtig ist es, dass »man nicht die mindeste
Spur eines Nebels bemerkt.«

**) Valvasor will zweimal das Vaterunser hergesagt haben, ehe der
Stein, den er von dem Balcon hinabwarf, den Grund erreichte! Hacquet zählte 7 bis 9 Secunden und schätzte die Tiefe vom Balcon bis
auf den Grund noch immer auf 80 bis 100 Klafter; vom Balcon bis
zur Decke gab er dem Gewölbe, das er mit einer »schönen römi-
schen Capelle« vergleicht, 10 bis 15 Klafter Höhe. Gruber kam
der Wahrheit schon näher, er berechnete drei Secunden Fallzeit für
die hinabgeworfenen Steine, bis sie »auf das Wasser aufklatschen«
und darnach die Tiefe von der Brücke auf 20, die Höhe von da bis
zur Decke auf 12, die ganze Höhe des Domes also doch noch auf
32 Klafter, dessen Länge auf 50, die Breite auf 12 Klafter.

gen musste, dass zwischen dem Eingange der Grotte und der Naturbrücke nur eine geringe Niveau-Differenz besteht, der Eingang
und somit auch die Naturbrücke sich also nur 30 Fuss über den
Wasserspiegel des Flusses bei seinem Eintritte in die Höhle erheben; der Fluss demnach in der kurzen unterirdischen Strecke von
70 Klaftern bis in den Dom nach Valvasor's Angabe den unge-
heuern Fall von wenigstens 75 Klafter haben müsste!

Man wird bemerken, dass die beiden Monumente, oder vielmehr die Mündungen der Grottengänge in den Dom, hüben und
drüben, fast in gleichem Niveau sich befinden. Wahrscheinlich
lief auch ursprünglich die Grotte vom Haupteingange gerade fort,
und der grosse Dom ist nichts als ein ungeheuerer Einsturz, durch
den hereingebrochenen Fluss veranlasst. Meiner Ansicht nach
sind die trockenen Längengrotten (im Unterschiede von
den Schachten, wie die Höhle von Trebitsch u. s. w.) von Adelsberg, Lueg u. s. w. — welche jetzt um ein Stockwerk höher liegen als die correspondirenden Flusshöhlen der Poik, Lokva u. s. w.
unter ihnen — die ehemaligen Rinnsale dieser unterirdischen Flüsse. In diesem Falle wäre anzunehmen, dass an der
Stelle des grossen Domes in dem Flussbette ein Einbruch erfolgte
(in der Art wie die Sauglöcher der Unz), welcher das Wasser
in die Tiefe führte, und dass sich so die grosse Höhlung nach
und nach durch Auswaschung und Einsturz bildete, indem gleichzeitig der Fluss in der Tiefe ein neues Bett sich grub *).

---

*) Nagel liefert einen ganz guten Plan des bisher beschriebenen Thei-
les der Grotte und (Tab. VI.) einen Prospect der Naturbrücke. Er
scheint selbst zur Poik hinabgestiegen zu sein und bestimmt die
Tiefe des Domes von der Brücke auf 6 Klafter. — Die erste Abbildung
des grossen Domes veröffentlichte Gruber (Vignette 21 auf Seite 103),
in welcher aber wohl Niemand denselben wieder erkennen wird. Die
beste Abbildung ist die von Schaffenrath in Graf Hochenwart's
Werke, mehrfach nachgestochen. Ich habe mich nicht veranlasst gefunden eine neue Abbildung zu geben, indem derlei Höhlenräume
sich so ziemlich unter einander gleich sehen, wenn nicht die Structur oder Schichtung des Gesteins besonders hervortritt; das malerische Interesse der verschiedenen Lichteffecte aber kann bei einer Li-
thographie in kleinem Masstabe nicht einmal annähernd wieder gegeben werden.

3. Die alte Grotte.

Auf dem zweiten Absatze der Steintreppe, welche zur Poik hinabführt, schützt, wie bereits erwähnt, ein Geländer vor der Kluft, auf deren Grunde die Poik hereinströmt. Der Felsen wölbt sich ziemlich jähe in dieselbe hinab, einen Absatz bildend, von in der That nicht mehr als 12 bis 15 Zoll Breite, über welchen hinüber man in die alte Grotte gelangt. Diese Passage ist acht Klafter lang und durch kein Geländer geschützt, der Abgrund aber, aus welchem die Poik herauf brauset, ist 50 Fuss tief, der Uebergang ist daher jedenfalls nur dem vollkommen Schwindelfreien anzurathen, und nie ohne Vorsicht zu wagen *). Den Führern ist es auch untersagt den Besuch dieser alten Grotte anzurathen, um so mehr als man nicht ohne Beschwerde hier vorwärts kommt und nichts sieht, was man in der grossen Grotte nicht auch fände, die alten Inschriften ausgenommen.

Alle älteren Beschreibungen der Adelsberger Grotte sprechen nur von dieser Grotte. Die Gefährlichkeit des Zuganges und die engen Passagen im Inneren, die wirklich nur mit Beschwerde zurückgelegt werden, waren offenbar die Veranlassung, dass der Besuch dieser Grotte immer seltener wurde. Man beschränkte sich auf die Besichtigung des grossen Domes, und so geschah es, dass nach einem langen Zeitraume Hr. von Löwengreif 1816 wieder zuerst sie betrat **). Diese Abtheilung scheint damals den Namen

---

*) Einer der mich 1852 begleitenden Freunde glitt in der That auf halbem Wege aus und fiel zu Boden, erhielt sich aber glücklich an der Felswand. Warum nicht wenigstens ein hölzernes Geländer hier angebracht wird? da doch mancher Reisende ausdrücklich die Grotte sehen will. Uebrigens versicherte mich 1852 der alte Schebenik seit sechs Jahren nicht in derselben gewesen zu sein.

**) Ich habe bereits gesagt, dass die bisher als die späteste geltende Jahreszahl 1676 nicht die letzte ist, dass ich — allerdings nicht in der hintersten Halle — ein paar Zahlen aus dem 18. Jahrh. fand. Auch ist die Annahme wohl zu willkürlich, dass gerade der letzte Be-

»Labyrinth« erhalten zu haben (Carinthia 1816, Nr. 51), der aber jetzt verschollen ist. Damals soll der Anblick von der Brücke in die Halle, durch welche eben der Zugang zur alten Grotte führt, durch eine Colonnade von sehr hohen Tropfsteinsäulen prachtvoll gewesen sein, nach welcher man sich jetzt vergeblich umsieht. Bemerkenswerth ist der starke Widerhall an dieser Stelle.

Die schiefe Wand, die zur Poik abstürzt, über welche der Zugang zur Grotte führt, scheint nichts anderes als eine Schichtungsfläche zu sein. Ist man hinüber gekommen, so steht man in einer geräumigen Halle, deren Decke nach links zu sich schief herabsenkt, vermuthlich auch eine Schichtungsfläche, die aber durch den Kalksinterüberzug eben so unkenntlich geworden ist, wie die Structur des Bodens durch Ausfüllung. In der Regel ist es hier nass und kothig. Die Halle wird sehr bald enger und niederer, nur 3 bis 5 Fuss hoch, aber die ganze Grotte ist ziemlich reich an Tropfsteingebilden, meistens Stalaktiten, wogegen in der neuen Grotte die Stalagmiten vorherrschen. In der nächsten etwas höheren Halle ist der

rothe Wasserfall eine der anmuthigsten Decorationen. Nach 43 Klafter von der Stiege weg kömmt man zu dem

ersten engen Durchgang. Der Gang schliesst sich hier ganz und man hat in der Hinterwand 6 Fuss über dem Boden

---

sucher im 17. Jahrh. auch Namen und Datum aufgeschrieben habe; nach dem Jahre 1676 mag noch Mancher die Grotte begangen haben, der sich nicht aufschrieb. Man vergass dabei zugleich, dass Valvasor noch um das Jahr 1689 die Grotte selbst sah. Es ist daher um soweniger buchstäblich zu nehmen: Löwengreif habe nach 140 Jahren diesen Gang zuerst wieder gewagt, als zwischen seinem und Nagel's Besuche nur 68 Jahre liegen. Nagel war nämlich 1748 in der alten Grotte, die er aber leider keiner ausführlichen Beschreibung würdigt. Schon Hacquet kam freilich nur bis zu dem grossen Dome und bezweifelt insofern mit Unrecht die Angaben Valvasor's über die Länge des Ganges, wenn dieselben auch die Wahrheit überschreiten. Auch Gruber sah 1779 nur den grossen Dom. — Löwengreif war 1816 von den Führern Franz Schebenig, Valentin Verne und Lukas Tschetsch, dem nachmaligen Entdecker der neuen Grotte, begleitet.

nur eine fensterartige Oeffnung von 20 Zoll im Durchmesser haltend, durch welche man hindurch kriechen und innerhalb abwärts
steigen muss, ein Experiment, was natürlich einen Durchmesser
des eigenen Körpers von weniger als 20'' bedingt! Jenseits befindet man sich in einem engen Gange von braunrothen Seitenwänden, der nach weiteren 30 Klaftern sich abermals schliesst und
nur eine 26 Zoll weite Oeffnung lässt, durch welche man hindurch
muss. Es ist

der zweite enge Durchgang, und in dem nun folgenden Gange kömmt man zu dem zweiten

Wasserfalle, schöner als der erste. Aus einer weissen
Halle mit rothen Orgelpfeifen gelangt man abermals zu einer engen Passage und nun in die

Namen-Halle (Inschriften-Halle), wo sich die meisten alten
Aufschriften befinden (siehe unten). Es scheint, dass in den
früheren Zeiten die Besucher gewöhnlich nur bis hieher vordran-
gen, denn nun erst steht man vor der beschwerlichsten Passage,
einem Loch von nur 18 Zoll Durchmesser, durch welches man hindurch kriechen muss, jenseits eine enge Halle erreicht und durch
einen 6 Fuss hohen Schlott hinauf, dann jenseits wieder hinab-
rutscht. Man betritt hier eine kleine

drappirte Halle, welche mit wirklich prachtvollen weiss
und rothen Drapperien verziert ist, und aus dieser erreicht man
durch einen schmalen Gang endlich die letzte,

die Korallenhalle, wie man sie von den reizenden, rothen
Korallen ähnlichen, zarten Tropfsteinen benennen sollte, welche
die weisse Decke und Wand üppig decoriren. Diese Benennung wäre
jedenfalls passender und ansprechender als der Name »Skelett-
oder Gerippe-Grotte.« Im Hintergrunde der Grotte bildet nämlich
eine massive rothbraune Säule hinter einer kleinen Lache den
Schlussstein des ganzen Ganges, und rechts vor derselben ist oder
vielmehr war die Stelle des

vertropften Gerippes.
Mit aller Mühe des Suchens und aller Anstrengung der Phantasie konnten wir 1852 keine Spur von diesem viel besprochenen
und viel bezweifelten Skelette entdecken. Graf Hochenwart war im

Jahre 1816, wenige Tage nachdem Ritter von Löwengreif diese
alte Grotte wieder aufgefunden hatte, in derselben, »konnte also
das Gerippe noch unverletzt sehr aufmerksam betrachten und untersuchen« und sagt darüber Folgendes: »Ich glaube damals die
Schenkelknochen am Boden neben einander liegend, und den Leib
an der linken Wandseite befindlich, doch sehr vom Tropfstein überzogen, genau beobachtet zu haben. Es waren jedoch, so viel ich
mich erinnere, nur die allgemeinen Formen, keineswegs aber einzelne Theile kennbar, und um eine Stalagmiten-Säule war der
rechte Arm so geschlungen, dass man den Handknöchel und die
fünf Fingerknochen deutlich erkennen konnte; dort hingegen, wo
die Halswirbelbeine und der Kopf sein sollte, war der Tropfstein
so dicht aufeinander geschichtet, dass man keinen Knochentheil
mit Gewissheit erkennen konnte.«

»Als ich 5 Jahre später nach meiner ersten Beobachtung die
Grotte wieder besuchte, fand ich die Schenkelknochen und den Arm
beträchtlich von der Tropfsteinkruste überzogen, und dort, wo
ich den Kopf vermuthete, hat ein muthwilliger Grottenbesucher ein
Loch in die Tropfsteinkruste geschlagen. Ich forschte in demselben,
fand es tief, und konnte nur 2 kleine menschliche Knochensplitter
auffinden, die zu klein waren, um beurtheilen zu können, ob sie
vom Schädel oder von einem Knochen des Leibes gewesen sind.«

»Diese Grotte vertropft sich immer mehr, und es ist nicht unwahrscheinlich, dass in 50 Jahren die Grottenbesucher den einstigen Bestand dieses Gerippes bezweifeln werden, ja dass bis dahin der Grottengang selbst vertropft und es unmöglich wird, bis
zum Gerippe vordringen zu können.«

»Auf jeden Fall scheint die grässliche Vermuthung gegründet, dass diesem Unglücklichen, dessen Gerippe hier das Grab
fand, sein Grubenlicht erlosch, und dass er vom Hunger und Durst
gequält in langsamen Todesqualen sein Leben ausgehaucht habe.
»*Molliter ossa cubent.*«

In den bereits erwähnten Erklärungen zu Fellinger's Gedichte in der Carinthia 1816 heisst es noch emphatischer: »In
einer kleineren Abtheilung dieses Labyrinthes ganz unten im Grunde
hat Herr von Löwengreif viele Menschenknochen aufgefunden

(sic) und noch überdiess ein ganzes calcinirtes Skelett, das sich wie hilfeheischend mit der Hand um eine Säule schlingt und von einem eingezogenen Steinbruche niedergedrückt scheint. Das Ganze ist mit einer Tropfsteinkruste überzogen, aber sonst ziemlich wohl erhalten.«

Graf Hochenwart hat seit 1821 das Gerippe nicht mehr gesehen, erhielt aber von Schaffenrath die Versicherung, dass dasselbe seit jener Zeit noch mehr mit Tropfsteinkruste überzogen worden sei.

Die Stelle, wo dasselbe liegt, ist jetzt nur daran erkennbar, dass zahlreiche Spuren vorhanden sind, dass man sich vergeblich bemühte die Tropfsteinkruste abzuschlagen. An der Existenz des Gerippes ist nach der Aussage eines so ehrenhaften, sorgfältigen Forschers, wie der hochverdiente Graf Hochenwart war, wohl nicht zu zweifeln. Wenn auch in einem Grottengange, der wie dieser keine Nebenzweige hat, ein Verirren nicht möglich ist, so muss man bedenken, dass in dem Falle, als einem einzelnen Wanderer durch irgend einen Zufall das Licht verlöschte, das Zurückfinden in so fern unmöglich werden konnte, als er in der sehr natürlichen Aufregung von Furcht die kleine Oeffnung nicht wieder zu treffen vermochte, durch welche er herein gekrochen war. Auch ist nicht zu übersehen, dass diese engen Passagen 1816 so weit ausgebrochen wurden, wie sie jetzt bestehen, früher also eher noch beschwerlicher gewesen sein dürften, wenn sie auch in dem langen Zeitraume, in dem die Grotte jedenfalls unbesucht blieb, sich bedeutend verengt haben mochten.

Volpi ist der Meinung, diese alte Grotte könnte als Begräbnissort oder als Versammlungsort der Vehmgerichte oder als Zufluchtsort in Zeiten feindlicher Einfälle gedient haben. Das letztere mag allerdings der Fall gewesen sein, wie auch von anderen Grotten, aber die beiden ersten Puncte müssen billigerweise in das Reich der Phantasie verwiesen werden.

Den »behauenen Kalkstein« in Gestalt »des Obersturzes einer Thüre,« welchen Volpi unfern des Gerippes am Boden liegen sah, konnte ich eben so wenig auffinden wie Graf Hochenwart.

Die ganze Länge dieser alten Grotte, von der Stiege weg,

beträgt 100 Klafter *) und dieselbe ist allerdings fast ganz entblösst von eigentlichen grösseren Tropfsteinen. Was aber die mehrfach wiederholte Angabe betrifft, dass ein beengendes Gefühl den
Wanderer in dieser Grotte ergreife, so ist es zwar richtig, dass
sehr wenig Luftwechsel in derselben herrscht, aber unangenehme
Empfindungen verspürte weder ich noch einer. meiner Begleiter.
Jedenfalls ist die letzte Halle etwas .wärmer als die vorderen Abtheilungen und als die grosse Grotte. Am 28. August 1852 hatte
der Wassertümpel in der letzen Halle Abends 7$^{1}/_{2}$ Uhr eine Temperatur von 7,3 und die Luft, 4 Fuss über dem Boden, 8,2° R.

Diese Grotte nun ist durch die vielen alten Inschriften interessant, wie sie sich wahrscheinlich in keiner anderen österreichischen Grotte wieder vorfinden. Die letzte Halle und jene vor dem
dritten Engpasse sind daran am reichsten. Graf Hochenwart
liess die ältesten durch Herrn Schaffenrath getreu copiren und
veröffentlichte dieselben auf der Taf. 19 seines Atlasses **). »Die
Natur, sagt er über dieselbe, hat viel zu ihrer Erhaltung beige-
tragen, da der Tropfstein (sic) zwischen der Steinwand und der
Schrift herab gerieselt ist, und die Schrift wellenförmig emporge-
hoben hat; auch ist hie und da der Tropfstein unter und ober der
Schrift herabgeflossen und hat sie gleichsam mit einem ewigen Fir-
niss überzogen.«

Nagel sagt ausdrücklich (S. 46): »Bei einigen derenselben,
welche schon vor 70 und 80 Jahren geschrieben waren, beobachtete ich, dass die Schrift schon mit einem dünnen, noch durch-
sichtigen Tropf-Stein überzogen waren. Welches zeiget, wie langsam es mit dem Zuwachs derlei Versteinerung hergehe.« Er fährt
dann weiter fort: »Wenn nun einer wissen wollte, wie lange Zeit
es gebrauchet habe, ehe die grosse Säule, welche im Eingang
der unten beschrieben werden sollenden Cornialer-Höhlen stehet,

---

*) Graf Hochenwart gibt »vom Eintritt in diese Grotte« (also nicht
. vom Haupteingange gerechnet) zweihundert Klafter an, Schaffenrath nennt gar keine Distanz; nach Fercher's Plan sind es eben
nur 100 Klafter.
**) Volpi theilte sie zuerst mit.

und 6 Schuhe im Durchmesser hält, zu dieser Dicke habe an-
wachsen können; so zeiget die Proportion, *caeteris paribus*, dass
hierzu 90,720 Jahre erforderlich gewesen seynd; gesetzt, dass
der Tropfstein $\frac{1}{4}$ einer Linie, oder $\frac{1}{24}$ Zoll Dicke in 70 Jahren
anwachse. Da aber vor Zeit der allgemeinen Sünd-Flut nun 5696
Jahr verflossen sind, so sieht man, dass bei Anwachsung des Tropf-
Steins sich öfter irregularitäten ereignen müssen. Doch ist gewiss,
dass sie sehr langsam zugehe: weilen sonst die Hölen in gar kur-
tzer Zeit mit Tropf-Stein durchgehens angefüllet werden, folglich
deren Wassern zu ihrem Lauf kein Raum mehr übrig bleiben werde.«

Nagel fand auch einige »mit steinernen rinden umgebene
Kohlen.«

Ich theile die Inschriften nach Graf Hochenwart's Verzeich-
nisse mit, da ich mich weder berufen fühlte dieselben zu verificiren,
noch die Musse zu dieser zeitraubenden Arbeit erübrigen konnte.

1213 *(sic)*	1587
C. M.	(Zeichen.)
1323	(Name unkenntlich.)
Kircheimer.	1592
C. P.	Walent. Tunicaar.
1393	B. P.
1412	1606
Michael Hauser.	16 S. 34
1508	M.
1516	1634
Philipp Wenges	F. v. Stainach.
Gnad dir Gott.	1634
1523	Hans Hueber.
Stumpberg.	Stephanus
1534	Kanzianer.
Kirchheimer.	Maximilianus
1575	Frauenholz 1636
(Wenig kenntliche Zeichen.)	Kaspar Moll.
	1636

5

1575

M. W.

J. Suffrerer *).

1575

(Zeichen.)

1575

(Zeichen.)

M. Weingarter.

Ca. Agourer.

1575

1576

Langkiener.

1578

Der mit Herrn
Joseph Holla
Gnad dir Gott.

1580

✕ Erngreifer ✕

1580

Görger Tauffer

Franz Anton

Herzog zu Cromau 1580
und Fürst zu Eggenperg.

A. W.

1581

(Zeichen.)

1585

Herrn Jankowitz.

1585

Wolfsberg.

1587

(Zeichen.)

Ld. Vilzarberg.

Martinus Hueber.

1641

1641

Hirsch.

Herr Jakob

Rauwer 1641

16 IMO 42

16 IPS. 42

1642

(Eine Hand.)

Agourer.

Franz Himer

Tischlergesell aus
Baiern.

(Fürst C. Eggenberg:
Wapen.)

Johann Melchior Ott.

Johann Paul Sarcher.

1642 den 6. Juni.

Marco Zernich

Bildhauer 1648

Der 12. Genaro.

Joannes

Crassanz.

1648

Hans Korn

1649 den 3. Juni.

Johann Paul

Hueber 1675.

1676

(Zeichen.)

G. Nostiz.

Michl Strigel.

---

*) (J. Sciffrerer nach Volpi.)

4. Die neue oder Kaiser Ferdinands-Grotte.

Gleich oberhalb der Steintreppe am jenseitigen (rechten) Poik-Ufer im grossen Dome befindet sich der Eingang in die neue Kaiser Ferdinands-Grotte, Sr. Majestät zu Ehren benannt, als Dieselben sie 1819 ein Jahr nach deren Entdeckung besuchten.

Man steigt etwas an, bei der kleinen Kanzel vorbei (R. *), der Gang verengt sich und führt über 9 Stufen in eine 24 Fuss hohe Halle, in welcher sich die Fleischbank (R.) befindet. Es ist diess eine isolirte Tropfsteinmasse mit einer Art Ausschnitt versehen, wie eine Bude; in derselben sind immer einige Bruchstücke von Stalaktiten ausgelegt, welche die Fleischstücke vorstellen sollen. Von oben herab hängen breite Massen, welche die Speckschwarten genannt werden.

Hier geht von dem Hauptgange rechts eine Seitengrotte ab, jetzt weniger besucht, welche die Führer vorzugsweise die »Kaiser Ferdinands-Grotte« zu nennen pflegen. Diese Seitengrotte war es nämlich, welche 1818 entdeckt, 1819 durch Löwengreif zugänglich gemacht, und vom Kronprinzen Erzherzog Ferdinand betreten wurde. Die Mündung der jetzigen Hauptgrotte war durch »die Unebenheit des Bodens, die Menge der auf demselben stehenden Stalagmiten und herabgefallenen Felsblöcke verdeckt, und die minder zahlreichen Stalaktiten zur Rechten machten glauben, dass der Hauptzug der Grotte sich rechts wende« in diesen Seitengang nämlich, so erzählt Graf Hochenwart. »Die Menge der Stalagmiten« sucht man jetzt in der Mündung des Hauptganges vergeblich, sie fielen der Bequemlichkeit zum Opfer, als die »Unebenheiten des Bodens« ausgeglichen wurden, um für das Publicum einen Weg herzustellen. Die vielen Ansätze die man noch am Boden bemerkt, der Reichthum der Höhle in ihren ent-

---

*) Mit den Buchstaben (R.) und (L.) wird Rechts und Links beim Hineingehen bezeichnet.

5 *

legensten Partien und das Zeugniss älterer Grottenbesucher lassen aber die Herrlichkeit ahnen, in welcher die Grotte ursprünglich gestrahlt haben muss.

Einige Schritte von der Fleischbank weiterhin steht (R.) das Marienbild.

Es ist weniger die Gestalt dieses kleinen Stalagmiten, die mit einer Marienstatue Aehnlichkeit hat, als vielmehr der Schlagschatten es ist, welchen derselbe bei gehöriger Beleuchtung an die Wand wirft.

Der Gang bildet nun eine 30′ hohe Halle, fast im Spitzbogen gewölbt, mit mehreren noch ziemlich weissen Tropfsteingebilden. Unter diesen befand sich eines, welches in der ganzen Grotte die täuschendste Aehnlichkeit mit dem Gegenstande hatte, mit welchem man dasselbe verglich; es war ein Stalaktit, der „die Vereinigung zweier Herzen« genannt wurde, und wirklich genau die Form von zwei dicht an einander gefügten Herzen hatte. Dieses liebliche Spiel der Natur wurde im Jahre 1848 von frevelhafter Hand abgebrochen und gestohlen! —

Nach Fercher's Originalplan liegt der Boden der Grotte hier 18′ über dem Eingange derselben, und diess wäre der höchste Punct vor dem Calvarienberge, indem das Niveau der Grotte weiterhin nur 6 bis 9 Fuss steigt.

Der Gang der Grotte wird enger und niedriger, ein starker Luftzug kömmt entgegen und wo der Gang sich wieder erweitert, befindet sich (L.)

der kleine Wasserfall. Es ist eine lichtgraue Tropfsteinmasse, welche eine der am häufigsten vorkommenden Gestalten hat, nämlich die einer beim Herabstürzen zu Stein gewordenen Wassermasse. Unweit davon steht (L.)

der Wiener Stock im Eisen, ein 5 Fuss hoher, 10 Zoll im Durchmesser haltender dunkelgrauer Stalagmit, dessen Oberfläche eine grosse Anzahl von Unebenheiten zeigt, Köpfen von Nägeln nicht unähnlich, woher die Benennung *).

---

*) Nicht Stalaktit, wie Schaffenrath schreibt. Der „Stock im Eisen« auf dem nach ihm benannten kleinen Platze in Wien ist bekanntlich

Von dieser Stelle an beginnen die Tropfsteine mehr Mannigfaltigkeit der Gestalten und der Farbe zu zeigen, auch die Halle erreicht wieder 30 Fuss Höhe. Man steigt in diesen grösseren Raum über drei Stufen hinab und in demselben zeigt man

den Löwen (R.),

den Taufstein (L.) und

die Kanzel (R.), besser die Theaterloge benannt.

Nun betritt man einen massiven Steindamm, an welchem man links eine Kluft gewahrt. Ursprünglich musste man in diese ziemlich tief hinab und jenseits wieder hinauf steigen, Hr. v. Löwengreif liess sie aber verschütten, um ebenen Weg zu gewinnen. Am andern Ende des Dammes angelangt, kann man einen der hübschesten Lichteffekte sehen, wenn man den Führer anweiset

das Nordlicht (auch Sonnenaufgang genannt) erscheinen zu lassen. An der rechten Wand des Ganges befinden sich nämlich Massen von herabgestürzten Felstrümmern, welche hoch an die Decke hinaufragen, und mit derselben in der Höhe einen offenen Bogen bilden. Ein Führer geht nun mit seinem Grubenlichte im Gange wieder zurück bis zur Kanzel, und steigt hinter diesen Felsenmassen hinauf, worauf man in jenem Bogen anfangs den matten Schein, dann das immer heller werdende Leuchten seines sich nähernden Grubenlichtes gewahr wird. Natürlich muss der zweite Führer, den man bei sich behält, sein Grubenlicht verbergen, oder noch besser dasselbe ganz auslöschen, sonst macht die Erscheinung nicht die erwartete Wirkung. Der erste Führer kömmt nicht früher als vor dem Tanzsaale aus den Felsen herab, und man hat daran ein Beispiel, wie viele derlei Nebengänge in der Höhle sich befinden, welche man im flüchtigen Durchwandern nicht bemerkt.

Wenige Schritte weiter steht

---

ein Baumstamm, in welchen reisende Schlossergesellen als Wahrzeichen ihrer Anwesenheit Nägel so lange einschlugen, bis daraus ein undurchdringlicher Eisenpanzer wurde. Der Baum soll das letzte Exemplar sein, das aus dem bis in das Herz des jetzigen Wiens sich herabziehenden Wiener Walde übrig blieb.

St. Peters Stuhl (R.), dem bekannten Monumente in der Peterskirche zu Rom sehr ähnlich, besonders wenn zwei Lichter hinter denselben gestellt werden. Auf den Petersstuhl folgt der grosse Carviol. Man steigt nun zwei Stufen hinan, weiterhin abermals zwei und *) dann 20 Stufen abwärts in den Tanzsaal (früher auch Tourniersaal genannt). Noch auf der Treppe zeigt man links

das Stockhaus, eine schmale Felsspalte, welche eigentlich nur das Fenster eines Gefängnisses vorstellen soll, durch Tropfsteine vergittert, und hierauf

die Osteria. Rechts im Eingange des Tanzsaales hängt

das Betttuch herab, ein langer faltiger weisser Stalaktit, durchscheinend wie ein Leinwandstreifen, welchen die Führer transparent machen, indem sie Lichter, an einer Stange befestiget, hinter demselben in die Höhe halten.

Der Tanzsaal ist 285 Klafter vom Eingange entfernt, ein etwas tiefer gelegener Raum, 15 Klafter breit, 25 Klafter lang, 42 Fuss hoch; die ganze Halle, zwischen den Treppen am Eingange und Ausgange ist aber 60 Klafter lang. Ritter v. Löwengreif liess den Boden ebenen und mit Lehm verschlagen **). Der Tanzsaal ist nun zwar nicht der grösste Raum in der Grotte überhaupt, aber er bietet den grössten freien und ebenen Platz dar. Am Pfingstmontage wird er glänzend beleuchtet, durch Lichter an den Wänden, an dem in der Mitte stehenden Gerüste und im »Orchester.« Dem Eingange gegenüber zieht sich nämlich ein Trümmerhügel hinan, natürliche Absätze bildend, welchen wohl auch die Kunst nachgeholfen hat, und wo das Musikcorps sich aufstellt, welches an diesem Tage wirklich zum Tanze aufspielt, so dass die Halle ihren Namen mit vollem Rechte führt. Der Tanzsaal gewährt dann ein höchst eigenthümliches anziehendes Schau-

---

*) Nach Schaffenrath hätte man hier den höchsten Punkt der ersten Abtheilung der Grotte erreicht.

**) Der Tanzsaal war der Hauptfundort fossiler Knochen (ursus spelaeus); es ist daher zu bedauern, dass der Boden nicht überall untersucht wurde, ehe man die Aufschüttungen vornahm.

spiel durch die zahlreichen Gruppen der Gäste aus Nah und Ferne und insbesondere durch die tanzenden Landleute in ihrer National-tracht, denen sich wohl auch manch' anderes Paar anschliesst, um — in der Adelsberger Grotte getanzt zu haben *).

Nicht unbemerkt darf bleiben, dass in einer Nische sich vor-treffliches Trinkwasser findet.

Der Ausgang aus dem Tanzsaale führt in dessen unteren rech-ten Ecke über drei Stufen hinauf. Hier zeigt man rechts die nied-liche Statuette des

heiligen Antonius von Padua, an dessen Kopf aber offenbar eine Künstlerhand der Natur nachgeholfen hat. Gleich daneben ist das

Marienbild von M. Zell und

der Becher mit Gefrorenem (R.).

Hinter dem Tanzsaale beginnt erst die grössere Mannigfaltig-keit von Tropfsteingebilden, die auch mehr Farbenwechsel zeigen von weiss, grau, braun und roth. Interessant sind die

zwei Schwestern, eine hohe Säule nämlich, neben wel-cher eine zweite steht, in der Mitte abgebrochen, deren oberer Theil aber nicht herabgestürzt, sondern an die erste angelehnt geblieben ist. Weiterhin findet man

die dreifarbige Säule,

die Schildkröte (L.),

die Nachteule (R.) und die

Meisenhütte (R.). Letztere ist ein 10 bis 12′ im Umfange haltender Stalagmit, mit einem Ueberzuge von Kalksinter, in des-sen Gestalt man eine Aehnlichkeit mit den Reisighütten finden will, welche beim Vogelherd errichtet werden.

Der Gang, welcher hier 24′ hoch war, schliesst sich plötzlich, und lässt nur einen 5 Fuss hohen schmalen Durchgang,

Eingang in die Capelle genannt, in dem sich die

---

*) Im Kaffeehause nächst dem Gasthofe zur Krone in Adelsberg hängt ein gelungenes Aquarellbild, den Tanzsaal bei der Festbeleuchtung mit den Nationaltänzen darstellend, von einem achtbaren Triester Künstler, Hrn. Rieger; es verdiente wohl lithographirt zu werden.

kleine Glocke befindet. Es ist diess ein Stalaktit, an welchen die Führer mit einem Stück Holz anschlagen und einen glockenähnlichen Ton hervorbringen.

In diesem niederen Gang zieht ein starker Luftstrom entgegen.

In der Capelle zeigt man

den Altar und

die Orgel.

Ein Führer ist indess vorangeeilt, um

die grosse Glocke ertönen zu lassen, deren tiefe Töne dem Wanderer nun entgegenschallen; es ist dieselbe Erscheinung wie bei der früher erwähnten kleinen Glocke. Die linke Seite ist es, welche nunmehr die meisten Tropfsteinbildungen zeigt, namentlich solche die Cascaden ähnlich sind, indess die rechte Seite aus nacktem Fels besteht, nur stellenweise netzartig mit Sinter überzogen. Weiterhin geht man 24 Klafter lang auf einem künstlichen Damme von 1 Fuss Höhe, der durch Löwengreif angelegt wurde, weil sich hier so viel Tropfwasser sammelte, dass man oft bis an den Knöchel zu waten hatte; in den letzten Jahren hat sich aber das Wasser ganz verloren, man geht auch neben dem Damme trockenen Fusses, und nur nach anhaltendem Regenwetter lässt die Decke so viel Wasser durch, dass man den Dammweg benützen *) muss. Die nächst folgende Halle hat schöne weisse Säulen von 24 Fuss Höhe und hier hängt

der Luster, ein sonderbar geformter Stalagmit, in einer Seitenkluft.

Abermals über einen Damm von 10 Klafter Länge kommt man rechts von einer Kluft vorbei, in welcher

die Fahnen und

der Handschuh gezeigt werden. Rechts sieht man Felsentrümmer, von einem Einsturz herrührend, und auf denselben

das heil. Grab. In der folgenden Halle sind

die zwei Palmen (Trauerweiden) eine sehr ansprechende Formation, und eines der schönsten Bilder

---

*) Bronn (a. a. O.) behauptet, dass man in „jetziger nasser Jahreszeit (December 1824), ohne im Wasser zu waten, noch kaum bis zur Hälfte (der Höhle) gelangen konnte."

der rothe Springbrunnen. Aus einer Gruppe weisser Stalaktiten erhebt sich nämlich an 7 Fuss hoch eine rothe Säule, einem
Wasserstrahle ähnlich, der sich oben überstürzt und wieder her-
abfällt. In der Nähe zeigt man rechts, etwa 12 Fuss über dem
Boden,

den Tabernakel, eine Vertiefung mit zierlichen Tropf-
steinsäulchen von aussen geschmückt, in welche die Führer eine
Lampe zu stellen pflegen, wodurch ein hübsches Bild hervorgebracht wird. In der Nähe ist ein anderer freundlicher Lichteffect
zu sehen, wenn man nämlich zwei Stalaktiten, die nur einen Zoll
dick, weiss und ganz durchsichtig an der rechten Seite herabhängen, durch eine dahinter gestellte Lampe transparent macht,
wodurch ein dem Monde ähnliches Bild entsteht, daher

der Mondschein genannt. Die nächsten Tropfsteinfiguren
heissen

der Blumenstrauss,

die Hieroglyphensäule (Pyramide, auch freie Säule genannt), eine 24 Fuss *) hohe ganz freie Säule, von zwei Fuss
Durchmesser, welche mit hieroglyphenartigen Zeichnungen bedeckt
erscheint. Es folgen weiterhin

die aufgehangene Wäsche, eine Bildung ähnlich dem
»Betttuche« in dem Tanzsaale, und

der Kohlenmeiler (Kohlofen, wie die Führer sagen), ein
gewaltiger Stalagmit, der wirklich durch seine Gestalt an einen
runden stehenden Kohlenmeiler erinnert.

Man hat nunmehr eine geräumigere Halle erreicht, in welcher sich

das Bild befindet, eine der frappanteren Launen der Tropfsteinbildung in dieser, an Mannigfaltigkeit derselben so reichen
Grotte. Um das Bild zu sehen muss man sich umwenden, gegen
die Richtung in welcher man herkam, und sieht dann einen weissen
Pfeiler vor sich, nicht weniger als 30 Fuss im Umfange haltend.
Mit diesem hat sich ein Stalaktit vereinigt, welcher etwa 18 Fuss
lang von der Decke herabhängt und bei 12 Fuss im Durchmes-

---

*) Nach Schaffenrath nur 18 Fuss.

ser hält *). Im oberen Theile nun befindet sich eine Vertiefung von 3 Zoll, ein Parallelogramm von 6 Fuss Länge bildend, von dunkler braunrother Farbe, welches in der That die Gestalt eines Bildes hat, ohne dass man jedoch irgend eine Darstellung zu erkennen vermöchte. Man befindet sich hier 460 Klafter vom Eingange entfernt.

Nun folgt in einem schönen Spitzbogen-Gewölbe

die Orgel, eines der ansprechenderen Gebilde (R.), aus blendend weissen Stalaktiten bestehend, beiläufig einen Zoll dick, welche dicht an einander gereiht, Orgelpfeifen nicht unähnlich sind und den Namen des Ganzen rechtfertigen. Nebenan steht

die Dorfkirche, von weniger prägnanter Aehnlichkeit mit dem Gegenstande, den sie bezeichnen soll.

Immer grossartiger werden die Gebilde, je weiter man vorwärts schreitet, und so erreicht man 500 Klafter vom Eingange

die stehenden Mumien **). Es sind röthlich weisse, in Grau übergehend gefärbte Stalagmiten, sämmtlich gegen 6 Fuss hoch, welche rechts vom Wege stehen. Die beiden grössten, rückwärts sich befindend, geben einen frappanten Anblick, wenn man sie besonders beleuchten lässt. Zwischen der grössten und der Wand der Grotte kann man hindurch schlüpfen und wieder auf den gebahnten Weg gelangen. Nackte Kalkfelsen bilden die Umgebung der Mumien, nur an der linken Wand zeigen sich einige weisse Tropfsteine und dadurch bekömmt die ganze Partie ein düsteres Ansehen, welches ganz gut zu der gewählten Bezeichnung »aufrecht gestellter Mumien« passt. Linker Hand zeigt man

den Badeschwamm oben an der Decke und

die zwei Heuschober, rechts aber steht dicht am Wege

die interessante Säule, 18 Fuss hoch, vom Boden bis zur Decke reichend, welche vorne in dieser ganzen Länge einen fünf Zoll breiten und nur einen Zoll dicken durchscheinenden Ansatz hat, wie die Klinge eines umgelegten Messers, die aus der Scheide

---

*) Nach Graf Hochenwart; die ganze Masse ist also 48 Fuss hoch, Schaffenrath gibt nur 36 Fuss an.

**) Schaffenrath's Ansichten N. 10.

hervorragt. In der ganzen Grotte ist diese Säule das einzige derartige Exemplar. — 25 Klafter weiter steht man bei

dem Grabe, eines der meist pittoresken Gebilde *), in einer 27′ hohen geräumigen Halle. Es ist eine weisse mächtige Tropfsteinmasse, welche nach unten zu in viele sehr zierliche Säulen übergeht, die einen hohlen Raum verschliessen. Eine nur wenig lebhafte Phantasie kann in dem Ganzen wirklich einen gothischen Baldachin erblicken, der einen Sarg überwölbt, den man in der Höhlung stehend sich denkt. Von mehrern Lichtern erleuchtet gewährt das Grab einen brillanten Anblick durch die zahllosen weissen Krystalle, welche über die Oberfläche gesäet sind. Links vom Grabe steht ein isolirter hoher Stalagmit,

der Obelisk.

Auf dem weiteren Wege lässt man das Grab zur Linken und trifft hinter demselben den

Säulenkoloss, einen frei stehenden Stalagmit, aus mehreren einzelnen Säulen zusammengesetzt, der aus allen in der ganzen Grotte den grössten Umfang hat, nämlich 60 Fuss (19 bis 20 Fuss im Durchmesser), auf eine Höhe von 15 Fuss. — Nach den Beobachtungen der Führer wird durch einen regelmässigen gewöhnlichen Tropfenfall in 15 Jahren ein kaum merkliches Sediment auf dem Boden abgesetzt; welche Kräfte und diese in welcher Zeit waren demnach bei der Bildung dieses Kolosses thätig?!

Es folgt eine 27 Fuss hohe Halle, mit vollkommen ebenem Boden, wo an den Wänden die Schichtung des Gesteines wieder bemerkbarer wird und rechts oben die reizenden

Jabot's (vulgo Schapodeln) herabhängen **). Es ist ein aus dem nackten Kalkstein unmittelbar in einer Neigung von 45 Grad hervortretendes Gebilde, durchscheinend dünn, in malerischen Falten ausgezackt herabhängend, vollkommen weiss, jedoch mit einem kleinen gelblich braunen Saum. Die Führer halten Lichter hinter den Jabots empor, wodurch die Erscheinung erst ihren vollen Reiz erhält.

---

*) Schaffenrath's Tafel 11.
**) Schaffenrath's Tafel 12.

Gegenüber steht eine interessante Stalagmiten-Pyramide, welche Graf Hochenwart vortrefflich beschrieben hat. »2¹/₂ Fuss vom Boden ist sie abgebrochen, lehnte sich an die Wand und krümmte sich dort, wo ihr Schwerpunkt in dieser schiefen Stellung sein dürfte, gerade so, wie ein junger Baum sich krümmen würde, wenn er gefällt, im Sturze begriffen, von einem anderen Baume aufgehalten würde. Diess ist nicht optische Täuschung, denn die Pyramide hat wirklich oben eine Krümmung. Allein sie ist nicht nur gebogen, sondern hat auch eine zweite Säule aufsitzen, die nach dem Bruche erzeugt, in jener Richtung fortwächst, welche die nun gebrochene einst gehabt haben mag. Diese Pyramide ist ferner dadurch merkwürdig, dass sie köcherartig gebaut ist. Die Köcher reichen von unten bis zur Spitze, folgen in kleinen Absätzen regelmässig auf einander *). Die Bruchfläche der stehenden Säule wurde durch die nach dem Bruche herabgefallenen Tropfen vertropft und glatt gemacht, wogegen der Obertheil so gebrochen erscheint, wie ein Baum zu brechen pflegt; einige Stücke nämlich sind länger, einige kürzer, somit fast zähneartig und also nicht wie ein Stein gebrochen, der kantig, muschlig oder uneben bricht. Die verschiedenen Zacken machen, dass man mit dem Lichte ganz bequem den Bruch durchsehen und betrachten kann, somit deutlich sieht, wie sich dieser Bruch bereits stark vertropft hat.«

Es folgen nunmehr:

die kleine Cypresse und

die grosse Cypresse, letztere auf einer schief aufsteigenden Basis vollkommen freistehend, ein röthlicher Stalagmit von 18 Zoll im Durchmesser, 18 Fuss in der Höhe haltend. Die kleine Cypresse ist halb so hoch. — Der Gang hat hier wieder eine Höhe von 30 Fuss und eine verhältnissmässige Breite, die Wände sind aber fast durchaus der nackte Kalkstein ohne Tropfsteinbildungen und bleiben auch in der Folge so. Der Boden war bisher ziemlich eben, nun aber folgt

das rothe Meer, eine der interessantesten Bildungen, welche auch an einigen anderen Stellen vorkommt, aber nicht in so gros-

---

*) Eine Structur die übrigens öfters vorkommt.

sem Massstabe. Wenn man sich vorstellt, dass von der Rechten zur Linken sehr flache kleine Wellen hereingeflossen seien, welche, von einem Gegenwinde aufgestauet, im Momente des Ueberstürzens versteinert worden wären, so hat man eine Vorstellung von dieser Stelle, welche von ihrer rothen Färbung den Namen erhalten hat. Der Boden ist in lauter kleine Vertiefungen getheilt, welche gewissermassen die Wellenthäler vorstellen, die durch Hahnenkamm ähnliche, 1 bis 3 Zoll hohe gekrauste Ränder von einander getrennt sind. — In der rechten Wand gewahrt man ein Loch, von welchem herab wie eine erstarrte Schlammflut eine feste Stalaktitendecke schief herab reicht, und einen Fingerzeig gibt, wie das ganze Gebilde entstanden sein mag.

Ueber 3 Stufen hinan erreicht man nunmehr 600 Klafter vom Eingange

die Kanonensäule, ein glänzend weisser, helltönender Stalagmit, vollkommen isolirt, 18 Fuss hoch, $19^{1}/_{2}$ Fuss im Umkreise, 6' 4" im Durchmesser. Er verjüngt sich von unten nach oben, mehrere Absätze bildend, welche aus aufrecht stehenden Cylindern zu bestehen scheinen, die aber allerdings weniger den Kanonenröhren als vielmehr dünnen Flintenläufen ähnlich sehen.

Von hier an erweitert und erhöht sich der Gang zu einer geräumigen Halle, in deren Eingang

der Beichtstuhl gezeigt wird, ein auf dem Boden liegender isolirter Felsblock (nicht Tropfstein) mit einer Oeffnung, wie das Fenster in der Scheidewand eines Beichtstuhles. In der Mitte dieser Halle steht ein 7 Fuss hoher Stalagmit, ähnlich einem sogenannten Pilier (dem Pfeiler, welcher in der Mitte einer Reitbahn zu stehen pflegt) und desshalb heisst die Halle auch

die Reitschule, das Endziel der meisten Reisenden, weil sich in derselben, 625 Klafter vom Eingange entfernt, das schönste Tropfsteingebilde der ganzen Grotte befindet, nämlich

der Vorhang.

Die Schichtung des Gesteines macht sich hier wieder bemerklich, und an der äussersten Kante einer aus der rechten Wand vorspringenden Fläche hat sich dieses reizende Stalaktitengebilde angesetzt. In einer Länge von 9 Schuh, je nach den Aussprüngen des Gesteines 1 bis $2^1/_2$ Schuh breit von den Wand abstehend, im Durchschnitte 4 Linien dick und überall vollkommen durchscheinend hängt diese wundervolle Tropfsteinmasse an der Wand herab, einem Vorhange täuschend ähnlich, der halb nach links zurückgeschoben ist, und den schönsten Faltenwurf zeigt. Die Farbe ist glänzend weiss, aber der untere Rand hat durchaus einen 4 Zoll breiten Saum, orange, lichtröthlich und braun, welche Farben in einander verfliessen. Grösse, Reinheit, Farbenspiel und überraschend schöner Faltenwurf machen den »Vorhang« zu einem der schönsten Tropfsteingebilde, die es gibt, und wenn die österreichischen Grotten auch manches grossartigere Gebilde aufzuweisen haben, an lieblicher Anmuth bleibt dieser Vorhang unübertroffen.

Um denselben in der besten Beleuchtung zu sehen, muss man die Lichter alle auf die linke Seite halten lassen, und sich neben dieselben stellen, so dass man die Lichter selbst nicht sieht *).

Die Führer halten dann auch hinter dem Vorhange — denn er hängt vollkommen frei von der Wand herab — Lichter auf Stangen empor, um denselben transparent erscheinen zu lassen ; durch den Kerzendampf ist die Rückseite desselben aber schon vollkommen geschwärzt worden, und die Wirkung der Beleuchtung beiweitem nicht mehr so überraschend, wie es vor 10 bis 15 Jahren der Fall war.

Gerade unter dem Vorhang steht ein 4 Fuss hoher Stalagmit und höchst wahrscheinlich war er einst mit jenem vereinigt, so dass das Ende der äussersten längsten Faltenpfeife des Vorhanges auf der unteren Tropfsteinmasse aufstand. Diese Verbindung ist wahrscheinlich durch eine muthwillige Beschädigung unterbrochen worden, denn der unterste Rand des Vorhanges zeigt nicht den far-

---

*) So beleuchtet habe ich denselben gezeichnet, siehe Tafel 3. Mir ist nur eine einzige Abbildung des Vorhanges bekannt, in Schaffenrath's kleinem Wegweiser, die aber untreu und in jeder Beziehung misslungen ist. Tafel 13 zu Graf Hochenwart's Werk (auch von Schaffenrath gezeichnet) zeigt den Vorhang im Mittelgrunde, aber nicht besser und in so kleinem Massstabe.

bigen Saum, der sonst den ganzen Rand umgibt, und gewiss gleichermassen an dem fehlenden Stücke sich befand. Um Beschädigungen zu verhüten ist jetzt ein Geländer aufgestellt, so dass man
sich dem Vorhange nicht auf Armlänge nähern kann, und die Führer haben strenge darauf zu achten, dass nicht gefährliche Demon-
strationen mit Stöcken und dergleichen gemacht werden. Unge-
schickte Bewunderer und egoistische Freunde der Tropfsteinbildungen sind am meisten in der Grotte zu fürchten und die ärgsten
Feinde derselben, wie jener Engländer bewies, der allen Ernstes
100 Ducaten geboten haben soll, wenn man ihm den Vorhang
überlassen wollte, um denselben abzubrechen und nach England zu
transportiren!!

Bis zum Schlusse des Jahres 1828 endete hier gewöhnlich die
Besichtigung der Grotte, denn weiterhin ward der Weg erst 1829
durch Löwengreif und Schaffenrath gebahnt. Auch jetzt
kehren die meisten Besucher hier um, namentlich Damen, weil
man bis auf den Gipfel des Calvarienberges noch einmal so weit
hat. Aber sehr mit Unrecht scheut man die Beschwerde des weiteren Ganges, denn die Grotte wird immer interessanter, je weiter
man vordringt, und der Calvarienberg ist über allen Vergleich
hinaus die grossartigste Partie derselben. In der vorderen Abtheilung bis zum Grabe sind die Tropfsteinbildungen ziemlich zahlreich, vom Grabe bis zum Calvarienberge werden sie zwar seltener, isolirt, wenn auch um so grossartiger, auf dem Calvarienberge
aber finden sich dieselben in wahrhaft wunderbarer Menge, Grösse
und Schönheit zusammen gedrängt, wie in keiner andern Grotte.

Auch der Gang selbst wird grossartiger in seinem weiteren
Verlaufe, fast überall 30 Fuss hoch, 18 bis 24 breit, dabei in
ziemlich gleichem Niveau verlaufend; die Wände zeigen grösstentheils den nackten Kalkstein, dessen Schichtung auch an einigen
Stellen wieder kenntlicher hervortritt. Man schreitet auf dem
dammartigen Wege an der linken Wand fort, am
Grottenwächter vorbei (ein kleiner Stalagmit in der Mitte
des Ganges, an welchem die Führer scherzweise eine hölzerne

Tabakpfeife befestigt haben) und kommt zu einem der schönsten Tropfsteingebilde, zu dem sogenannten

Fischplatze mit dem grossen Wasserfalle *). Die rechte Wand ist in einer Breite von gegen 8 Klafter wie eine Theaterdecoration mit Tropfsteinen bedeckt. Links ist der grosse Wasserfall, eine blendend weisse, gewaltige Masse, welche oben an der Decke hervorzuquellen scheint. Als ob das Wasser auf seinem Wege eine Menge vorspringender Felsen gefunden hätte, löst sich dasselbe in eine grosse Anzahl einzelner kürzerer und längerer Strahlengruppen auf, welche aus 1 bis 2 Zoll breiten ungemein graziös herabfallenden Strahlen besteht. Sie stehen aber nur an dem äussersten Rande des Bildes zur Linken auf dem Boden auf; die Hauptpartie, aus der grössten und schönsten Masse bestehend, reicht nur bis zur halben Höhe herab, als ob der Sturz versteinert worden wäre, ehe er den Boden erreicht hatte. Gerade unter dieser grossen Partie ist eine rothbraune Masse, welche wegen einer entfernten Aehnlichkeit mit einem sitzenden Seelöwen

der Seelöwe heisst, und neben diesem zeigt man eine zweite braune Masse, mit etwas mehr Recht

der Seekrebs genannt. Rechts stehen theils einzelne weisse Pfeiler, theils hängen kleinere Wasserfälle herab, die ganze Wand aber ist durchaus mit weissem oder grauem Sinter überzogen. Ueber dem Boden zieht sich ein 3 Fuss hoher brauner Streif hin, und bei nasser Witterung sammelt sich auf dem Boden Tropfwasser an. Der Fischplatz und das Grab sind die einzigen Partien, wo ein grösseres zusammenhängendes decoratives Gebilde sich darstellt.

Weiterhin kömmt man zu einer Stelle, wo rechts gewaltige Felsmassen von einem Einsturze her über einander gethürmt liegen und dann zu dem

Türkensäbel, einem merkwürdigen Stalaktiten, der in der ganzen Grotte seines Gleichen nicht hat. Von der Decke hängt

---

*) Siehe die Abbildung auf Taf. 4. Die älteren Beschreibungen haben nur die Benennung »grosser Wasserfall,« der Name Fischplatz ist eine Erfindung der Führer und nunmehr allgemein gebraucht. Bis jetzt existirte noch keine Abbildung von dieser schönen Partie.

derselbe vollkommen frei, oben 8, unten 5 Zoll breit, nur mässig dick herab, ohne dass man am Boden die geringste Spur gewahr wird, dass der Tropfenfall auch hier ein correspondirendes Sediment bewirkt hätte *).

Die Grotte wird zunächst etwas monotoner, aber bald erblickt man eine prachtvolle weisse Säule, 18 Fuss hoch, eben so viel im Umfange messend, nur wenig nach oben sich verjüngend, gleichfalls in Absätze getheilt. (Hier mündet rechts die Erzherzog Johanns-Grotte.) Gleich nach dieser Säule folgen zwei andere, 15 Fuss hoch, 18 und 24 Fuss im Umkreise haltend, und nun begegnet man einer Stelle des Bodens, ähnlich dem oben genannten rothen Meere, hier aber

die Landkarte nicht unpassend benannt. Hat man diese Stelle passirt, so sieht man links eine gewaltige rothe Stalagmitenmasse, bemerkt aber bei näherer Betrachtung, dass es ursprünglich eine weisse Säule war, welche allmälig mit einer mehrere Zolle dicken rothbraunen Masse übertropft wurde.

Hier führt der gebahnte Weg 36 Fuss aufwärts, zwischen schön gefärbten Tropfsteinformationen hindurch. Man kömmt dadurch so hoch zur Decke hinan, dass man fast mit dem Kopfe sie berührt, und sieht links einen Stalaktiten, 1¹/₄ Schuh im Durchmesser, der sich von der Decke getrennt hat, und seitwärts abgewichen ist. Man kann genau die Stelle erkennen, wo er früher festsass; die beiden Bruchflächen sind ziemlich glatt, aber daraus ist nicht zu schliessen, dass die Stalaktiten mit nur geringer Festigkeit an der Decke haften; bei den zahlreichen Sprengarbeiten, welche von Löwengreif in allen Theilen der Grotte vornehmen liess, stürzte nicht ein einziger Stalaktit durch die Erschütterung herab. Rechts von diesem ansteigenden Wege ist der

beschwerliche Durchgang, eine Stelle, an welcher man ein Beispiel hat, wie die Grotte ursprünglich ausgesehen hat, ehe sie wegsam gemacht wurde, und wie noch jetzt viele der sogenannten

---

*) Das bemerkte nämlich schon Graf Hochenwart, jetzt hat der Boden in den gangbar gemachten Theilen der Grotte seine ursprüngliche Beschaffenheit freilich schon verloren.

»ungangbaren Klüfte« beschaffen sind. Herabgefallene Stalaktiten verengen den Gang. Links liegt eine abgebrochene Säule, deren Basis 7 Fuss Durchmesser hat, und auf welcher schon wieder ein beträchtlich dicker Stalagmit in die Höhe wächst. Hinter dieser Säule liegt eine noch gewaltigere, von 48 Fuss im Umkreise, gerade in der Mitte gebrochen, von deren Endpunkten gleichfalls 2 Stalagmiten emporstreben. Von der Höhe des gebahnten Weges kann man auf diese Säule herabsehen. Unter derselben muss man durch eine 2½ Schuh hohe, 4' weite Oeffnung durchkriechen, aber der Boden ist gewöhnlich mit Wasser bedeckt, und um all' diesen Schwierigkeiten zu entgehen, wurde eben der Weg rechts über die Höhe geführt.

Wenn man den beschwerlichen Durchgang hinter sich hat und wieder auf dem Boden der Grotte weiterschreitet, kömmt man rechts zu einer sehr starken Säule an herabgestürzten Felsmassen; an der Decke zeigen die Führer

das Fuchsbild, einen dunklen Fleck, dessen Gestalt wirklich mit dem Schattenrisse Reinecke's einige Aehnlichkeit hat. Weiterhin folgt eine Reihe von grottesken, 6 bis 10 Fuss hohen weissen Säulen,

die Säulenallee genannt. Man betritt nun eine 36 Fuss hohe imposante Halle, in welcher rechts eine grössere Tropfsteinmasse steht,

die englische Küche benannt, weil hier einst eine Gesellschaft von Engländern sich ihr Rostbeaf bereitet haben. Etwas weiter steht links an der Wand eine 5 Fuss hohe weisse Säule und daneben liegt ein Block,

die Doctorsküche *). Am Ende dieser Halle stehen beiderseits ein paar kolossale Tropfsteinsäulen, welche

die Pforte des Calvarienberges genannt werden. Wie man durch dieselbe hinaus tritt, sieht man mit Erstaunen, dass

---

*) Von den Führern so benannt, weil ich hier gewöhnlich meine Lagerstätte aufschlug. Es ist ein besonders trockener Platz; der Aufenthalt in dieser weiten luftigen Halle ist sehr angenehm und in der Nähe enthält eine Nische gutes Trinkwasser. Man findet in dem Hauptgange nur bei den »Jabots« eine ähnliche so bequeme trockene Stelle.

die Grotte sich plötzlich zu einem 108 Fuss hohen imposanten Dom erweitert, nach beiden Seiten, rechts und links, sich erstreckend. Die Grotte theilt sich nämlich hier in zwei Arme, in beiden Armen erheben sich ansehnliche Hügel, in jenem zur Linken der Loibl, in jenem zur Rechten aber der berühmte

Calvarienberg.

Dieser ist ein von allen Seiten frei aufsteigender Hügel von 30 Klaftern Höhe, auf dessen Gipfel ein 120 Klafter langer gebahnter Weg führt. Nicht einzelne Tropfsteinsäulen, nicht hier und da eine Stalaktiten-Dekoration stellt sich jetzt dem Auge dar, sondern hunderte von Säulen, und nicht wenige von kolossalen Dimensionen, in allen Uebergängen von blendendem Weiss in dunkles Rothbraun, bilden vor dem erstaunten Wanderer eine Scenerie, welche man unbedingt als das Herrlichste erklären darf, das die unterirdischen Wunder des Karst aufzuweisen haben, und schwerlich gibt es in irgend einer Grotte des Continentes ein diesem Calvarienberge ähnliches Schauspiel. Eine flüchtige halbe Stunde verwendet man gewöhnlich auf den Besuch desselben, aber man scheidet dann auch nur mit dem flüchtigen Eindrucke einer mehr geahnten als deutlich erkannten Herrlichkeit. Ich kann aber versichern, dass, so oft mein Weg mich wieder zu ihm zurückführte, ich neue Schönheiten entdeckte, ja dass der Eindruck jedesmal ein neuer, ein anderer war.

Stand ich unten an der Pforte und verlöschte mein Licht, so dass tiefes Dunkel mich umgab, indess oben auf dem Gipfel eine Gesellschaft vor dem hell erleuchteten grossen Altare stand, dessen einzelne Gestalten so wenig sichtbar waren, als die Lichter selbst, so strahlte der Gipfel des Berges wie in überirdischer Helle der Verklärung; eine Hymne von einem Sängerchor oben gesungen, in der Dunkelheit unten angehört, müsste von der ergreifend-
·kung sein! — Wanderte ich allein mit meinem Gruben-
a Berg hinan, die riesigen Schlagschatten der Säulen vor
:hwebend, von dem leisen Tönen der fallenden Tropfen die Stille durchzittert: da entwand sich die Phantasie jeder

Fessel, und Stein um Stein, Säule um Säule gewann Gestalt, gewann Aehnlichkeit, gewann Leben! — Hatte ich eine Fackel hinter mir, eine zweite vor mir in angemessener Entfernung, dann gliederten sich die verworrenen Massen zu deutlichen Gruppen, die Gestaltung des Ganzen trat erst fasslich hervor, und wurde diese Beleuchtung angewendet, um von oben herab zu sehen, dann erst stellte sich der wunderbare Reichthum dieser Bildungen recht anschaulich heraus. Den Höhenpunct des Genusses erreicht man allerdings durch eine bengalische Flamme, auf der zweiten Höhe des Berges so angezündet, dass man sie selbst nicht sieht, sondern den beleuchteten Stalagmitenwald von oben herab überblickt, und nun erst die enorme Ausdehnung des Höhlenraumes selbst erkennt *). — Den interessantesten Moment hatte ich aber unstreitig, als ich die (siebente) Seitengrotte von St. Stephan verfolgend, mühsam über die Felsblöcke eines ungeheueren Einsturzes hinaufkletternd, auf spiegelglatten Tropfsteinboden gelangte, immer mehr Stalagmiten vor mir emporwuchsen, hochwillkommen, um mir an ihnen emporhelfen zu können, und ich dann plötzlich erkannte, dass ich den Calvarienberg von rückwärts erstiegen hatte, den ich im Eifer der Untersuchung nicht so nahe vermuthete, und ich nun an einer Säule hängend, die Gefährten mit ihren Grubenlichtern in schwindelnder Tiefe unter mir erblickte, überall aus tausend und tausend Krystallen der Säulen und des Bodens unsere Lichter zurückstrahlend! Da erhielt ich erst eine Vorstellung von der Pracht und Herrlichkeit der Adelsberger-Grotte, als sie noch in ursprünglicher Reinheit, in jungfräulicher Schönheit dem glücklichen Forscher entgegen glänzte!

Der Calvarienberg führt diesen Namen seit seiner Entdeckung, und offenbar leitete bei dieser Benennung die Phantasie: in dem Säulenwalde den zu Stein erstarrten Zug des Volkes auf Golgata zu sehen. Auf der zweiten Höhe haben die Führer auch

---

*) Es wurde bereits erwähnt, dass die Beleuchtung durch bengalisches Feuer eigentlich verboten ist, der belästigenden Dämpfe wegen; nur im Winter, wo die Grotte weniger besucht wird, dürfte man die Erlaubniss erhalten.

ein abgebrochenes Säulenstück quer über an einem aufrecht stehenden befestiget, um die Gestalt eines Kreuzes nachzubilden; der
Gipfel selbst aber enthält keine auf seine Benennung bezüglichen
Gebilde, wohl aber befindet sich rechts davon der »grosse Altar«,
wovon weiter unten, und gewiss ist es nicht unpassend, durch
eine nahe liegende Allegorie an das religiöse Gefühl zu appelliren,
wo so erhabene Scenen auch den stumpfesten Sinn ergreifen und
erheben.

192 Fuss beträgt die senkrechte Höhe des Calvarienberges
über seinen Fuss (nach Schaffenrath, nach Fercher's Orig.
Plan nur 126) 925 Klafter ist die Pforte vom Eingange entfernt,
1072 der Gipfel desselben, 250 Klafter lang ist der auf dem Berge
angelegte Weg, der den Gipfel umkreiset. 108' hoch ist die Grotte
am Fusse des Berges, obwohl sie ausser der Pforte in der Halle
der englischen Küche nur 36 Fuss hatte, sie erhöht sich also plötzlich um 72 Fuss. Von der Pforte wölbt sich die Höhle in raschem
Schwunge über den Berg empor und auf seinem Gipfel beträgt der
Raum bis zur Decke noch 54 Fuss, so dass der höchste Punct der
Decke über den Fuss des Berges nicht weniger als 246 Fuss emporsteigt! (Nach Fercher's Orig. Plan nur 234 Fuss.) Der ganze
Höhlenraum misst vom Fuss des Berges bis an die rückwärtige
Wand 642, quer über (von Ost nach West) 618 Fuss, eine enorme
Weitung in einer Höhle! (Die unheimliche Halle (dismal-hall)
in der Mammuthöhle in Kentucky hat nur 100 englische Fuss Höhe,
300 in der Länge, 150 in der Breite.) Der Weg ist im Anfange
etwas steil, sonst aber so bequem als möglich, mit massiven Schutz-
mauern gegen Abgründe versehen *).

Am Pfingstmontage, gelegentlich des Grottenfestes, wird der
Calvarienberg mit mehreren hundert Kerzen beleuchtet, ein wahr-

*) „Zur Zeit, da die Wege noch nicht geebnet waren, brachte man drei
   Stunden zu, um einen Theil der Höhle zu erreichen, wo ein kegel-
   förmiger Berg die Fortsetzung des Weges unmöglich machte." Bronn
   a. a. o. S. 610. Hiermit ist offenbar der Calvarienberg gemeint, dessen spiegelglatter Boden allerdings damals schwierig genug zu ersteigen gewesen sein mag.

haft prachtvolles Schauspiel. Wenn man sich ausserdem denselben »beleuchten lässt,« so eilen zwei Führer schon vom Vorhange, weg voraus auf den Gipfel, wo sie eine entsprechende Anzahl von Unschlittkerzen am sogenannten grossen Altar aufstecken und bereits angezündet haben, wenn der Reisende am Fusse des Berges angekommen ist. Man kann daher jeder Zeit den Lichteffect geniessen, welchen die beleuchtete Höhe gewährt, wenn man am Fusse des Berges (aus der Pforte getreten) die mithabenden Grubenlichter für einen Moment auslöschen lässt, und so in voller Dunkelheit steht; dann wird man die bedeutende Höhe der Grotte erst recht inne. Der grosse Altar ist übrigens keineswegs die schönste Partie des Calvarienberges, diese ist »der Mailänder Dom«, es wäre daher weit lohnender diesen beleuchten zu lassen, indem die Kerzen vor die grössten Stalaktiten aufgestellt würden, jedoch so, dass ihr Licht von einem kleinen Tropfstein gegen jene reflectirt wird. Doch es ist Zeit die Wanderung selbst zu beginnen.

Der Calvarienberg hat drei Absätze oder Höhen. Der unterste Absatz,

die erste Höhe, ist ziemlich steil, und schon am Fusse, des Berges beginnen die zahlreichen Stalagmiten, welche die Abhänge des Berges ringsum erfüllen. Der Weg ist aber nicht etwa um den ganzen Berg herum geführt, sondern nur an dieser Seite (der südlichen) in einigen Wendungen angelegt, man wird daher wohl thun, recht langsam den Berg hinan zu steigen, um die Säulen, die links und rechts vom Wege abseits stehen, nicht zu übersehen. Fast scheint es, als ob der Eindruck des Ganzen auf die ersten Besucher zu gewaltig, zu grossartig gewesen wäre, um dem leichten Spiele der Phantasie, nach Aehnlichkeiten zu haschen, Raum zu geben; wenigstens hört man hier verhältnissmässig viel weniger Benennungen als anderwärts in der Höhle. Unmittelbar am Wege steht

der Todtenkopf, wirklich eine frappante schädelartige Bildung; etwas weiter links ab vom Wege zeigt man die Statue

des H. Nicolaus, eine schöne weisse Tropfsteinmasse.

Die zweite Höhe stellt sich als eine reich decorirte Wand dar, vor welcher schon grössere Säulen emporstreben, noch mehr und grössere aber auf ihrem Gipfel. Der Weg zieht sich rechts und hier steht, gewissermassen als Ecksäule dieser Partie,

die grösste Säule in der ganzen Grotte, von 30 Fuss Höhe. Als Contrast mit derselben zeigt man eine kleine Gruppe,

die Gestalt des Mannes, der sein Weib den Berg hinan trägt. Diese zweite Höhe ist die interessanteste Partie der ganzen Höhle, durch die vielen kolossalen Säulen, weiss gelblich und röthlich erglänzend. Am schönsten gruppiren sich dieselben aber, wenn man am Fusse der dritten Höhe sich umwendet und zurück hinab blickt. Man sieht da einen wahren Wald von Säulen vor sich, und in der That kann man an die vielen Giebel, Pyramiden und Statuen erinnert werden, welche auf dem Dache des Mailänder Domes stehen, wenn man auf demselben von einer der beiden Marmorstiegen an der Kuppel in diesen Reichthum architektonischer Verzierungen hinabsieht, desshalb benannte man auch dieses Bild

den Mailänder Dom *). Die letzte Säule an der dritten Höhe ragt durch ihre Stellung auch am höchsten gegen die Decke empor, und wird

der Triester Leuchtthurm genannt. Auf der zweiten Höhe theilt sich der Weg, indem er links und rechts auf den Gipfel hinaufführt; man geht gewöhnlich links hinauf, und dann rechts herab.

Die dritte Höhe ist eigentlich an grösseren Stalagmiten ärmer, dafür aber von einer Unzahl kleinerer, viele von besonders schöner Weisse umgeben. Unmittelbar am Gipfel liegt ein gewaltiger, zum Theil mit weissgrauem Tropfstein überzogener Felsblock,

die Arche Noah genannt, an welchem eine grosse Anzahl Namen angeschrieben sind. Hier gestattete denn auch Ihre Majetät die Frau Erzherzogin Maria Louise ihren Namen aufzeichnen zu lassen, als sie am 4. Juni 1830, eine 4¼stündige Wanderung nicht scheuend, bis auf den Gipfel des Calvarienberges vor-

---

*) Womit man also nicht etwa an die Gestalt des Domes selbst erinnern wollte.

gedrungen war, und sich in der anerkennendsten Weise über die Grossartigkeit dieses Schauspieles aussprach *).

Auf dem Gipfel sind einige Bänke zum Ausruhen angebracht, die aber gewöhnlich sehr feucht und wenig einladend sind. Hier nämlich und besonders an der linken Seite findet ein ziemlich starker Tropfenfall statt, welchen ich wenigstens bei jedem Besuche, und selbst bei anhaltend trockenem Wetter bemerkte. Graf Hochenwart sagt ausdrücklich (S. 42): »Auch bemerket man auf demselben keinen Tropfenfall,« es scheint also, dass erst in neuerer Zeit sich derselbe gebildet habe.

Von dem Ruheplatz wendet man sich abwärts gegen die Höhlenwand zur Rechten, von woher schon die Lichter entgegenstrahlen, welche

den grossen Altar beleuchten. Diese Partie wird in keiner der früheren Beschreibungen genannt und scheint daher erst seit den letzten zwei Decennien berücksichtigt worden zu sein. Das Bild hat die Gestalt eines Dreieckes, welches mit der Spitze nach aufwärts gegen die Wand zu ansteigt, an der Basis etwa 5 Klafter breit, dessen Stalaktiten-Boden von zahllosen Krystallen erglänzt und eine besonders grosse Anzahl kleiner weisser Stalagmiten trägt. Durch die Beleuchtung mit hinlänglich vielen Lichtern gewährt das Ganze allerdings einen anmuthigen und feierlichen Anblick, ohne dass jedoch irgend ein bestimmtes Bild sich in demselben ausspräche.

Von hier geht man wieder zur zweiten Höhe hinab. Beim Hinabsteigen stellt sich der Säulenwald noch viel imposanter dar, ja man überblickt erst jetzt den ganzen Reichthum desselben. Beim Aufwärtsgehen fallen nämlich die Schlagschatten der Säulen nach aufwärts und verdunkeln dadurch viele Stalagmiten ganz oder zum

---

*) Die Schriftzüge sind jetzt nur mit Mühe herauszufinden. Graf Hochenwart berichtet, dass »Ihre Majestät aus höchst eigener Bewegung höchst Ihren Namen aufzuzeichnen geruhten, welchen Ritter von Löwengreif unverzüglich im Steine einätzen liess« — mir wurde mitgetheilt, der Namenszug sei kein Autograph, sondern von einem Cavaliere aus der Begleitung Ihrer Majestät auf Deren Befehl aufgezeichnet worden.

Theile; beim Abwärtssteigen fallen die Schatten mehr in die Vertiefungen, auf den Boden, und das ist namentlich auch die Ursache, warum der »Mailänder Dom« sich erst dann charakteristisch
präsentirt, wenn man von oben in denselben hineinsieht.

Graf Hochenwart gibt in seinem Wegweiser rüstigen For-
schern den Rath, vom Calvarienberge zurück nicht den gebahnten
Weg einzuschlagen, sondern vom Gipfel den rückwärtigen Abhang
des Berges links hinunter zu steigen, durch die Kluft, welche bei
St. Stephan am Fusse des Berges wieder in den Hauptgang mündet, »ein Weg, den die Grotten-Verwaltungs-Commission nach
Massgabe ihres Grottenfondes ebenfalls herzustellen beflissen sein
wird.« Diese Herstellung ist bis jetzt nicht erfolgt, und ich möchte
das Hinabsteigen in jener Richtung nicht anrathen, eher würde
diese Seitengrotte einzuschlagen sein, um den Berg von rückwärts
zu ersteigen. Ich habe schon oben bemerkt, dass gerade das Hinabsteigen vom Calvarienberge auf dem gebahnten Wege interessant
ist, und jene Seitengrotte ist überdiess eine der beschwerlichsten
(siehe unten Nro. 7 der Seitengänge).

. Mit der Besichtigung des Calvarienberges ist die Schaulust
der meisten Reisenden befriedigt und nur selten trifft es sich, dass
Jemand noch bis zum Tropfbrunnen oder gar zum Bassin vordringen will.

Es wurde bereits erwähnt, dass bei der Pforte des Calvarienberges die Grotte sich in zwei Arme theilt, in deren rechtem eben
der Berg sich befindet; jener zur Linken ist gleichfalls noch eine
ziemliche Strecke weit wegsam gemacht worden, aber der Pfad in
demselben ist nässer als in irgend einem anderen Theile. Man
durchschreitet eine Vertiefung, deren Grund 18′ unter dem Eingange der Grotte liegt, also der tiefste Punct des Hauptganges ist.
Die Grotte erhebt sich auch hier noch bedeutend, so wie jenseits
im rechten Arme, und auch hier befindet sich ein Berg, aber freilich nicht so geschmückt wie der Calvarienberg. Der ganze Charakter dieser Partie ist wild und düster; herabgestürzte mächtige
Felsblöcke liegen chaotisch umher und thürmen sich über einander;

so mag es auch jenseits ausgesehen haben, ehe der reizende Wald von Tropfsteinbildungen die Felsentrümmer des Calvarienberges zu überkleiden begonnen hatte. Wenige aber kolossale Stalagmiten stehen hier, und darunter

die Büste St. Stephans. Drei weisse Säulen stehenneben einander; auf der, welche dem Wege am nächsten sich befindet, deren Spitze etwa 2 Quadratfuss hält, erhebt sich ein 3′ hoher Tropfsteinkegel, der wirklich einige Aehnlichkeit mit einer Büste des heiligen Stephan hat, und darnach benannt wurde; beiderseits stehen zwei gleich hohe, aber dünne Säulchen, die an zwei Altarkerzen erinnern. — Man durchschreitet hierauf eine Vertiefung, dann noch eine zweite, thalähnliche und ersteigt nunmehr

den Berg Loibl, welcher 55 Fuss in der Höhe misst, aber doch nur 25 Fuss höher als der Eingang liegt, weil er eben aus einer Vertiefung aufsteigt; die Grotte selbst hat hier in grösster Höhe 127 Fuss. Der Gipfel des Hügels ist eine enorme kegelförmige Masse von dunkelbraunem Sinter, und auf demselben steht ein 5 Fuss hoher isolirter rother Stalagmit,

der Eremit oder Kapuziner benannt.

Am jenseitigen Fusse des Loibl theilt sich der Pfad, links geht es zu einer Seitengrotte, welche durch einen, mit tief herabhängenden Stalaktiten pittoresk verzierten Eingangsschlund auffällt; gerade aus geht es gegen den Tropfbrunnen, aber der gebahnte Weg endet sehr bald. Durch eine sehr hübsch mit kleinen Vorhängen und anderen mannigfachen Tropfsteinbildungen verzierte Halle kömmt man plötzlich zu einem Abhange, wo sich die »wilde Grotte« dem Auge darstellt, wie jene Theile genannt werden, die in so ferne noch im ursprünglichen Zustande sich befinden, als sie mit keinem gebahnten Wege versehen sind. Man erhält hier einen Begriff von den Schwierigkeiten, mit welchen die Wanderung in der Grotte verbunden war, ehe die Wege in derselben angelegt worden, aber man kann auch nicht umhin den Verlust so vieler Schönheiten zu beklagen, die jedenfalls der Bequemlichkeit zum Opfer gefallen sein müssen; hunderte von Stalagmiten liegen unter den künstlichen Dämmen und Steigen begraben, und haben mit ihren Krystallen die Klüfte ausgefüllt.

Was hier gleich zumeist den Wanderer überrascht, ist der Tropfsteinüberzug des Bodens, spiegelglatt, weiss bis ins Dunkelgrau, flach, wellenförmig, mit zahlreichen Ansätzen von Stalagmiten, in ihrer Entwicklung gestört; an anderen Stellen mit braunem Sinter überzogen, aber auch mit ganzen Flächen brauner Krystalle. Diese Beschaffenheit des Bodens scheint, in wie weit die gangbaren Theile der Grotte darauf einen Schluss erlauben, in diesen allerdings seltener vorhanden gewesen zu sein, und namentlich erst am Calvarienberge in voller Pracht hervorzutreten. — Es bedarf wohl keiner Erwähnung, dass man nun mit mehr Vorsicht weiter schreiten muss und zu einer gleich grossen Strecke noch einmal so viel Zeit braucht als in der gangbaren Grotte. Leicht gleitet man aus, bleibt mit dem Fusse in Höhlungen oder Tropfsteinen stecken und überdiess muss man sich an den glatten Abhängen hin halten, denn der Boden der Grotte ist mit zahlreichen Wassertümpeln bedeckt; ja nach Hochwässern der Poik steht diese ganze Abtheilung hinter dem Tropfbrunnen und bis vor denselben unter Wasser. Aus dem Gesagten geht aber auch hervor, dass die Grotte hier erst recht interessant wird, namentlich durch die blendende Weisse so vieler Säulen, worunter manche Kolosse; nur wird der Naturfreund mit Betrübniss bemerken, dass kaum eine derselben unbeschädigt geblieben ist, die kleineren, plumperen, glatten Kegel ausgenommen.

Schon in der letztgenannten Halle vernahm man ein leises Plätschern, welches immer deutlicher wird, je weiter man vorschreitet, und endlich steht man am

Tropfbrunnen,

einer der merkwürdigsten überraschendsten Scenen der Grotte, 160 Klafter von der Pforte des Calvarienberges, 1085 Klafter vom Eingange. An dem Abhange, der von der linken Wand, ganz mit weissgrauen Tropfsteinen bedeckt, gegen den Boden sich herabzieht, erhebt sich am äussersten Rande ein abgestumpfter Kegel von röthlich glänzender Stalagmitenmasse, dessen ausgehöhlte Oberfläche ein Becken bildet, einen Fuss im Durchmesser haltend. In

dieses Becken nun fallen in mehreren Reihen neben einander von
der Decke, aus einer Höhe von 60 Fuss, grosse Tropfen so ununter-
brochen herab, dass sie fast eben so viele zusammenhängende
Strahlen bilden und man in starker Beleuchtung in der That diesen Tropfenfall wie einen Silberfaden die Luft durchziehen sieht.
Seit 30 Jahren soll nach der Aussage der Führer die Stärke der
Tropfen und ihr ununterbrochener Fall sich immer gleich geblieben sein, selbst ohne Rücksicht auf den Wechsel der Jahreszei-
ten. Eine Zunahme der Tropfsteinmasse wurde allerdings bemerkt,
aber eine kaum messbare (»in 13 Jahren nicht in der Dicke eines
Blattes Papier«). Schaffenrath behauptet aber, dass seit 13
Jahren, als er den Kegel des Tropfbrunnens zuerst sah, sich derselbe »nicht auffallend vergrösserte, wohl aber im Colorite vom
schönen Weiss in Roth sich änderte.« Auch er bestättiget jedoch,
dass »der abstürzende Wasserstrahl in der Zeit weder verscho-
ben, unterbrochen, noch vermindert wurde. Das Wasser ist vollkommen klar und trinkbar, aber in dem Becken selbst setzt es
ein braunes Sediment ab *).

Am 23. August 1852 $5^1/_2$ Uhr Abends fand ich die Temperatur der Luft am Tropfbrunnen   7,₉° R.

das Wasser des Tropfbeckens   7,₈ »

das Wasser des Tümpels am Boden der Grotte, in
welchen das Becken abfliesst   7,₇ »

F r e i e r fand am 14. März 1836 1 Uhr
die Temperatur der Luft   10 »

des Wassers im Beckens 8° R.; andere Messungen sind mir
nicht bekannt.

Für denjenigen, der die Grotten-Natur in ihrer ursprünglichen
grossartigen Wildheit mit den, wenn auch schon verstümmelten,
aber doch immer noch überreichen Reizen der mannigfaltigsten
Tropfsteinbildungen, von der zartesten Koralle bis zur mächtigen
Säule — kennen lernen will, für den beginnt hinter dem Tropfbrunnen erst die interessanteste Partie. Von gebahntem Wege ist

---

*) Keiner der früheren Schriftsteller erwähnt desselben. Im September 1852
entdeckte es Herr Wilhelm Z i p p e.

hier keine Rede mehr (und es wäre zu wünschen, dass dieser entlegene Theil auch nicht »verbequemlicht« werde), das Gehen ist nicht ohne Beschwerde, theils muss man über spiegelglatten Tropfstein an den Abhängen hin, theils hat man den Uebergang über Wassertümpel zu suchen, auf morschen Brettern über Strecken von Schlamm zu balanciren, aber man wird durch so grossartige und selbst liebliche Scenen belohnt, wie man sie in keinem der Seitengänge wieder findet, die Erzherzog Johanns-Grotte ausgenommen.

Etwa 55 Klafter hinter dem Tropfbrunnen kömmt man zu einer Stelle, wo zwei weisse abgestumpfte Säulen in der Mitte der Halle stehen, welche immer in fast gleicher Höhe von 50—60 Fuss bleibt. Einer dieser Stalagmiten ist gleichfalls ein Tropfbrunnen, obwohl viel kleiner, der andere war es ehemals auch, wie das Becken auf der Oberfläche beweiset, aber der Tropfenfall ist versiegt. Hier zieht sich links, etwa 25 Klafter hoch, sehr steil eine Kluft hinauf, die besonders reizend ist *). Herrliche Säulen von blendender Weisse, Stalaktiten der mannigfaltigsten Form, weisse und braune kleine Vorhänge finden sich hier, obgleich grossentheils beschädigt. Geschlossen wird die Kluft durch einen »versteinerten Wasserfall,« wie derlei so oft vorkommen, und am Fusse desselben ist der Stalaktitenboden aufgebrochen; wahrscheinlich versuchte Jemand (Freier?) hier nach vorweltlichen Knochen zu graben.

Wenige Schritte hinter den erwähnten beiden weissen Säulen im Hauptgange theilt sich dieser in die letzten beiden Arme.

Der Arm rechts führt etwa 6 Klafter steil hinauf in eine bei 18 Fuss hohe Halle, in deren Eingange rechts ein mächtiger Pfeiler steht. Hinter demselben ist

das weisse Cabinet, ein mit blendend weissem Sinter ganz überzogener kleiner Raum, der einen überaus freundlichen Eindruck macht. Die Halle selbst ist prachtvoll geschmückt mit einer grossen Zahl kleiner weisser Stalagmiten, welche aus braunem Krystallboden empor gewachsen sind; auch die Decke ist

---

*) In keiner der bisherigen Beschreibungen erwähnt.

reich an Stalaktiten. Vorsichtig aber muss man weiter schreiten, und sich immer rechts halten, denn gerade aus verkündet undurchdringliches Dunkel eine der grossartigsten und in der That die wildeste Partie der Höhle. Plötzlich steht man nämlich vor einem Abgrunde, dessen Tiefe und Weite ein einzelnes Grubenlicht kaum erkennen lässt — es ist

<h3 style="text-align:center">der Tartarus,</h3>

nicht unpassend so benannt, denn aller Reize von Tropfsteinbildungen bar, findet man hier nur die düstere Scenerie nackter Felswände. Der Tartarus ist eine Doline von wenigstens 50 Klaftern in der Länge, 25 in der Breite, deren Boden aber nur $\frac{1}{8}$ dieser Masse einnimmt. Die Doline ist durch einen scharfen Grat in zwei Theile getheilt, den man aber nicht zu überschreiten wagt, da derselbe mit feuchtem Schlamm überzogen ist, man daher leicht ausrutschen und in die Tiefe stürzen kann. Die vordere Abtheilung der Doline ist kleiner, bildet am Boden eine in die Länge gestreckte Kluft, aus der ein paar Stalagmiten empor streben; bis in dieselbe kann man hinabsteigen, was aber sehr beschwerlich ist und Vorsicht erfordert. Die hintere Abtheilung ist grösser, 36 Fuss tief, und der Boden bildet eine runde Kluft, in der ich aber 1850 und 1852 kein Wasser entdecken konnte *).

Man erhält von dem Tartarus keine rechte Vorstellung, wenn man nicht brennendes Stroh hinabwirft, oder etwa eine brennende Fackel hinablässt. Die jenseitige Wand steigt etwas weniger schroff empor und enthält ein paar seichte Klüfte mit Tropfsteinbildungen. Die grösste Höhe der Höhle, vom Boden des Tartarus bis zur Decke beträgt 120 Fuss.

Jedenfalls ist der Tartarus eine der merkwürdigsten Partieen der Adelsberger Grotte und verdient von Jedem besucht zu wer-

---

*) Schaffenrath allein erwähnt des Tartarus, der auch auf Fercher's Plan vorkommt, und gibt denselben als eine „öde, kahle, schauerliche, mit Wasser gefüllte Kluft an, ohne irgend eine weitere Verbindung merken zu können."

den, der an Höhlenbildungen Interesse nimmt. Der Boden dieser Doline liegt mit dem Boden des Hauptganges in einem Niveau und offenbar ist die Anhöhe, welche man zwischen beiden zu übersteigen hat, durch die Trümmer eines gewaltigen Einsturzes gebildet worden. Derlei Einstürze kommen oft vor, und der Calvarienberg wie der Loibl sind durch eben dergleichen Erscheinungen entstanden; dass aber die Oberfläche durch Sedimente so geebnet, und in so grosser Fläche durchaus mit Stalagmitendecke überzogen worden wäre, kommt allerdings höchst selten vor. Frühere Beobachter fanden den Boden der Doline mit Wasser bedeckt; diess kann entweder aus dem Hauptgange dahin gedrungen sein, wann dieser nach dem Ueberlaufen des Bassins überschwemmt wurde, oder es gelangte aus eigenen unterirdischen Kanälen dahin. Nicht unmöglich ist es, dass durch unterirdischen Zufluss und durch Tropfwasser der Wasserspiegel selbst den Grat zwischen beiden Dolinen erreichte und der Schlamm auf demselben noch von daher rührt. Dass nämlich selbst sehr starker Tropfenfall sich gelegentlich verliert, wenn die Leitungskanäle sich selbst nach und nach verstopfen, kommt in Höhlen sehr häufig vor, und in der Adelsberger Grotte selbst gibt die Stelle hinter der grossen Glocke ein Beispiel davon, denn dort war der Tropfenfall nach Regenwetter so stark, dass ein Damm über denn umgangbaren nassen Boden gebaut werden musste, und jetzt ist von Tropfenfall daselbst keine Spur mehr vorhanden. Dass Verdünstung in der Höhle aber in nur höchst geringem Grade stattfindet, liegt in der Natur der Sache, und so erklärt sich der nasse Schlamm im Tartarus von selbst, wenn auch jetzt kein Tropfenfall mehr wahrzunehmen ist.

Der Rand des Tartarus ist 125 Klafter vom Tropfbrunnen, 285 von der Pforte des Calvarienberges und 1210 Klafter vom Haupteingange entfernt, die jenseitige Wand nach links zu ist in gerader Linie 33 Klafter von der diesseitigen Wand, also das Ende der Grotte hier 1243 Klafter vom Haupteingange entfernt, und das Ende des Tartarus bezeichnet demnach zugleich die grösste Längen-Erstreckung der Grotte.

Der linke Arm des Hauptganges führt zu dem zweiten Endpunkte der Grotte in dieser Richtung, zu dem Bassin. Dieser Arm, vielmehr die Fortsetzung des Hauptganges, wenn man den Tartarus als eine Seitengrotte ansehen wollte, nimmt an Höhe und noch mehr an Breite ab; letztere beträgt nicht mehr als 3 bis 4 Klafter. Der Boden ist fast durchaus mit Wasser bedeckt, welches man über die Felsen an den Seitenabhängen umgehen muss. Man erreicht einen massiven Pfeiler, wo sich dieser Arm in die letzten zwei Aeste spaltet. Links kömmt man an eine Stelle, wo man in dem Schlamme bis an die Knie versinken würde, wären nicht ein paar Bretter vorhanden, auf welchen man hinüber gelangt. Man betritt die letzte etwas geräumigere Halle, in welcher man sich links durch einen schmutzigen Schlott in die Kluft herauf arbeitet, welche

das Bassin enthält. Nur wenige Personen haben Platz in diesem Raume, dessen Boden spiegelglatter Tropfstein ist. Man befindet sich in einer schachtähnlichen Kluft, deren Tiefe mit Wasser erfüllt ist, was man nur dann erblickt, wenn man sich über den etwa einen Schuh hohen Rand des Standpunctes hinausbeugt, knieend, oder den Arm um eine Säule geschlungen. Der Durchmesser der Kluft beträgt 12 Klafter; die Tiefe bis zum Grunde 5 Klafter; die Höhe des Wasserspiegels wechselt und wie gesagt läuft das Wasser auch manchmal über. Diese letzte Kluft nun ist mit allen Reizen, wenn auch in kleinerem Massstabe geschmückt; namentlich bewundert man in derselben die schönsten weissen und braunen Vorhänge oder Draperien.

Ueber die Kluft hinüber zu der jenseitigen Wand ist man noch nicht vorgedrungen, was eigene Vorrichtungen von Balken u. s. w. erfordern würde, die in dem so beschränkten Zugange nur mit grosser Schwierigkeit anzubringen wären. Es ist möglich, dass links noch eine Oeffnung sich befindet; aber man kann diesen Theil der Wand einer vorspringenden Ecke wegen nicht übersehen.

Zu dieser Kluft führt etwas tiefer noch ein zweiter Zugang, und man könnte einen Führer hinabschicken, damit er unten den Schauplatz beleuchte, indess man oben steht. Der untere Standpunct ist nur etwa 6 Fuss über dem Wasserstande und das Loch, durch welches man in die Kluft hineinblickt, ist eben der Abzugskanal für das Hochwasser; dieser Zugang ist daher besonders nass und schmutzig.

Der unterirdische Lauf der Poik führt hier in der Nähe links vorbei, und ihr Hochwasser ist es, welches eben das Bassin anfüllt und manchmal sogar überströmen macht.

Aeusserst selten dringt Jemand bis hieher vor (die Fussstapfen, welche man in dem Schlamme findet, rühren von mehreren Jahren her) und daher kommt es denn auch, dass selbst in Adelsberg über das Ende der Grotte unrichtige Ansichten gehört werden. »Der See,« mit welchem die Grotte enden soll, über den sich noch Niemand gewagt habe, existirt nicht; es ist die erwähnte mit Wasser gefüllte Kluft, welche damit gemeint wird.

An der hintersten Wand, in dem zuletzt beschriebenen Schlott liest man die Worte:

»Schaffenrath 1829.«

Nächst dem Pfeiler aber, welcher im Eingange zu den letzten beiden Aesten des Hauptganges steht, liest man rechts an der Wand:

»A. Schaffenrath, März 1825.

Johann Fercher,

Urban Alois,

Valentin Tracha,

Jacob Wrass.

Bei Aufnahme der Grotte den 7. Februar 1833.«

»Löwengreif zum letzten Mal den 12. März 1825.«

Freier fand am 14. März 1836 die Temperatur der Luft an dem oberen Rande des Bassin 8° R.

Ehe man zu der letzten Gabelung des Hauptganges gelangt, welche zu dem Bassin führt, bemerkt man rechts einen engen Schlott, der sich steil etwa 12 Klafter in die Höhe zieht, weiterhin aber nur auf einer Leiter erstiegen werden kann. Es scheint, dass hier eine Communication nach aussen besteht oder doch einst bestanden hat, denn Freier fand im Jahre 1836 zwei Häufchen von Billichknochen daselbst.

Das Bassin ist 105 Klafter vom Tropfbrunnen, 265 von der Pforte des Calvarienberges und 1190 vom Haupteingange entfernt; beträgt die Breite der Kluft 15 Klafter, so ist die jenseitige Wand, als das Ende der Grotte in dieser Richtung, 1205 Klafter vom Haupteingange entlegen.

5. Die Seitengrotten *).

Die »Seitengrotten« der Adelsberger Grotte werden im Folgenden in der Reihenfolge beschrieben, wie sie vom Eingange her rechts oder links auf einander folgen.

1) Bei der »Fleischbank« (siehe Seite 67) kommt man rechts in einen Seitengang, von den Führern fälschlich »Kaiser Ferdinands-Grotte« genannt, weil dieser Gang von Sr. Majestät am 17. August 1819 betreten wurde, man ihn damals auch für die Hauptgrotte selbst hielt. Es ist eine der interessanteren Verzweigungen der Grotte, reich an Tropfsteinen, aber auch am meisten geplündert, da sie eben dem Eingange zunächst sich befindet. Der Gang ist schmal und nieder, nur 5 bis 7 Fuss hoch, steigend und fallend, aber bequem zu begehen. Reisende, denen die Zeit nicht erlaubt über den »Vorhang« hinaus zu dringen, sollten im Rückwege diesen Seitengang besehen, der eine kleine halbe Stunde in Anspruch nimmt, da er nur 60 Klafter lang ist, von dem Puncte gerechnet, wo der Weg dahin ablenkt.

Benannte Gebilde sind hier zunächst

der antike Kopf,

der englische Garten,

der Regen und

die Diamantengrube.

Der englische Garten war einst eine besonders reizende Stelle, durch die vielen feinen, glänzend weissen Säulchen auf dem Boden und die von der Decke herabhängenden Röhren, welche aber jetzt zum grössten Theile verschwunden sind. Es folgen

der Delphin, richtiger »Löwe« genannt, mit welchem das Gebilde mehr Aehnlichkeit hat,

die Salami-Gehänge,

die Schwämme,

---

*) So lautet die übliche Benennung der Seitengänge der Hauptgrotte.

der rothe Tropfstein im weissen Felde und endlich
der Thron, so heisst ein nur 3 Fuss hoher Säulenstamm,
über welchen eine baldachinartige, völlig runde braune Sintermasse
aus der Wand hervorragt *).

---

2) In der Mitte der linken Wand des Tanzsaales befindet
sich die nur 15 Zoll hohe Oeffnung eines 10 Schuh langen engen
Stollens, durch welchen hindurch kriechend man in einen kleineren Saal, von 15' Höhe, 24' Breite gelangt, parallel mit dem
Tanzsaale sich erstreckend, dessen Wände zierlich mit weissem
Sinter überkleidet sind. Durch enge Klüfte sich durchwindend
kann man beim »Stockhause« am Eingange des Tanzsaales wieder
heraus kommen; die ganze Länge dieser Seitenkluft beträgt nur
22 Klafter.

---

3) Links neben dem »Springbrunnen« (Seite 73) öffnet sich
eine enge niedere 45 Klafter lange Kluft, wegen der hübschen far-
bigen Gehänge die »Wachskammer« genannt.

---

4) Bei dem »Grabe« (Seite 75) geht einer der bedeutendsten Seitengänge links ab, 90 Klafter lang, in welcher ein gebahnter Weg hergestellt ist. Die Tropfsteinbildungen sind hier
zahlreich und haben namentlich viel Abwechslung von Weiss
und Roth. 100 Klafter einwärts befindet sich eine 50' hohe, 54,
breite, besonders schöne Halle, wo sich die weissen Lagen häufig
mit Roth zu überziehen beginnen; hier ist auch eine fleischfarbene
Säule. Am Ende dieses Ganges hat man einen Durchschlag in
jene Seitengrotte begonnen, die jenseits des Berges Loibl mündet.

---

*) Fercher's Originalplan nennt ausserdem noch den »Adler« und den
»chinesischen Affen.«

7 *

5) Hinter dem »Türkensäbel« (Seite 80) zieht sich rechts eine Seitengrotte 170 Klaftern weit, in welcher der Tropfenfall besonders stark, der Boden daher an diesen Stellen nass und schlüpfrig ist. Die grauen Tropfsteine haben hier häufig Ansatz von weissen neueren Bildungen. Nach 60 Klaftern schliesst sich der Gang zu einer nur 1½ bis 2 Schuh hohen Oeffnung; das weitere Vordringen lohnt aber nicht die Beschwerde in den engen nassen Klüften.

6. Die Erzherzog Johanns-Grotte

ist jedenfalls die bedeutendste Seitengrotte aus allen, sowohl durch ihre Länge von 260 Klaftern, als durch die Schönheit und Mannigfaltigkeit ihrer Tropfsteinbildungen. Sie erhielt ihren Namen bei dem Besuche Sr. kaiserl. Hoheit des Erzherzogs Johann, welcher am 31. Juni 1832 der Erste in derselben über die vordere Halle hinaus vordrang.

Der Eingang befindet sich 100 Klafter hinter dem »Vorhange« 725 Klafter vom Haupteingange entfernt, in der Höhe von 2 Klaftern an der rechten Seitenwand des Hauptganges; eine Steintreppe führt hinauf zu dem Gitterthore, mit welchem derselbe geschlossen ist. Der Gang ist anfangs nieder, schmal und nass; links zieht sich ein schlammiger Abhang bis hinauf zur Decke. Man gewahrt eine Oeffnung, welche zu einem Schlott führt, der etwa 60 Fuss sich nach aufwärts zieht. Auch die erste etwas erweiterte Stelle zeigt einen ähnlichen Schlott. Bisher entspricht der Gang den gehegten Erwartungen keineswegs, aber nun betritt man

die gothische Halle, eine der schönsten Partien in der ganzen Grotte, ja der krainerischen Höhlenwelt überhaupt *). Die Halle ist fast kreisrund; den Mittelpunct bildet ein gewaltiger brauner Stalagmit, mantelförmig auf einen Säulenstrunk herabreichend, von zahlreichen kleineren Stalagmiten umgeben. Einzelne unförmliche Stämme stehen umher. Die Wände sind reich mit weissen, grauen und gelblichen Tropfsteinen bedeckt, in runden gewölbten Massen an der Decke weit hervorquellend, in zahllosen

---

*) Siehe die Abbildung auf Tafel V.

Röhren und Zapfen bis zum Boden herabreichend. Von der Decke
selbst hängt gleichermassen eine Unzahl von Stalaktiten herab und
bildet mit den ausspringenden Winkeln der Wände zahlreiche Ni-
schen, deren Decoration in der That an all die architektonischen
Reize des Spitzbogenstyles erinnert. In der ganzen Halle ist nir-
gens der nackte Kalkstein sichtbar, selbst der Boden ist ganz überzogen mit braunen Krystallen. Kleine Lachen reinen Tropfwassers
finden sich rechts, haben aber früher eine grössere gebildet, in
welche man Proteen aus der Magdalena-Grotte verpflanzt hatte,
um diese merkwürdigen Thiere beobachten zu können; jetzt ist
kein Exemplar derselben mehr vorhanden.

Bis hieher gelangte man vor dem Jahre 1832, da versuchte
man gelegentlich, der Vorbereitungen für Se. kaiserl. Hoheit den
Herrn Erzherzog Johann, durch eine niedere Oeffnung zu kriechen, welche sich gleich hinter der gothischen Halle am Boden
zeigte, und entdeckte so die Fortsetzung des Ganges. Es wurde ein
bequemer, aber noch immer etwas niederer Durchgang ausgesprengt,
durch welchen man wieder in einen grösseren Raum gelangt, der
sich steil nach rechts zu senkt, und ganz übersäet mit kleinen
und grösseren weissen Stalagmiten ist. Nur wenige Schritte steige
man von dem gebahnten Wege diesen glatten Abhang rechts hinab,
trete hinter eine daselbst befindliche Säule, und man sieht an
der Decke

den kleinen Vorhang, ein besonders reizendes Gebilde,
weil es noch ganz in ursprünglicher Reinheit und blendender Weisse
prangt. Er ist keine der Länge nach herabhängende Draperie, wie
der grosse Vorhang in der Hauptgrotte, sondern er ist mehr wie eine
Theatersouffite gestaltet, nur an 2 Schuh breit und 5 Schuh lang,
schief von links nach rechts unmittelbar mit der Decke selbst sich
herab erstreckend. Ein ungemein zarter orangefarbener Saum aus
mehreren dunklen und lichten Linien bestehend, zieht sich der
ganzen Länge nach hin. Die ganze, kaum einen Zoll dicke Masse
ist vollkommen durchscheinend, in leichten Wellenlinien geschlungen *).

---

*) Dieser Vorhang war bisher unbekannt und wurde von mir im Sep-
tember 1852 entdeckt, als ich eben die Johanns-Grotte verlassen

Weiterhin gelangt man in einen Dom von 60 Fuss Höhe (nach Fercher's Originalplan 42 Fuss), in welchem der gebahnte Weg aufhört. Rechts an der Hinterwand ist eine Lache von Tropfwasser, welches am 27. August 1852 eine Temperatur von 6,,, die Luft daselbst aber 7,,° R. zeigte. Links findet man eine Oeffnung, durch zahlreiche Stalaktiten verengt, durch welche hindurch man in einen neuen Gang kömmt, dessen linke Wand, dachförmig überhängend, nur gebückt vorwärts schreiten lässt. Dann erweitert sich die Grotte wieder in

der schwarzen Halle, 30 Fuss hoch, welche ein gewaltiger Einsturz mit seinen Trümmern überschüttete; es ist ein düsterer Raum, in welchem der dunkle Fels fast ohne Tropfsteinzierden hervortritt. Bald aber gelangt man wieder in eine mit Stalagmiten übersäete Stelle, wo rechts

die Orgel, links

die Salzsäule von Loths Weib von der Phantasie erkannt werden wollen.

Die rothe Halle ist der letzte Raum, im Hintergrunde schroff ansteigend. Am oberen Rande dieses spiegelglatten Hügels ziehen zwei Klüfte steil nach aufwärts, schliessen sich aber nach wenigen Klaftern. Die letzten Theile der Grotte sind besonders durch schöne, rothen Korallen ähnliche Röhren ausgezeichnet, auf weissem Hintergrunde aufliegend oder von der Decke herabhängend. Der Endpunct der rothen Halle liegt 18 Fuss höher als der Eingang dieser Grotte.

7. Am Fusse des Calvarienberges, bei der Büste von St. Stephan, zweigt sich ein Seitengang ab, der rückwärts zum Calvarienberge führt und jedenfalls die grossartigste Nebenpartie der Grotte ist. Wer einige Beschwerde nicht scheut, dem wäre diese Seitengrotte als die am meisten lohnende anzurathen, durch die reiche Abwechslung und die Grossartigkeit ihrer Scenerie.

wollte. Den Tag darauf musste ich meine Rückreise antreten und war nicht mehr im Stande eine Zeichnung von diesem lieblichen Gegenstande zu entwerfen.

Gleich hinter St. Stephan steigt man rechts in eine hohe breite Schlucht hinab, deren Boden aber sehr zerklüftet ist, wo man daher wohl Acht haben muss. Die Schlucht schliesst sich übrigens bald und man klettert links den glatten Tropfsteinabhang hinan zu einer Oeffnung, durch die man nach ein paar Schritten an einen Absturz von etwa 3 Klafter Höhe gelangt. Man befindet sich hier wie auf einem Balcone, vor sich eine grosse weite Halle, die man hier nicht vermuthet hätte. Mit Vorsicht klettert man hinab und gewahrt rechts eine trichterartige Vertiefung; steigt man in dieselbe hinunter, so sieht man, dass unter der Felswand, über die man herabkam, ein Schlund schräg nach abwärts in die Tiefe führt, wo sich Wasser befindet, wie ein hinab gerollter Stein durch sein Einschlagen beweiset; es ist die auf Fercher's Plan angegebene »mit Wasser gefüllte Kluft,« deren Tiefe bis zum Wasserspiegel 8 Klafter misst. Links oben am Rande des Trichters steht eine über 2 Klafter hohe Säule, blendend weiss, welche vielleicht die schönste Tropfsteinsäule in der ganzen Grotte war, ehe die herrlichen Draperien derselben — grösstentheils abgeschlagen wurden! Weiter schreitend sieht man sich überrascht auf vollkommen ebenem Boden. Es ist eine Stalaktitendecke fast überall hohlklingend, unter welcher höchst wahrscheinlich fossile Knochen sich finden dürften. Aber nur kurz ist diese Strecke und es beginnt eine der wildesten Partien der Höhle. Links erblickt man eine Doline, durch welche hindurch gestiegen man in der jenseitigen Wand mehrere enge, sich einwärts erstreckende Klüfte findet; der Endpunct derselben ist 190 Klafter von der Pforte des Calvarienberges, 1115 vom Haupteingange entfernt. Rechts aber geht es steil hinauf; überall gewaltige Felsblöcke, scharfkantige Massen, kleines Gerölle dazwischen — ein äusserst beschwerliches Klettern. Kömmt man höher, so ändert sich allmälig die Scene; Stalagmitenboden mit Ansätzen von Säulen erscheint, bedeckt bald grössere Plätze und endlich ist Alles mit grauer spiegelglatter Masse überzogen; immer grösser, immer häufiger werden die Stalagmiten, kolossale weisse Gestalten blicken aus der dunklen Höhe über uns herab, — plötzlich — nein, es ist keine Täuschung — schlagen Stimmen an unser Ohr, Lichtschimmer erscheint auf der Höhe: es ist der

Gipfel des Calvarienberges! Wir haben ihn von rückwärts erstiegen, indess eine Gesellschaft auf dem gebahnten Wege oben anlangte und uns mit der Herzlichkeit begrüsst, die auf lichter Alpe wie in dunkler Höhle, im Angesichte der Wunder der Schöpfung, in dem begegnenden Wanderer nicht den Fremden sieht, sondern eben ein Mitgeschöpf Gottes erkennt und begrüsst!

8. Jenseits des Berges Loibl mündet links die letzte bedeutendere Seitengrotte, fälschlich von den Führern »Tartarus« genannt. Der Eingang ist sehr pittoresk, durch tief herabhängende Stalaktiten, welche fast wie der obere Theil eines gothischen Gitterthores sich darstellen. Diese Grotte ist 200 Klafter lang, bis zu ihrem Ende mit gebahntem Wege versehen und enthält sehr hübsche Partien, die namentlich durch verschiedene Farben ausgezeichnet sind. Sie verläuft in der Richtung gegen die oben unter Nr. 4 beschriebene, die bei dem »Grabe« aus dem Hauptgange sich abzweigt. Die Endpuncte dieser beiden Nebenäste sind nach Fercher's Originalplan nur 2¹/₂ Klafter aus einander gelegen, dieser Gang aber liegt an seinem Ende um 6 Fuss höher, als der Gang vom Grabe her. Man hat desshalb hier einen Durchschlag begonnen, um beide Gänge zu vereinigen, wodurch der Vortheil erreicht würde, dass man vom Calvarienberge über den Loibl und durch diesen Seitengang zurückkehren könnte. Vom Tropfbrunnen zurückkehrend hätte man auf diesem Wege sogar näher, indem man von dort nicht mehr über den Loibl und nach St. Stephan zurück müsste. Leider wurde der Durchschlag halb vollendet gelassen, angeblich weil die bezügliche Aufnahme unrichtig und der Stollen etwas zu hoch angetragen war. Nach der einstimmigen Aussage der Führer hört man hier am Endpuncte deutlich die Stimmen von Personen, welche neben dem Grabe gegen die Wand sprechen.

Sollte der Durchschlag zu Stande kommen, und beide Gänge dadurch vereinigt werden, so wäre es wohl passend die so entstandene neue Abtheilung »Löwengreif-Grotte,« zu nennen, dem Andenken jenes Mannes zu Ehren, der für die Adelsberger-Grotte so viel gethan hat.

9. und 10. Hinter dem Calvarienberg öffnen sich nördlich und südöstlich 2 Klüfte, welche aber am seltensten aus allen Nebengängen betreten werden, weil sie besonders beschwerlich sind, sehr enge Durchgänge haben und beide zu Wassertrichtern führen. Das Ende der südöstlich streichenden ist von der Pforte des Calvarienberges 175, vom Haupteingange also 1100 Klafter entfernt.

III. Die St. Magdalena- oder schwarze Grotte.
(Černa Jama.)

Eine Stunde nördlich von Adelsberg liegt diese Grotte, welche durch manche Eigenthümlichkeit ausgezeichnet ist, wenn sie auch an Ausdehnung und an Mannigfaltigkeit der Tropfsteine hinter der Adelsberger jedenfalls zurücksteht.

Der Weg zu derselben führt im Markte Adelsberg durch die Gasse neben dem Schlosse, steil den Schlossberg hinauf, und wurde schon Seite 36 angedeutet. Man erreicht bald die kleine Einsattelung, die den Schlossberg von dem sich weiter erstreckenden felsigen Hügel Sovitsch trennt, unter dem die Adelsberger-Grotte sich befindet, und folgt sodann einem ziemlich kenntlichen Fusspfade, der quer über den letzteren führt. Auf dem Sovitsch sieht man schon so recht die Karstnatur vor sich, wenn auch noch reicher an Vegetation als weiter südlich von Adelsberg; kleine Dolinen, aus welchen kahle zerrissene Felswände emporsteigen, erscheinen eine nach der anderen, bis man das dichte Buschwerk betritt, welches den nördlichen Abhang des Hügels bedeckt. Hat man sich hindurch gearbeitet und ein paar Wiesen abwärts überschritten, so trifft man auf den Fahrweg, der von der Planina-Adelsberger Chaussée herüber führt und hier eben den Waldessaum erreicht. Man folgt demselben in den Wald, sich immer links haltend, und gewahrt beiderseits mehrere grössere Dolinen, aber bereits vollkommen mit Vegetation und Waldstand bedeckt. Ueber eine Anhöhe kömmt man zu einem kleinen Rasenplatze, der eben auch wieder den Grat bedeckt, welcher zwei Dolinen scheidet; der Führer wendet sich hier plötzlich links, durch das Buschwerk abwärts steigend, und mit Erstaunen sieht man sich vor einer, an 10 Klafter hohen, blauschwarzen fast senkrechten Felswand, die den Hintergrund der Doline bildet, an deren Fusse die breite, aber niedere Mündung der Magdalenagrotte uns entgegen starrt. Das ganze Bild hat etwas Düsteres, durch die dunkle Farbe der Wand, das tiefe Dunkel der Höhlenmündung und den Nadelwald, welcher die ganze Scene umgibt und krönt, so dass die Benennung schwarze Grotte um so mehr erklärlich wird, als der Eingang zur Adelsberger-Grotte in freier lachender Landschaft sich befindet. — Der Name Magdalena-Grotte rührt von einer St. Magdalena-Capelle her, welche in der Nähe auf einem Waldgipfel sich befindet.

Die Excursion zur Magdalena-Grotte nimmt wenigstens drei Stunden in Anspruch, wenn man eine Stunde sich in derselben aufhalten will. Die Grotte ist nicht gesperrt, und man hat kein Eintrittsgeld zu bezahlen. Auch die Beleuchtung ist freigestellt und die Führer brennen gewöhnlich Holzfackeln (Torschen). Die Grotte ist aber desshalb durch Rauch schon sehr geschwärzt, und die Plünderung, welche an den hübscheren Stalaktiten in ungehemmtem Maasse ausgeübt wurde und wird, hat ihr längst den schönsten Reiz genommen, um dessentwillen sie so oft der Adelsberger-Grotte vorgezogen wurde, ehe nämlich die neue Grotte daselbst entdeckt worden war.

Noch der Bericht über die Reise des Kronprinzen Erzherzog Ferdinand 1819 rühmt einige Vorzüge der Magdalena-Grotte, »die sich vor der Adelsberger darin auszeichnet, dass zu ihrer grossen Oeffnung 50 Stufen abwärts führen *), die Wölbungen, Gänge und Tropfsteinfiguren viel grösser, erhabener und ausgedehnter sich darstellen.«

Die erste Beschreibung der Magdalena-Grotte lieferte Nagel in seinem mehr erwähnten Manuscripte, welcher den Schönheiten des ersten grossen Domes volle Gerechtigkeit widerfahren lässt.

Gruber äusserte sich seiner Zeit sogar dahin: »Glauben Sie mir, dass es mir unmöglich ist, Worte zu finden, die Idee von Grösse und Pracht dieser Grotte auszudrücken« **). Rosenmül-

---

*) Aus dieser Notiz der Laibacher Zeitung ist also ersichtlich, dass damals Stufen zur Mündung hinabführten; diese sind längst verschwunden und wurden leider nicht wieder hergestellt.

**) Gruber fand sich veranlasst drei Ansichten zu zeichnen, den Dom und zwei Partien aus dem Hauptgange (Vignette 23. 24. 25. S. 117

ler erschöpft sich in Bewunderung. »Die Menge der Säulen, welche das Deckengewölbe derselben stützen, sind reichlich und regelmässig, und gereichen dem Ganzen zu einer wahren Zierde. Sie sind überaus schön, so weiss wie Schnee und sehen dem candirten Zucker nicht unähnlich. Der Fussboden ist von gleicher Beschaffenheit. Man glaubt nichts anders, als ginge man in den Mauern eines alten prächtigen Pallastes herum« etc.

Von dieser Herrlichkeit ist nun freilich kaum ein Schatten übrig geblieben!

Unter die Wölbung getreten befindet man sich auf einer Art Terrasse, welche in die Höhle hinein sich mässig steil abstürzt.

Man gewahrt einen weiten Raum in die Tiefe sich erstreckend, und hat drei Wege vor sich; links und rechts gelangt man in die längeren Verzweigungen der Höhle, gerade hinab in den grossen Dom.

In den Dom führt eine kurze Strecke ein gebahnter Weg hinab und in der Tiefe angelangt, befindet man sich in einer allerdings imposanten Halle, auf gewaltigen Tropfsteinsäulen ruhend, die einen wahrhaft grossartigen Anblick gewährt. Ein besonderer Reiz ist das Tageslicht, welches im Eingangsschlunde einfallend auch aus der Tiefe stellenweise sichtbar wird. Die prachtvollen Tropfsteinkolosse sind aber jetzt sämmtlich verstümmelt, die Spitzen abgeschlagen, das blendende Weiss ist im Fackeldampf untergegangen, und schwarze Flecken, von Kohlensplittern herrührend, zeigen sich überall, wo die Führer die Holzspäne an die Säulen anschlugen, um die Asche abzustreifen und die Späne heller brennen zu machen. Nur ganz in der Tiefe findet man Wände und Boden noch etwas reiner, obwohl auch hier alle erreichbaren kleineren Stalaktiten abgeschlagen sind.

Von der Terrasse links hinab geht es äusserst steil an 100

---

118 und 125), die man aber wohl vergeblich suchen würde, um sie wieder zu erkennen.

Büsching verwechselt auch die Magdalena-Grotte mit der bei Lueg, wenn er sagt, dass »in derselben das Schloss Burg erbaut ist.«

Auch Keysler rühmt noch in seinen Reisen die vorzügliche Schönheit dieser Grotte.

Fuss tief, beschwerlich über Gerölle, bis man den Boden der Höhle erreicht, und in einem hohen aber schmalen Gang auch bald den Wasserspiegel. Ein Seitengang enthält gleichfalls einen Wassertümpel; übersetzt man denselben und steigt jenseits einen Schlammhügel hinan, so gelangt man in einen 50 Klafter langen Gang, der in dem grossen Dome, gegenüber vom Eingange der Höhle, mündet.

Rechts auf der erwähnten Terrasse führt ein gebahnter Weg in den Hauptgang hinab und durch ein etwas weiteres Gewölbe. Der Gang ist ziemlich abwechselnd, und senkt sich gleichfalls steil dem Grunde zu, den man über verfallene Holzstufen erreicht. Unten hat man eine äusserst schlammige, nach links zu abhängige Strecke zu passiren, wo man Acht haben muss, festen Fuss zu fassen. Bei Hochwasser der Poik ist hier alles überschwemmt, bei anhaltend trockenem Wetter kann man aber eine ziemliche Strecke zurücklegen, ehe man den Wasserspiegel erreicht. Man sieht dann etwa 6 Klafter weit über denselben hinüber und gewahrt in der jenseitigen Wand zwei 3 bis 5 Fuss hohe Oeffnungen, wie zwei Thore, durch welche man mit einem Kahne hindurch gefahren, im Hintergrunde des oben erwähnten linken Armes des Domes herauskommt. Das Wasser ist stagnirend, wie bereits Seite 48 erwähnt wurde und in der Regel trüber als die Tropflachen in anderen Grotten *). Nagel's Beobachtung zu Folge steigt es manchmal bis 10 Fuss über den mittleren Spiegel und in der That sind die tieferen Partien der Grotte häufig ungangbar.

Die Magdalena-Grotte verdankt ihren Ruhm auch noch dem Umstande, dass sie der zweitälteste bekannte Fundort des Proteus ist, der zuerst bei Vier nächst Sittich gefunden wurde. Im Jahre 1797 besuchte nämlich der oft genannte Herr Jos. Ritter von Löwengreif in Gesellschaft mehrerer Offiziere von Adelsberg aus die Magdalena-Grotte „und entdeckte in dem Wasser-

---

*) Franz Graf von Hochenwart (Beiträge zur Naturgeschichte etc. des Herzogthum Krain, Heft 2. Laibach 1838. S. 52) ist der Meinung, dass das Wasser in der Magdalena-Grotte aus dem Zirknitzer-See komme, und dessen Canal unter dem Flussbette der Poik querüber laufe.

spiegel daselbst eine weisse Fischgestalt,« der man nachsetzte und so glücklich war zwei Exemplare des Proteus zu fangen. Die Sache gerieth aber in Vergessenheit, bis im Jahre 1814 Graf Hochenwart mit Ritter von Löwengreif zusammen traf, und jene Entdeckung verfolgte *). Seitdem ist die Magdalena-Grotte der ergiebigste Fundort gewesen, die Thiere finden sich auch jetzt noch vor, obwohl viel seltener und dürften vielleicht bald ganz ausgerottet werden.

Am 18. August 1819 besuchte Se. kaiserl. Hoheit der damalige Kronprinz Erzherzog Ferdinand von Adelsberg aus die Magdalena-Grotte. »Die sehenswürdigsten Stellen darin wurden durch bewegliche Irrlichter, die einen guten Effect machten, beleuchtet. In der Tiefe der Grotte rauschte der Poikfluss (sic), auf welchem aus einer niederen Höhle Charons Nachen (sic) mit zwei Laternen hervorschwamm. Der den Caron vorstellende Fischer zog das Netz vor den hohen Gästen und überreichte Höchstdenselben 6 Proteos anguineos« **).

Die Magdalena-Grotte erhält im Sommer noch immer fast allwöchentlich Besuch von Reisenden, namentlich sind es Engländer, welche sich für dieselbe interessiren. Es ist besonders nöthig, sich vor dem Betreten derselben wohl abzukühlen, da der Spaziergang dahin schon etwas erhitzt haben dürfte, und die Grotte bedeutend kälter als die Adelsberger ist; am 16. September 1850 hatte die Luft auf dem Fahrwege ober dem Eingange 11,₁ in der Grotte am Wasserspiegel nur 5,₆, das Wasser selbst 5,₀° R.

Aus dem über die Verzweigung Gesagten erhellt, dass die Gänge dieser Grotte — wie auch der Grundriss zeigt — in sich selbst zurückkehren; sie messen nicht mehr als 260 Klafter in ihrer ganzen Ausdehnung.

---

*) Graf Hochenwart a. a. Orte. Der Preis eines Proteus ist jetzt in Adelsberg 2 fl., besonders schöne Exemplare werden aber auch höher bezahlt.

**) Officieller Reisebericht in der Laibacher Zeitung 1829 Nr. 73. Freitag den 10. September S. 297. Der Reisebericht erschien also erst nach 13 Tagen, eine Verzögerung, welche uns freilich nicht wundern darf, wenn wir uns erinnern, dass ja selbst Triest erst im Jahre 1819 ein Ober-Postamt erhielt. — So sah es vor 27 Jahren mit den Communicationsmitteln aus!

IV. Die Poik-Höhle (Piuka-Jama).

Eine starke Viertelstunde nördlich von der Magdalena-Grotte, ohne Führer aber nicht zu finden, liegt dieser merkwürdige Abgrund, in keinem Werke bisher genannt, von dessen Existenz selbst nur wenige Eingeborne von Adelsberg Kenntniss haben *). Man verfolgt noch eine Viertelstunde weit den Fahrweg von der Magdalena-Grotte, lenkt aber dann fast pfadlos links ab in das Gebüsch, bis man plötzlich einen Abgrund dicht vor den Füssen hat, aus dem ganz vernehmlich das Rauschen eines Flusses herauf dringt — es ist die Poik. Wenn man den äussersten Randfelsen etwas zur Rechten durch die Bäume nachgeht, so wird man bald eine Stelle erreichen, wo man, den Arm um einen Baum geschlungen, sich hinausbeugen kann über die Tiefe. Man erblickt vor sich eine Doline, ähnlich jener in welcher die Magdalena-Grotte sich befindet, nur sind hier alle Seiten des Abgrundes viel steiler, er selbst viel tiefer. Die Südseite besteht auch hier aus einer fast senkrechten, 30 Klafter hohen Felswand, an deren Fusse sich eine Höhle bergeinwärts zieht, aus welcher eben das Rauschen heraufdringt, und Wasserdunst hervorquillt. Die übrigen Seiten sind zwar felsig, aber mehr oder weniger bewachsen. Die Nordseite springt in mächtigen Klippen vor, und hängt etwas über. An der östlichen (linken) Seite zieht sich aber eine Schlucht hinab, mit Gestrüpp bewachsen, in der man gegen 12 Klafter abwärts steigen kann und einen gewaltigen Felsblock erreicht, auf dem man Posto fassen und den Schauplatz überblicken mag, wenn man vollkommen schwindelfrei ist. Selbst bis hieher sollte man aber nicht herabsteigen, ohne an einem Seile

---

*) Im September 1852 machte mich der alte Schebenik auf denselben aufmerksam, als wir bei der St. Magdalena-Grotte lagerten. Vor vielen Jahren soll ein angeschossener Hirsch in die Piuka-Jama hinabgestürzt, und ein Waghals dann an einem Seile hinabgestiegen sein und das Wildpret herausgebracht haben.

sich zu halten, da man in weichem Erdreich steigt, das unter dem Tritte nachgibt; nach Regenwetter ist es geradezu unthunlich. Von dem erwähnten Felsblock stürzt auch diese Seite sich schroff hinab, und mit einem Seile allein kömmt man nicht ohne Schwierigkeit hinab, auf einer Strickleiter aber sehr bequem. Der Grund der Doline besteht aus keiner Fläche, sondern aus gegen einander gestürzten mächtigen Felsblöcken, vermodernde Baumstämme darüber her liegend. Von dem erwähnten Felsen nun sieht man erst die 36 Fuss hohe Mündung der Höhle vor sich, aber erst ganz unten angelangt, gewahrt man in derselben den Fluss, von rechts nach links (von Südwest nach Nordost), vorüber schäumend. Einen steilen Schuttkegel steigt man durch die Mündung hinab, steht endlich auf dem Boden der Höhle, die sich nach innen zu bedeutend erhöht, und erreicht das Ufer der Poik, die man bei Adelsberg in der Höhle verschwinden sah.

Das Eigenthümliche der Piuka-Jama besteht darin, dass man in derselben einen unterirdischen Fluss vor sich vorbeiströmen sieht; sie ist gewissermassen ein Fenster in dem überwölbten dunklen Canale; bei anderen ähnlichen Scenen sieht man von oben auf den Lauf des Gewässers hinunter, wie bei den »Oefen« der Salzach, so auch in dem Naturschacht bei St. Canzian der Fall ist, in welchem man auf die Recca hinabsieht u. s. w. Es ist daher höchst wünschenswerth, dass der Weg zur Doline etwas gebahnt, die erwähnte Klippe am Nordrande mit Geländern versehen und zu einem Belvedere vorgerichtet würde, in der Art wie an der Mazocha in Mähren. Uebrigens wären auch Treppen, um zum Fusse selbst hinabzugelangen, sehr leicht anzubringen.

In der Höhle kann man bei kleinem Wasserstande längs dem Flusse abwärts 150 Klafter vordringen, dort senkt sich aber die Decke so tief herunter, dass nur das Wasser darunter hinweg seinen Weg zu finden vermag; Strom aufwärts geht es indess weiter. Man muss über das Wasser auf das jenseitige (rechte) Ufer des Flusses setzen, und gelangt daselbst, und dann mehrmals den Fluss wieder überspringend, 250 Klafter weit bis zu einem Felsenthore, aus welchem die Poik hervorströmt. Die Strömung in diesem Thore ist sehr heftig und kann nur bei besonders kleinem Wasserstande mit einem Kahne überwunden werden *). Es ist nicht unwahrscheinlich, dass die Verbindung mit der Adelsberger-Grotte aufgefunden werden kann, da die Endpuncte des bisher bekannten Flusslaufes in derselben und in der Piuka-Jama doch kaum mehr als 7—800 Klafter auseinander liegen können.

*) Im August 1852 drang Herr Joh. Rudolf ohne Kahn bis zu diesem Felsenthore vor; als wir im September dann einen Kahn zur Verfügung hatten, war das Wasser so gross und reissend, dass wir denselben nur zum Uebersetzen des Flusses verwenden konnten. Wir mussten den Kahn in der Höhle lassen, versenkten ihn aber an geeigneter Stelle und werden ihn ein nächstes Mal hoffentlich noch brauchbar wieder vorfinden.

V. Lueg und seine Grotten.

1. Das neue Schloss, die alte Höhlenburg.

Im Rufe der Romantik steht die Höhlenburg Lueg unter den österreichischen Burgen obenan, durch ihre Lage , durch des Erasmus Lueger's Geschick, durch die märchenhaften Höhlengänge u. s. w. Verhältnissmässig aber sind wenig Burgen so mangelhaft beschrieben, wenn auch nicht zu läugnen, dass es schwer ist, ohne Grundriss und Ansicht eine richtige Vorstellung von der ganz eigenthümlichen Beschaffenheit derselben zu geben. — Gewöhnlich besucht man Lueg von Adelsberg aus. Man hat die Wahl auf der Triester Chaussée bis Hrasche und dann auf Landwegen über Landoll und Brinie in 2½ Stunden nach Lueg zu fahren, oder in eben der Zeit über Ottok, Sagan und Prestawa dahin zu gehen. Dieser Fusspfad ist nicht unangenehm, abwechselnd führt er durch Wiesland, Haide und Holzung und namentlich ist es interessant zu sehen, wie scharf sich die Vegetation des Kalkbodens von der üppigeren Flora des Sandsteines zunächst der Poik abscheidet.

Die kleine Häusergruppe des Dörfchens Lueg (Predjama) liegt am östlichen Rande einer tiefen Wiesenschlucht, in welcher der Lokva-Bach ein paar Sägemühlen treibt. Nördlich wird diese Schlucht von einer Kalkwand geschlossen , welche aus derselben 65 Klafter hoch äusserst schroff emporsteigt. In dieser Wand befinden sich die Mündungen von nicht weniger als fünf Grotten, eine Anzahl, die in Innerkrain bisher nirgend anderswo beobachtet wurde. Von dem Dorfe geht man am Bergabhange fort, zu dem

Schlosse Lueg, welches 1570 von dem Grafen Johann Cobenzl erbaut wurde. Es theilte gleiches Loos mit Haasberg bei Planina und kam 1846 gleichfalls in den Besitz des Fürsten Veriand zu Windischgrätz, von dessen Verwalter es jetzt bewohnt wird. Diess ist nun das Schloss, von dem es oft hiess, es sei derart in eine Höhle hineingebaut, dass es keines Daches bedürfe um gegen den Regen geschützt zu sein. Das Wahre an der Sache besteht darin, dass die erwähnte Kalkwand an dieser Seite mehrere bedeutend vorspringende Felsen hat, deren Zwischenräume ausgefüllt, andere Klippen weggesprengt wurden, und auf den so gewonnenen Raum das Schloss erbaut wurde. Hinter diesem zieht sich allerdings eine Höhle in den Berg, deren Mündung das Schloss überragt, und der überhängende Felsen reicht auch über das Dach eines Hintergebäudes hervor, aber das Schloss selbst steht f r e i, nicht eigentlich von der Höhlenwölbung selbst überdeckt, wenn es auch in der Entfernung so aussieht. Das Schloss kann daher um der Höhle willen des Daches nicht entbehren, im Gegentheile ist das von den Felsen kommende Tropfwasser ein eigenthümlicher sehr lästiger Plagegeist der Bewohner, und alle Felswände sind mit eingemeisselten Rinnen versehen, um dieses bei Regenwetter überhand nehmende Wasser abzuleiten. Aus dem Gesagten ist auch leicht zu entnehmen, dass das Schloss trotz seiner imposanten Fronte keine Tiefe und überhaupt wenig Gelass enthalte *).

Vom Dorfe kommend passirt man eine Brücke über den 12 Fuss breiten und 4 Fuss tiefen Schlossgraben, einstmals Zugbrücke, der einzige Zugang zum Schlosse. Der Thorthurm von 2 Stockwerken enthält die Amtskanzlei. Ober dem Thore sieht man das Wappen der Cobenzl mit der Jahrzahl 1583 und den Buchstaben J. K. (Johann Kobenzl). Im Hintergrunde des sehr kleinen Hofes befindet sich die verfallende Haupttreppe, daher die schmale Stiege im Gebrauche ist, welche im Thurme auf eine Gallerie innen längst dem Hofe hinführt.

Man wird hier erst gewahr, dass die zweite Abtheilung des Gebäudes, die von aussen als wohnbar erscheint, nur eine leere Mauer mit Fenstern ist, welche den Hof schliesst, dessen rechte Seite

---

*) Siehe Tafel 8. Nach V a l v a s o r s Abbildung (I. 4. S. 521) zu schliessen hatte das Schloss damals schon fast ganz die heutige Gestalt, nur führte von der Brücke gegen das Dorf eine Mauer, welche auch N a g e l's interessante und genaue Abbildung zeigt.

hingegen die Felswand bildet. In beiden Stockwerken führen zum eigentlichen Haupttracte an dieser Mauer Gallerien hinüber, deren letztes Dritttheil noch zu Valvasor's Zeit Zugbrücken waren. Das Hauptgebäude scheint älter zu sein, enthält 3 Stockwerke, im ersten ein paar unbewohnte Gemächer, im zweiten die Wohnung des Verwalters, im dritten die Capelle und 2 Gastzimmer. Dieser Theil hat die volle Uebersicht des Thales, und namentlich das Eckzimmer im 3. Stocke ist sehr angenehm; eigentlich hat er 4 Stockwerke, denn das erste nimmt der Keller ein, wohl der einzige, dessen Fensterchen eine so schöne Aussicht haben.

Hinter den Gastzimmern ist ein breiter gedeckter Raum, der auf eine kleine Terrasse, den sogenannten Garten, führt, unmittelbar am überhängenden Felsen. In einer Ecke gewahrt man hier im Felsen einen Schlott mit einer Holztreppe, und hinaufgestiegen, findet man sich in einer kleinen Grotte,

das Belvedere genannt, nach Art einer grossen Theaterloge gebildet, wo man an der Thalseite eine schützende Brustmauer aufgeführt hat, um den Ueberblick der Landschaft geniessen zu können; ein allerliebstes Plätzchen. *)

Am Fusse der breiten Treppe zu dem dritten Stockwerk hinauf, befindet sich eine schmale Thüre; eingetreten, sieht man sich mit Erstaunen vor der senkrechten Felswand, und hoch über sich eine Brücke zu derselben führend. Links ist eine schmale steinerne Treppe an der Hinterwand des Gebäudes angebracht, auf welcher man in das 4 Stockwerk, zu dem Gefängnisse und zu den Dachräumen gelangt. Durchschreitet man letztere nach links, so kömmt man an der Schlossglocke vorbei auf eine gedeckte Terrasse, die gleichfalls eine massive Brustwehr hat und eine anmuthige Aussicht darbietet. Von der Treppe rechts führt aber ein hölzerner Steg hinüber zu der

alten Höhlenburg, die man von unten und aussen nicht sehen kann, weil sie durch die Dachungen des neuen Schlosses

---

*) Auf Tafel 8 ist diese Grotte ersichtlich, links etwas höher als das Eckthürmchen des Schlosses. Aus welcher Quelle muss Büsching geschöpft haben, wenn er sagt: „Man hat aus diesem Schloss keine andere Aussicht als über sich gegen Himmel"?!

ganz versteckt wird. *) In der Bergwand ist hier eine über 12 Klafter hohe, aber nur halb so breite Höhlenmündung, nach unten und oben sich verengend. Die untere Kluft wurde einige Klafter herauf vermauert, bis zum Niveau des inneren oberen Höhlenraumes, von hier an steigt die eigentliche Frontmauer der Lueger-Burg noch um 3 Klafter empor, die ganze Breite der Höhle schliessend. Nur 5 Fuss 4 Zoll hoch, und $2^1/_2$ Fuss breit ist das alte Spitzbogen-Thürmchen, zu welchem eben jenes Brücklein führt, und noch sind die Aufzugsrollen der ehemaligen Zugbrücke in ihren Löchern vorhanden. Neben der Thüre ist ein 2 Fuss 11 Zoll breites viereckiges Fenster; 2 Klafter höher, in der Mitte zwischen Thür und Fenster sieht man ein zweites Fenster, welches an der linken Seite, sammt dem anstossenden Felsen ausgesprengt ist. Es gilt für dasjenige, das durch den Schuss zerschmettert wurde, der dem Erasmus Lueger das Leben kostete. Diese Angabe ist aber gewiss irrig, wie selbst eine oberflächliche Uebersicht der Localität überzeugt. Nach Valvasor's Zeichnung und Erklärung ist dieser Ort entweder höher links zu suchen, wo man ein zweites Mauerstück mit Schiesslöchern gewahrt, oder tiefer in der oben beschriebenen Belvedere-Kluft, zu welcher hin aber die Verbindung jetzt freilich nicht mehr nachgewiesen werden kann.

Ein einfacherer kunstloserer Bau lässt sich nicht denken, aber unbezwinglich war das Nest seiner Zeit gewiss. Man denke sich das jetzige Schloss hinweg, so hat man die schroffe hohe Wand vor sich, deren vorspringende Klippen nicht einmal Wartthürme zu tragen brauchten, denn nur eine wilde Katze mochte sie erklettern. Wahrscheinlich führte die Zugbrücke aus dem Thürmchen auf einen vorspringenden Felsen, von welchem dann eine Strickleiter herabgelassen wurde. Vielleicht geleitete von dort ein Steg, etwa 30 Fuss lang, an der Wand rechts abwärts, wo sich im Felsen eine schlottähnliche Höhlung befindet, in welcher ungesehen und geschützt eine Leiter 6 Klafter tief bis auf den practicabeln

---

*) Siehe Tafel 9; mir ist keine frühere Abbildung dieser merkwürdigen Ruine bekannt.

Bergabhang herabführen konnte; die untere Mündung dieses Schlottes ist neben der jetzigen Gesindestube im zweiten Stockwerke des neuen Schlosses.

Betreten wir das Innere der alten Burg, jetzt ein Gräuel der Verwüstung. Diese alte Burg befand sich wirklich vollständig in der Höhle, ohne ein Dach zu brauchen. Rechts hinter dem unteren Fenster zeigt man einiges Mauerwerk als von Lueger's Gemach herrührend. Ein Hügel von Schutt und Gesteinströmmern thürmt sich auf; 30 Schritte aufwärts gegangen, kömmt man zu einer improvisirten Treppe mit 35 Stufen, theils von Holz, theils von gelegten Steinen, welche in eine höhere Terrasse der übrigens nicht abgetheilten Grotte hinaufführt. Dort befindet sich die Cisterne, 3' 11'' im Durchmesser, 18' tief, mit 4' Wasser, welche noch jetzt das ganze Schloss versieht. Das Wasser galt einst für vorzüglich und von ausreichender Menge; jetzt ist es beides nicht mehr, und das Tropfwasser von der Decke muss aufgefangen und hineingeleitet werden. Links hinter der Cisterne gewahrt man etwas höher noch eine 3. Etage, welche in einer engen Kluft endet, die um einen Pfeiler herum mit einem Loche wieder in die Hauptgrotte mündet. Die Grotte hat hie und da Ansatz von Kalksinter, auch kleine Stalaktiten. Links neben der Cisterne gewahrt man Mauerwerk und ober diesem in der Höhe von 3 Klaftern eine Kluft, welche gegen den Tag 5 Klafter aufwärts führt, dann sich scharf einwärts wendet, 3 Klafter horizontal verläuft und zu einem 5 Klafter tiefen Absturz führt, am Grunde geschlossen.

Eine weitere Verbindung konnte ich nicht entdecken.*) Es steht dahin, ob aus dieser Grotte ein unterirdischer Gang direct weiter führte, oder in eine der übrigen Lueger Grotten und aus dieser dann zu Tage; das Letztere ist das Wahrscheinlichere. Nicht

---

*) Schon Hacquet fand es so, (I. S. 128) „die oberste Grotte, welche einen sehr weiten Eingang hat, ist ein altfränkisches Schloss zum Theil hineingebauet, so dass die hervorragenden Kalkfelsen über das Dach vom Gebäude hängen. In der obersten ist nichts besonders, als dass sie einen sehr guten Brunnen und vor Zeiten einen Ausgang in den Birnbaumer Wald hat; jetzt ist aber dieser lange Schlund verstürzt, so dass ich nichts Wahres davon sagen kann. Heut zu Tage kann man aber nirgends weit darinnen kommen."

unerwähnt darf ich lassen, dass man mich auf einen Abgrund aufmerksam machte, der sich auf dem Berge oberhalb Lueg, auf der sogenannten Vogteiwiese befindet und ehemals mit einem eisernen Gitter verschlossen gewesen sein soll; mir fehlte die Zeit denselben zu untersuchen und ich muss es Andern überlassen, darin den noch immer nicht aufgefundenen Schatz des Erasmus Lueger zu entdecken. Nach Valvasor's Erzählung gelangten durch den heimlichen Gang noch um das Jahr 1629 Diebe in das Schloss. Sie wurden ertappt, mussten den schon damals verschollenen Gang, den sie selbst zufällig entdeckt hatten, zeigen, und der Herrschaftsbesitzer Hanus Marckovitsch liess denselben dann vermauern, und auch die Mündung über Tags verlegen.

2. Die Lueger (grosse) Grotte.

Vom Schlosse steigt man den sehr steilen mit Rasen bedeckten Abhang herunter zu der mittleren grossen Grotte, welche gleichfalls eine eiförmige Mündung hat, deren schmaler unterer Theil bis zum inneren ebenen Niveau ausgefüllt und dann durch eine alte Befestigungsmauer geschlossen ist. Ein Steg führt zu der Thüre hinüber. Noch steht das 10 Schritte lange Gewölbe des Thorbogens, aber auch nur dieses, die übrige Mauer ist verschwunden. Man betritt eine weite hohe Halle, wo gleich ein Tropfbrunnen sich vorfindet. Links ist eine 30' hohe Oeffnung in der Wand, durch welche man in die unterste Höhle hinabsieht, in welche der Bach sich verliert. Im weiteren Verlaufe ist die Höhle an 3 Klafter breit, 5 bis 6 Klafter hoch; man kömmt bald zu einem Pfeiler, hinter welchem links einige Stufen in eine Kluft führen, die aber nur 3 Klafter in die Höhe reicht und sich dann schliesst. Die Hauptgrotte wird nun enger, senkt sich plötzlich und führt zu einem 18' tiefen Absturz, über den eine Brücke gelegt ist. Jenseits kommt man bald zu einem Durchgange, von Menschenhänden ausgebrochen und dann in einen grossen Dom, wo ein ansehnlicher Trümmerhügel einen der, in den Grotten so häufig vorkommenden Einstürze beurkundet. Auf seinem Gipfel bemerkt man eine Leiter, welche in eine höhere Etage führt. Die Hauptgrotte ist weiterhin mit enormen Massen von Schlamm erfüllt, der wellenförmig den ganzen Boden bedeckt und stellenweise mehrere Klafter dick abgelagert ist. Tropfsteinbildungen fehlen nicht, es sind vorwiegend Stalagmiten, aber sehr unrein, grau gefärbt und weit entfernt von den mannigfachen zierlichen Gestalten in der Adelsberger Grotte. Meistens sind es parabolische Kegel; der grösste hat die Gestalt eines Heuschobers und mag an der Basis 7 Fuss im Durchmesser haben.

Die Grotte endet, 440 Klafter vom Eingange, an einer aufwärts gehenden verstürzten Kluft, aus welcher ein Luftstrom so heftig einwärts zieht, dass die Grubenlichter verlöschen und nur Fackeln brauchbar sind. Eine Verbindung mit dem Tage ist hier zweifelsohne vorhanden und ein Ausräumen der Kluft dürfte wohl noch weiter führen. *)

Bei dem obenerwähnten Trümmerberge finden sich links zwei Oeffnungen. Durch die eine gelangt man in ein tieferes Stock-

---

*) Nagel beschreibt die Lueger-Grotten sehr genau und schätzt die ganze Länge auf 400 Klafter. Den starken Luftzug am Ende fand er bereits vor; es wurden ihm einige Fackeln durch denselben ausgelöscht. Auch Hacquet ist bis hieher vorgedrungen. „Ich begab mich in die zweite Höhle, die in demselben Felsen 10 — 15 Klafter tiefer gegen Abend liegt. Diese Grotte ist nicht senkrecht unter der ersten (nämlich der Schlosshöhle), sondern etwas links gegen Abend. Man kann in derselben ziemlich weit kommen, bis man zu einem engen Orte kommt, wo man mehr kriechen als gehen muss (dem oben erwähnten niederen Durchgange, der damals noch nicht ausgebrochen war). Ich schätze ihre Länge auf 200 Klafter und etwas darüber, aber keineswegs eine Meile wie Valvasor sagt. In dieser Grotte ist nichts Besonderes, Tropfsteine und Schmutz, so wie in allen anderen und zuletzt endigen sie sich in ein enges Loch, wo zwar nur Wasser hinein kann, aber nicht der Mensch.« Die tiefere Etage scheint Hacquet also nicht gefunden zu haben. Sonderbar dass er von dem Stege über den Abgrund nichts sagt! Valvasor hat übrigens diese Grotte besonders genau beschrieben, und erwähnt ausdrücklich den ersten Absturz, über welchen damals ein starkes Brett gelegt war. In diese Kluft, erzählt er, stürzte ein Hündchen, welches Tags darauf wohlbehalten wieder ins Schloss kam. Den unteren Gang kannte übrigens auch Valvasor nicht, und preiset die Grotte gerade desswegen, dass sie nicht viele Irr- und Nebengänge habe. Der Trümmerberg. glaubt er, rühre von dem Erdbeben des Jahres 1368 her.

werk, welches unter dem Hauptgange hinweg zu der Brücke über den Absturz führt, wo eine geräumige Halle sich befindet. Die zweite Oeffnung führt sehr steil abwärts in einen ziemlich geräumigen Gang und endlich in knieetiefem Schlamme zu einem Absturze von etwa 5 Klafter; unten kann man noch an 15 Klafter weit immer abwärts vordringen und erreicht endlich das unterirdische Flussbett der Lokva; der Bach zieht gurgelnd unter die Felsen hinein, weiter fort in die Tiefe.

Am Rande des letztgenannten Absturzes zieht sich aber auch eine Kluft links aufwärts, welche in ein neues Stockwerk führt, das aber nur aus sehr niederen Stollen besteht und wieder gegen den Abgrund zurücklenkt.

Diese beiden Stockwerke, welche vermuthlich von mir erst entdeckt wurden, sind übrigens ohne weitere Merkwürdigkeit; oberhalb des untersten Absturzes fand ich eine Thüre und andere Bestandtheile der Lueger Sägemühle, welche das furchtbare Hochwasser im November 1851 abgerissen und hieher getragen hatte.

Kehren wir zu dem Trümmerhügel in dem Hauptgange zurück, wo wir eine nach aufwärts führende Leiter gesehen haben. Sie führt uns in das oberste Stockwerk dieser Grotte, einen 200 Klafter langen, stellenweise sich sehr verengenden Gang, welcher an der Vorderseite der Bergwand hoch über dem neuen Schlosse mündet, von wo hölzerne Stiegen und Leitern, die aber jetzt sehr schadhaft sind, über die Felsen herabgeleiten zum Schlossthore. Diese Mündung dort oben entdeckten erst im Jahre 1846 der Lueger Bauer Andreas Sever, in Begleitung von Franz Wolf (Wouk) und Ludwig Soren. Sie verfolgten den Gang bis in die Hauptgrotte, in welche sie sich an Stricken hinabliessen; Fürst v. Windischgrätz liess sodann die Brücke über die Kluft und die Leitern herstellen.

Am Fusse der Kalkwand endlich öffnet sich die fünfte Höhle, die Lokva-Höhle nämlich, in welche der Lokva-Bach sich verliert. Man kann nicht weiter als etwa 10 Klafter in der Eingangshalle über die herabgestürzten Felsblöcke hinabsteigen, denn die Hinterwand senkt sich plötzlich und so tief herab, dass nur das Wasser darunter hin seinen Weg finden kann; natürlich kann man nur bei sehr kleinem Wasserstande selbst so weit vordringen.

Seit alten Zeiten herrscht die Meinung, dass die Lokva unter dem Nanos fortfliesse und bei dem Schlosse Wippach als Wippachfluss wieder hervorbreche. So wahrscheinlich das auch ist, so liegen doch durchaus keine Beweise dafür vor, und ich konnte keinen einzigen der desshalb angeblich angestellten Versuche constatiren. *)

Fünf Grottenmündungen enthält also die merkwürdige Kalkwand von Lueg: 1. die untere in welche sich die Lokva stürzt; 2. die Mündung der grossen Grotte, 24 Klafter höher; 3. das Belvedere; 4. die Burg-Grotte; 5. die oberste Grotte. Die grosse Grotte selbst aber — abgesehen von dem mit ihr in Verbindung stehenden obersten Gange — enthält für sich fünf Stockwerke oder Etagen, zum Theile neben, zum Theile aber auch übereinander verlaufend, so dass also, die anderen Grotten mitgerechnet, in neun verschiedenen Ebenen der Berg von grösseren und kleineren Höhlungen durchschnitten ist, eine Eigenthümlichkeit, die von keinem anderen Berge im Karst bisher bekannt ist.

Es darf schliesslich nicht unbemerkt bleiben, dass die Lueger Grotten sämmtlich sehr feucht sind, und starke Luftströmungen enthalten, bei dem Betreten derselben daher besondere Vorsicht nöthig ist. **)

---

*) H a c q u e t sagt davon a. a. O.: „Diese Grotte kann von Niemanden besichtiget werden, indem stets Wasser darinnen ist (das ist jedoch nur bei hohem Wasserstande der Fall). Dieses Wasser soll, nach gewissen Versuchen (??) dasjenige sein, welches zu V i p p a c h wieder unter dem dortigen herrschaftlichen Schlosse heraus kommt, und führt alsdann den Namen Vipauschza, oder bei den Alten aqua frigida. Man hat oft Versuche angestellt, um zu erfahren, ob der Lueger und Vippacher Bach ein und derselbe wären, und es hat sich bewiesen (??), dass es eben dasselbe Wasser sei. Der Strich Weges, den dieser Bach unter den hohen Alpen Nanos und Dull macht, beträgt 4 — 5 Stunden.‟

**) Uebrigens erhält man in Lueg nur durch die gastfreundschaftliche Gefälligkeit des Herrn Verwalters Unterkunft oder Erfrischungen; das Dorfwirthshaus ist unnahbar.

Der Herr Verwalter bewahrt das »Denkbuch vom Schlosse Lueg«. Dasselbe eröffnet »Erasmus Luegers, Anfang und Vernichtung. Vaterländ. historisches Zeitgemälde von Kalchberg.« Am 13. Juni 1838 beehrte Se. Majestät König Friedrich von Sachsen Lueg mit seiner Gegenwart. Unter den übrigen eingeschriebenen nicht besonders zahlreichen Gästen fanden wir die Botanikerin Josephine Kablik, Apothekersgattin aus Hohenelbe am 14. Juni 1852.

VI. Das Thal von Planina und seine Höhlen.

1. Planina und Haasberg.

Planina ist ein langgestreckter Ort, der sich um den vorspringenden Berg Klariza Vrh herum über eine halbe Stunde hin erstreckt, und aus Ober- und Unter-Planina besteht, letzteres wirklich etwas tiefer gelegen. Unter-Planina enthält die stattliche Pfarrkirche zu St. Margareth, Ober-Planina eine Filial-Kirche zu St. Rochus, die Post, das beste Gasthaus (zum schwarzen Adler, aber ohne Schild, im Besitze des Herrn J. Perennitsch) und das Kaffeehaus (dem Inhaber des Kaffeehauses in Adelsberg gehörig). Planina besteht aus zwei parallel laufenden Strassen; die untere ist die ältere, an der alten Heerstrasse gelegen, als diese aber wegen der Ueberschwemmungen des Poikflusses höher gelegt wurde, entstand die obere Strasse. Planina blühte mit dem Handel Triests empor und ist einer der lebhaftesten Orte an der Laibach-Triester Strasse, da hier ein Hauptumladeplatz der Fuhrleute ist*). Nebst dem Speditionshandel hat aber auch eigener Holzhandel mehreren Bürgern zu Wohlstand verholfen und man wird durch eine Reihe stattlicher, grosser Häuser und Waarenmagazine angenehm überrascht.

Von Unter-Planina führt eine Fahrstrasse quer über das Thal zum jenseitigen Abhange hinüber, eine Brücke über den Unzfluss

---

*) Büsching schrieb noch 1789 über diesen Ort: „Alben, Planina, ein Markt, der rund umher von hohen Bergen und von Wäldern, Birnbaumer Waldes (sic) umgeben wird, der zur Sicherheit der Reisenden an der Landstrasse auf beiden Seiten 50 Klft. breit ausgehauen worden."

übersetzend, und jenseits desselben alsbald den Hügel hinan, von welchem das neue Schloss

Haasberg gar freundlich in die grüne Landschaft herabsieht. Es macht Fronte gegen Süden, und sowohl der Fahrweg windet sich an dieser Seite zu demselben empor, als auch der breite Aufgang, dessen Stützmauer an ihren Eckpfeilern mit Steinbildern von Gemsen geziert ist, deren Originale freilich seit Jahrhunderten vom Nanos verschwunden sind und auf den Bergen von Planina wohl kaum jemals anzutreffen waren. Nach der Sage soll eine furchtbare Ueberschwemmung des Thales bis zu jener Gemse hinan gereicht haben, welche an dem Anfange der Treppe auf dem Gemäuer und mindestens 5 Klafter über dem mittleren Wasserspiegel des Flusses steht.

Das Schloss ist jetzt im Besitze des Fürsten Veriand von Windischgrätz, in bewohnbarem Zustande, und enthält ausser den fürstlichen Appartements und den Wohnungen der Beamten auch noch die Kanzleien des k. k. Bezirksgerichtes. Das geräumige Stiegenhaus ist mit stattlichen Geweihen von Edelhirschen geziert, die in den zur Herrschaft Haasberg gehörenden Forsten des Javornik erlegt wurden. Das zweite Stockwerk enthält den grossen Saal mit einer Anzahl Gemälde meistens von italienischen Meistern des vorigen Jahrhunderts. In demselben befindet sich auch Olivier's sehr geistvolle Marmorbüste Ludwigs Grafen von Cobenzl, des früheren Besitzers von Haasberg *).

*) Johann Ludwig Joseph Graf von Cobenzl, geboren am 21. November 1753, war der ausgezeichnete österreichische Diplomat, der gegen Preussens Bemühungen das Bündniss von Oesterreich mit Russland aufrecht erhielt, wo er 16 Jahre an Katharinens Hofe, so wie nachmals noch mehr bei Kaiser Paul in Geltung stand. Er unterzeichnete unter andern auch die Friedensschlüsse von Campo formio 17. October 1797 und von Luneville 9. Februar 1801. Als Staats- und Conferenzminister, Hof- und Staats-Vicekanzler stand er gewissermassen nicht nur den auswärtigen, sondern auch den inneren Angelegenheiten der Monarchie vor, trat am 24. December 1805 von den Geschäften zurück und starb zu Wien am 23. Februar 1809 kinderlos. Das Majorat ging auf seinen Vetter Joh. Philipp über, mit welchem 1810 das Haus Cobenzl erlosch.

Eine Inschrift in diesem Saale bewahrt das Gedächtniss der Anwesenheit Kaisers Leopold II. und mehrerer Glieder der kaiserl. Familie in Haasberg:

Quod anno MDCCLXXXX. Kalendis Sept. Leopoldus II. Hung. Bohem. Rex, Germaniae dein Imperator, ejusdem filius quartogenitus Leopoldus Archidux Austriae, Hung. Palatinus, Maria Carolina Siciliae utriusque Regina, Leopoldi II. Soror cum Filiabus binis, Principissibus Maria Theresia, sponsa Archiducis Austr. primogeniti, jam Romanorum Imperatoris Francisci II., Maria Ludovica sponsa Ferdinandi Archid. Austr. secundogeniti, nunc magni Hetruriae Ducis; deinde III. Nonarum Septembris Ferdinandus IV. Neapolis Siciliaeque Rex, Leopoldi II. affinis, peregri ex flumine St. Viti Hasbergae advenae coenati pernoctati sint, altroque die iter Labacum fecerint — Excellentissimus Dominus Comes Ludovicus a Cobenzl, Caes. Reg. Majestatis Camerarius, Consiliarius intimus, magni Ordinis St. Stephani Eques, Legatus petropolitanus etc. tam gloriosi hospitii honorem sibi obtigisse laetatus — per Josephum Smolle quondam ordinibus prov. Carnioliae a Rationibus nunc vero Dynastiarum Hasbergae, Loitschii et Lueggi Inspectorem suum hoc monumentum erigi curavit mense septembris anno MDCCLXXXXII.

Ein angenehmer Waldweg führt auf den Gipfel des Berges, an dessen Abhange das Schloss steht, wo man die spärlichen Trümmer der alten Burg Haasberg findet. Die Burg stürzte in Folge des Erdbebens zusammen, welches am 26. März 1511 ganz Krain betraf, und den Ruin des Landhauses in Laibach, so wie der Schlösser Auersberg, Billichgratz etc. verursachte *). Die Karte in Schönleben's Werk versetzt das Schloss »Hasperg« ganz deutlich an den Abhang, nicht auf den Gipfel des Berges, wo also damals (1671) wirklich kein bewohntes Gebäude mehr gestanden zu haben scheint.

---

*) Klun's Archiv 1. S. 35.

2. Die Planina-Höhle.

(Unzhöhle, Kleinhäusler-Grotte *.)

1. Die Eingangshalle und der Chorinsky-Dom.

Bei den letzten Häusern von Ober-Planina führt eine Fahrstrasse hinab zum Poikflusse und an demselben aufwärts einer sich mässig verengenden Schlucht zu. Den Eingang derselben, zugleich die Heerstrasse, welche sich die zweite Karstterrasse hinaufwindet, beherrschte hoch auf den Felsen der westlichen Thalwand die Burg Kleinhäusel, von welcher noch der sehr pittoreske altersgraue Wartthurm steht. Der erwähnte Fahrweg führt am Fusse derselben um das felsige Vorgebirge herum, an einer Wiesenbucht vorbei, in welcher bei dem letzten Hause aus einer kleinen Kluft schon mehrmals Proteen sollen ausgeworfen worden sein. Die Strasse endet bei den Mühlwerken des Herrn Obresa. Das Hauptgebäude, 800 Klafter von Planina entfernt, steht quer über die Strasse und kein Ausweg scheint hier vorhanden. Man geht links in die offene Brettmühle und steigt zu dem Mühlfluder (dem hölzernen Canale, in welchem das Mühlwasser zugeleitet wird) hinauf, welches seiner Länge nach mit Brettern überdeckt ist, die nun zum Uebergange dienen. Man gelangt auf einen kleinen Rasenplatz mit einem Steintische und einem Lusthäuschen und steht vor einer der meist romantischen Scenen in dem an herrlichen Naturbildern so reichen Krain **). Der reizend schöne spangrüne Wasserspiegel eines Teiches erfüllt den Hintergrund der Schlucht so ganz, dass an den Felswänden beiderseits kein Fussbreit Raum zu einem Pfade übrig bleibt. Schroffe Felsen, mehr oder weniger bewachsen, steigen aus dem Wasserspiegel empor, und im Hin-

---

*) Der Name „Unzhöhle" ist falsch, weil die Poik, welche aus der Höhle hervorbricht, nicht daselbst, sondern erst $\frac{1}{4}$ Stunde abwärts den Namen Unz erhält, wovon später. Der einzige Rest der Burg Kleinhäusel ist ein Thurm, welcher aber nicht in dem Verhältnisse zur Höhle steht, wie z. B. das Schloss Lueg zur dortigen; ich glaube also um allen Verwechslungen vorzubeugen den Namen „Planina-Höhle" vorschlagen zu sollen.

**) Siehe Tafel 11.

tergrunde schliesst eine imposante, fast senkrechte Kalkwand von 35 Klaftern Höhe das Bild. An ihrem Fusse aber öffnet sich eine 60' hohe, 84' breite Höhle, aus welcher der Fluss mit einem kleinen Wasserfalle hervorbricht und dann eben jenen Teich erfüllt *).

Am westlichen rechten Ufer des Teiches reichen die Wände schroff bis auf den Grund herab; über das Wehr hinweg und am linken Ufer hin kann man aber bei sehr kleinem Wasserstand bis zur Höhle gelangen, bei selbst nur mittlerem Wasser muss man in einem bereit stehenden Kahne überschiffen **).

In der rechten Felswand, einige Klafter vor der Höhlenmündung, gewahrt man eine kleine Höhle, welche aber nur ein paar Klafter tief ist und kein Interesse darbietet.

Die Mündung der Höhle wird rechts ganz durch den Fluss ausgefüllt, und im Innern fallen auf dieser Seite die Wände auch senkrecht ab, so dass es durchaus unmöglich ist, hier weiter zu kommen. Auf der linken Seite haben die Hochwässer ihren Schutt und Schlamm abgesetzt, und hier kann man vorwärts dringen. Die Höhle erweitert sich nach innen sogleich und bildet einen ausgezeichnet schönen Dom von etwa 12 Klafter Höhe ***). Die Wände sind verhältnissmässig so glatt, die Kuppel so regelmässig, dass man an künstliche Nachhilfe denken möchte. Es ist gelblich grauer Kalkstein, mit einzelnen grünlichen Partien von Sinter. Unten her be-

---

*) Der Teich wird durch ein massives Wehr nächst der Mühle aufgestauet, das aber bei dem furchtbaren Hochwasser im Spätherbste 1851 zerrissen wurde. 1852 erbaute man einen hölzernen Canal, der unmittelbar bei dem Wasserfall in der Höhlenmündung das Mühlwasser auffängt. Der schöne Teich ist vor der Hand zwar verschwunden, und wild brauset der Fluss in seinem tief aufgerissenen Bette einher, es ist jedoch zu erwarten, dass das Wehr wieder hergestellt werde und mit ihm der reizende Wasserspiegel.

**) So lange der Teich abgelassen ist, kann man sehr bequem über das Mühlfluder gehen, welches bis zur Höhle mit Brettern belegt ist. Zu Valvasor's Zeiten scheint kein Teich bestanden zu haben, weil er ausdrücklich sagt, man könne allzeit neben dem Flusse in die Höhle gelangen, und das Wasser laufe wie in einem Canal.

***) Nagel liefert auf Tab. IV. eine gute Abbildung dieses schönen Domes. der sich seit jener Zeit in nichts verändert hat.

zeichnet ein dunkler Rand von etwa 2 Klaftern Höhe den Stand der gewöhnlichen Hochwässer.

Das Wasser scheint fast stille zu stehen, so ruhig fliesst es hier, einen breiten grünen Spiegel bildend und ein Kahn ladet zur Fahrt. Von links her tönet aber mächtiges Rauschen aus dem Dunkel und nach wenigen Ruderschlägen schon gewahrt man, dass der Fluss eine stille aber nicht bedeutende Strömung hat, die zur Vorsicht mahnt.

Dieser schöne Dom erstreckt sich etwa 70 Klafter in gerader Richtung, ohne Seitengänge, jedoch bemerkt man links unweit des Eingangs einen Trümmerhügel, der wahrscheinlich eine Seitenhöhle verschüttete. Der Dom wendet sich dann scharf nach links; die linke Wand ist hier sehr zerklüftet, so dass schon bedeutende Felsblöcke sich losgerissen haben. An 30 Klafter geht man noch am (rechten) Ufer des Flusses fort, bis die Wand unmittelbar in das Wasser hereintritt; bei dem Fackelscheine sieht man nun, dass die Höhle sich hier beinahe schliesst und nur ein gegen 5 Klafter hohes Thor offen lässt, aus welchem der Fluss brausend hervorbricht. Selbst bei kleinem Wasser ist die Strömung hier so heftig, dass nur mit der grössten Anstrengung man mit einem leichten Nachen durch das Thor sich durcharbeiten kann. Jenseits des Flusses gewahrt man etwas Ufer und dann einen Berg von Felsblöcken, der sich hoch hinaufzieht, und oben zeigt sich, seitwärts über dem Felsenthore, eine hohe Wölbung. Man gewinnt einen der reizendsten Lichteffecte, wenn man einen Führer hieher voranschickt, um ein Feuer anzuzünden; Grubenlichter, selbst eine Fackel, sind zu schwach, wegen des hereinspielenden Tageslichtes. Das tiefe Dunkel des Felsenthores und der Wölbung oben, die grell erleuchteten Felswände und im Dome nach vorwärts das hereinspielende Tageslicht, dazu die spiegelnden dunkeln Fluten geben ein prachtvolles Schauspiel.

Rosenmüller berichtet (Thl. II. S. 286), dass aus der Grotte bei Kleinhäusel die Unz herausströmt, »an deren Ufern man zu beiden Seiten in dieselbe hinab gehet. Die Unz nimmt über die Hälfte des Eingangs ein, und zu beiden Seiten bleibt noch immer so viel Raum übrig, dass mehrere Personen neben einander bequem hineingehen können. Diesem Flusse hat die Natur in den härtesten Felsen einen Canal erbauet, in welchem das Wasser in einer ganz ruhigen Bewegung fortlauft. Der Weg an seinen Ufern ist so eben, als ob ihn die Kunst gebahnt hätte.« War diese Beschreibung jemals richtig, so hatte der Fluss zu jener Zeit sein Bett mitten durch die Grotte sich gebahnt, wogegen er jetzt so knapp gegen die rechte Wand der Höhle gedrängt ist, dass kein Fussbreit Raum daselbst übrig bleibt, wie es auch schon Nagel abgebildet hat.

Bei besonders kleinem Wasserstande kann man auf einem Brett den Fluss überschreiten, ausserdem muss man in einem Kahne überfahren. Es ist nicht thunlich hier einen Steg anzubringen, weil jedes Hochwasser denselben wegreissen würde (wie es mir im Herbste 1850 zweimal geschah); wollte man einen stabilen Uebergang haben, so müsste derselbe in der Höhle längs der Wand über dem Felsenthore hinweg geführt werden.

Bis hieher gelangen denn auch für gewöhnlich die Reisenden; vor meinen Untersuchungen im Jahre 1850 befand sich kein Kahn im Dome und nur bei sehr kleinem Wasser wagten sich zu Zeiten einige wissbegierige Männer aus der Umgegend weiter vor.

Hat man den Fluss überschritten, so beginnt man alsbald den erwähnten Bergsturz zu ersteigen, der stellenweise schon mit dicken Lagen von Sinter überzogen, auch noch hier und da sehr nass vom Tropfenfalle ist. Wenn man etwa $2^1/_2$ Klafter aufwärts gestiegen, wende man sich rechts gegen den Eingang, und gehe auf den Felsrand zu, der hier eine natürliche Brustwehre bildet,

das Belvedere. Man sieht hier über den im Halbdunkel liegenden hinteren Theil des Domes hinaus in den vorderen, vom Tageslichte erhellten — ein wahrhaft magisches Bild. Ueber dem Wasserspiegel liegt eine 6 bis 7 Fuss hohe schwach irisirende Dunstschichte, so dass man die Linie des Wasserspiegels nicht erkennen kann. Wenn man dort, auf der erwähnten Sandbank an der Ecke, einen Burschen postirt liess, der jetzt auf ein gegebenes Zeichen Steine in das Wasser wirft, so gewährt der hoch aufspritzende Wasserstrahl einen Anblick wie Garben von Krystallen; man sollte dieses reizende Schauspiel nicht versäumen.

Man ersteigt nun den Bergsturz vollends, und hält sich, oben angelangt, hart an der rechten Wand. Man gewahrt hier, dass das oben erwähnte Felsenthor in einer gewaltigen Scheidewand sich befindet, welche den Dom von der hinteren Höhle abschliesst, und die zum Theile eingestürzt ist. Der noch stehende Theil wird dereinst wohl gleiches Schicksal haben, und es ist nicht rathsam auf den brüchigen Felsblöcken hinter dem Thore sich gegen die linke Wand hinüber zu wagen! Undurchdringliches Dunkel kündet weiterhin einen ungewöhnlich grossen Raum, von dem Tosen des Flusses erfüllt — es ist

der Chorinsky-Dom, so benannt nach dem k. k. Statthalter von Krain, Herrn Gustav Grafen von Chorinsky, der am 16. September 1850 mit seinen beiden Söhnen diesen noch von so Wenigen betretenen Raum durchwanderte. Der Chorinsky-Dom ist einer der grössten unterirdischen Räume, dessen Länge 40 Klafter, die Höhe 20 bis 30 Klafter beträgt; 3 Grubenlichter und 2 Pechfackeln waren nicht hinreichend, um den First erkennbar zu machen, nur durch bengalisches Feuer war es möglich die Weitung hinreichend zu erhellen. Durch den ganzen Chorinsky-Dom zieht sich an der rechten Wand, 50—60' über dem Flusse, ein Trümmerberg hin, der aber grösstentheils mit Sintermasse überdeckt ist. Ueber denselben hat man zu gehen, wobei man sich dicht an der Wand halten und vorsichtig Schritt vor Schritt vorwärts machen muss, denn hier hört jede Spur von Weg auf *). Der Fluss brauset in der Tiefe, an mehreren Klippen sich brechend; das jenseitige Ufer aber liegt voll Felsblöcke, die von der Wand herabgebrochen sind, und ist ungangbar. Der Chorinsky-Dom wird an seinem oberen Ende noch vollständiger geschlossen, als

---

*) Nagel ist der Erste, der über diese Partie etwas mittheilt. „Der Weg ist am Ende der Höhlen sehr mühesam und gefährlich: sintemahlen man nicht anders, als über einen hohen Berg von Felsenschrollen fortkommen kann; worauf man oft halsbrecherische Gämssprünge zu machen gezwungen ist. Und weilen einige Klaffter unter diesen Weg die Unzt vorbey strömet, so kan man sich leicht einfallen lassen, was vor eine Vorsichtigkeit im gehen erforderlich sein."

der Eingangsdom, denn nur ein schmales aber hohes, vollkommen regelmässiges Thor öffnet sich in der Hinterwand, durch welches der Fluss hervorströmt. Gehörig beleuchtet gewährt der Chorinsky-Dom einen überaus imposanten Anblick.

Gleich zu Anfang der Wanderung auf dem Trümmerberge ist eine Stelle, wo Herr Gregor Obresa (Grundbesitzer im Mühlthale bei Planina) vor mehreren Jahren einige alte Münzen fand, (nach seiner Angabe waren es römische), und zwar unter Bruchstücken von Mörtel. Er kam dadurch auf den Gedanken, dass im Walde über der Höhle ein Gebäude gestanden sei, aus welchem irgend wie durch einen Einsturz Mörtel und Münzen herabgefallen seien ; doch fand er bei sorgfältiger Untersuchung im Walde keine Spur von Gemäuer. Wiederholte und genaue Nachforschungen an der bezeichneten Stelle führten mich zu keinem Resultate; weder Münzen noch Mörtel waren aufzufinden, eben so wenig eine Kluft oder ein Riss in der Decke, und es ist wahrscheinlich, dass der hier herumliegende Kalksinter damals für Mörtel gehalten wurde. Es bedarf keiner weiteren Erörterung, wie interessant jener Münzenfund ist, an dessen Thatsächlichkeit wohl nicht zu zweifeln, dessen Objecte aber leider verloren gingen *). Waren es wirklich römische Münzen, so ist damit die einzige bekannte Thatsache geliefert, dass eine der Krainer Höhlen im Alterthume bekannt gewesen.

Ungefähr auf halbem Wege gewahrt man rechts eine Oeffnung in der Wand, aus welcher Wasser herabsickert, mit starkem Sediment den Boden überziehend. Wenn man hinaufklettert, so sieht man einen niederen Seitengang vor sich, den man aber nur wenige Klafter verfolgen kann.

Weiterhin kommt man zu einer mehrere Klafter langen Stelle, wo der Boden zellenartig aus kleineren oder grösseren Becken, bis

---

*) Herr Obresa übergab die meisten Münzen dem damaligen Gouverneur Freiherrn Sweerts-Spork, nur einige Stücke selbst behaltend, die ihm aber im Verlaufe der Zeit abhanden gekommen sind. Das k. k. Münz- und Antiken-Cabinet in Wien hat keine Notiz von diesem Funde erhalten.

zu 1 Fuss Tiefe besteht, deren Scheidewände und Boden Kalk-sinter; auf den Rändern muss man hinüber balanciren, denn jedes dieser Becken ist mit Wasser gefüllt, wie denn auch hier immer etwas stärkerer Tropfenfall wahrnehmbar ist. Man hat hier im Grossen dieselbe Erscheinung vor sich, aber noch in der Bildung begriffen, wie in der Adelsberger-Grotte, am rothen Meer, an der Landkarte etc. Man nähert sich dem Ende des Domes und steigt hinab zum Flusse, einem emporragenden gewaltigen Felsblocke zu. Nur mit grosser Vorsicht könnte man oben in der Höhe noch einige Klafter vorwärts gehen, bis an die Hinterwand selbst. Zum Flusse hinabgelangt ist die Wanderung zu Ende, weiterhin kann man nur mit einem Kahne vordringen.

Der Chorinsky-Dom ist also eine für sich abgeschlossene Abtheilung und ein lehrreiches Beispiel für die Bildung der Höhlen überhaupt. Sie bestehen in der Regel aus einer Reihe solcher längerer oder kürzerer Kammern, deren Scheidewände die Gewässer durchbrochen haben. Manchmal gestaltete der Durchbruch ein geräumiges Felsenthor, wie es hier zweimal der Fall ist, manchmal wurde nur am Boden die Scheidewand ausgebrochen und sie reicht vorhangartig bis auf den Wasserspiegel herab *).

---

*) Rosenmüller berichtet (a. a. O.) von „vielfältigen Gängen, die sich in der Vorhalle oder in dem ersten Gange, in welchem die Unz ihr Bett aufgeschlagen hat, öffnen, und tief in den Felsen hinein führen. —" (Von diesen vielfältigen Gängen ist nichts zu sehen, ausser der verstürzten Seitenhalle gleich links innerhalb des Einganges.

„Mehrere der vorerwähnten Gänge nun führen in eine andere kleinere Weitung und die mehrsten stiessen in einer dritten grösseren Grotte zusammen, jedoch hat man einige dieser Gänge nicht bis ans Ende verfolgen können."

Diese dritte grössere Grotte ist offenbar der Chorinsky-Dom. Vielleicht gelangte man damals durch jene verstürzte Seitenhalle in denselben.

„Der Umfang dieser Höhle ist überhaupt so gross, dass man das Ende derselben bis jetzt noch nicht entdeckt hat, man hat aber Ursache zu vermuthen, dass sie sich beinahe auf zwei Stunden weit unter der Erde dort erstrecke, und mit seiner anderen Grotte, die man ebenfalls eines Stromes halber nicht weiter hat verfolgen können, in Gemeinschaft stehe."

Die erwähnte Stelle am Flusse nannten wir unsern

Hafen, weil zwischen zwei herabgestürzten mächtigen Felsblöcken eine kleine Bucht sich befindet, in welcher zwei Kähne
ausserhalb der Strömung sicher liegen können. Es ist ein interessanter Standpunct. Wenn man die Lichter verlöscht und das
Auge sich an die Dunkelheit gewöhnt hat, so gewahrt man zurück-
blickend, einen schwachen Schimmer des Tageslichtes, der durch
den ersten Felsenbogen noch hereinfällt. Ueber alle Beschreibung
ergreifend ist aber der Eindruck, welchen ein mit Fackeln verse-
hener Kahn hervorbringt, der aus dem zweiten grossen Thore her-
aussteuert; niemand sollte sich dieses Schauspiel entgehen lassen, und einen Führer mit einem Kahne vorausschicken, der auf
ein gegebenes Zeichen mit demselben hervorkommt.

Wir besteigen also den Kahn und beginnen die unterirdische Wasserfahrt, die ausgezeichnete Eigenthümlichkeit der Planina-Höhle, denn auch bei niederem Wasserstande ist der Fluss tief genug (9 Fuss im Hafen), um jederzeit
einen Kahn zu tragen. Die Fahrt geht stromaufwärts vor sich,
und ist dadurch um vieles sicherer; dass sie aber nur mit Vorsicht
unternommen werden darf, versteht sich von selbst, denn noch ist
bis jetzt keine wie immer geartete Obsorge getroffen worden. Die
Strömung des Flusses ist stellenweise heftig, man muss sie mit
Kraft überwinden und doch sehr Acht haben, nicht an die unter
Wasser liegenden Felsen anzuprellen. Am sichersten ist es jedenfalls mit zwei Kähnen zu fahren, damit wenn Einem ein Unfall
zustossen sollte, der zweite hilfebereit ist *).

Es ist nicht gesagt, auf welchen Umstand sich diese Vermuthung
gründe, ob etwa Jemand mit einem Kahne sich weiter hinein gewagt
habe. Jene andere Grotte aber, in welcher der Verfasser den unterirdischen Unzfluss vermeint, sollte sich bei Nussdorf, zwei Stunden südwestlich von Adelsberg befinden, und die Unz müsste sodann unter
dem zu Tage fliessenden Poikflusse hinweg, von Nussdorf gegen Planina ziehen!

*) Nagel kennt dieses zweite Thor bereits und gibt die Länge der Grotte
bis zu demselben auf 350 Klafter an. Nach allen eingezogenen Er-

Imposant ist das jetzt kommende zweite Felsenthor, gegen 8 Klafter hoch, halb so breit, wie durch Menschenhände regelmässig bearbeitet. Nach innen zu erweitert und erhöht sich dasselbe; an der linken Wand entdeckt man oben einen Schlund, aus dem eine mächtige Sintermasse hervorgequollen ist; vielleicht stand derselbe in Verbindung mit der verstürzten Seitenhöhle des ersten Domes. Mehrere dergleichen Sinterbildungen erscheinen und das Donnern eines Wasserfalles bereitet auf noch grossartigere Scenen vor. Die Wände des Thores treten nun ganz auseinander und man findet sich mit Erstaunen auf einem See.

Von wie vielen Höhlen heisst es, dass sich in denselben ein See befinde, und bei genauer Untersuchung stellt es sich heraus, dass nur eine Wasserkluft oder ein Bächlein vorhanden ist, in der Planina-Höhle aber ist wirklich ein Wasserspiegel vorhanden, den man immerhin einen kleinen See nennen mag, wenn man auch über Tags ihm diesen Namen nicht beilegen würde. Die Höhle theilt sich hier nämlich in zwei Arme, aus deren jedem ein Bach hervorströmt, die sich hier beide vereinigen und einen Wasserspiegel von 240 Fuss in der Länge, 150 Fuss in der Breite bilden.

Der See ist eine überaus erhabene, aber tief ernste Scene. Die Wände steigen überall schroff aus dem Wasser empor und nur gegenüber vom Thore findet man einen kleinen Landungsplatz, am Fusse eines Vorgebirges. Ueber die Felsen desselben kann man auch einige Klaftern entlang klettern, muss aber zuletzt wieder in den Kahn zurück. Nur einzelne grössere Sintermassen hängen von den Wänden wie versteinerte Wasserfälle herab, sonst sind die Wände nacktes Gestein; die Höhe des Raumes mag 60 bis 100 Fuss betragen, aber die paar Fackeln und Grubenlichter auf den Kähnen reichen nicht hin, das weite Dunkel zu erhellen, in welchem das Donnern eines Wasserfalles (im linken Arme) um so schauriger ertönt. Bei gehöriger starker Beleuchtung wäre dieser See mit dem Wasserfalle zweifelsohne das imposanteste Schauspiel aller Karsthöhlen.

---

kundigungen gebührt Herrn Urbas das Verdienst zuerst sich durch das Felsenthor hindurch gewagt zu haben (siehe oben S. 24).

Den Arm zur Rechten benannte ich den **Kaltenfelder Arm**, weil der Bach, der denselben durchfliesst, unterirdischer Abfluss des Niederschlages zu sein scheint, der die Gegend zwischen Planina und Kaltenfeld trifft. Der Arm zur Linken aber ist das Flussbett der Poik, enthält eine bei weitem grössere Wassermasse und erstreckt sich in der Richtung gegen Adelsberg.

2. Der Kaltenfelder Arm.

Wenn man aus dem Felsenthore in den See gelangt, so hält man sich rechts an der Wand fort und gelangt in einen 30 Fuss breiten, sich weiterhin etwas verengenden Canal mit mässiger Strömung. Die rechte Wand hat einen ziemlich breiten Absatz in Art einer Terrasse, in der Höhe von 2 bis 3 Klaftern über dem Wasser, von welchem die prachtvollsten Sintermassen herabhängen, weiss und braun gefärbt; die schönste, blendend weisse, nannten wir nach ihrer Aehnlichkeit den **Kaiserthron**.

Man bemerkt auch daselbst einige einwärtshaltende Klüfte und Oeffnungen, deren irgend eine mit dem Chorinsky-Dom vielleicht communicirt, oder doch von demselben nur durch eine dünne Wand getrennt ist; könnte man hier einen Durchschlag herstellen, so wäre der Zugang zu dem See und der Anblick desselben auch ohne Wasserfahrt möglich. In seinem hintersten Theile ist der Canal voll Klippen und man muss die äusserste Vorsicht anwenden, um an denselben mit dem Kahn nicht umzuwerfen. Nach 100 Klaftern endet dieser Canal an einem Einsturze, der mit gewaltigen Felsmassen das Rinnsal verschüttete, so dass das Wasser unter den Felsen weg sich seinen Weg suchen musste. Der Wasserspiegel zieht sich links noch ein paar Klafter hin, ehe die Felsen sich ganz in denselben senken, man steigt aber sogleich aus, befestigt den Kahn wohl und erreicht nach einigen Klaftern die **Isissäule** *). Auf der schon erwähnten Terrasse der rechten Wand, die mit brauner Sintermasse wie mit einem Teppiche bedeckt ist, erhebt sich 9 Fuss hoch dieses herrliche blendend weisse Gebilde. Die Aehnlichkeit mit einer weiblichen Ge-

---

*) Siehe Tafel 12.

stalt ist so sprechend, dass in keiner unserer Höhlen bis jetzt eine Figur bekannt ist, die in diesem Maasse einer Bildsäule gliche *). Weiter aufwärts ist ein tabernakelartiges, sehr hübsches Gebilde, welches wir nach guter Bergmannssitte

St. Rochus-Altar benannten, weil wir am Tage dieses Heigen unsere Wanderung durch diese unbekannten Räume begannen.

Die eingestürzten Felsmassen sind von bedeutender Grösse und es wäre nur schwer thunlich sie zu überklettern; zum Glücke befindet sich aber dicht an der rechten Wand eine 3 Fuss breite Spalte, durch welche man sich empor arbeiten kann. Man erreicht einen Absatz und in einer Mulde findet man ein kleines Wasserbecken, in welchem sich Proteen aufhalten.

Man steht nun vor einem zweiten noch höheren und aus noch grösseren Massen bestehenden Trümmerberge, den man übersteigen muss, von uns

Golgatha genannt; der Gipfel desselben liegt 90 Fuss höher als der Eingang der Grotte. Auf demselben angelangt hört man wieder das Brausen des Baches und steigt sehr beschwerlich, sich links wendend, zu demselben hinab. Unten angekommen sieht man das Wasser mit bedeutendem Getöse unter die linke Höhlenwand stürzen, um erst im vorerwähnten Canale wieder zum Vorschein zu kommen. Man könnte schon hier zu Wasser weiter fahren, wir zogen es aber vor, wenn gleich sehr beschwerlich, an der glatten abschüssigen rechten Wand fortzuklettern (um doch ein paar sichere Fusstritte zu haben, liess ich nachmals einige Pflöcke in die Spalten schlagen), da das Donnern eines Wasserfalles eine nur kurze Fahrt versprach.

So erreicht man dann

die Haidingergrotte, eine interessante Halle, von welcher aus die Wasserfahrt wieder beginnt **). Beinahe schwarz ist

---

*) Ich habe dafür die Autorität Freyer's, dieses genauen Kenners der Krainer Höhlen, den ich das Vergnügen hatte hierher zu führen, und der auch der Treue meiner Zeichnung Gerechtigkeit widerfahren liess.

**) Herr Urbas kam nur bis über den Golgatha herab, die Haidinger-Grotte ist demnach ohne Zweifel die erste Halle, welche ich ent-

das Gestein, welches die Halle bildet, die wie mit einer flachen Kuppel versehen erscheint; um so anmuthiger macht sich der blendendweisse Sinter, der korallenartig die Decke überzieht. Ein Felsenriff erstreckt sich quer über die Grotte, und der Bach bildet drei Fälle neben einander von 3 bis 4 Fuss Höhe. Der Boden der Halle ist ein schwammartig durchlöcherter scharfkantiger Fels, auf welchem man nur mit Anstrengung weiter schreitet, denn bei jedem Tritt bricht man die Ränder und Kanten durch und klemmt sich den Fuss ein.

Es ist nicht möglich aus dem Canale über die Trümmerberge herüber einen Kahn zu schaffen, man muss die Bretter einzeln tragen und in der Haidingergrotte erst den Kahn zusammensetzen lassen*). Es ist nöthig das Fahrzeug aus starken Brettern bauen zu lassen, denn nicht weniger als eilf Riffe hat man auf der weiteren Fahrt zu passiren, über die der Kahn gezogen werden muss, wodurch er natürlich immer etwas leidet; am sichersten ist es freilich zwei Kähne zu Gebote zu haben.

Bald nach der Abfahrt aus der Haidingergrotte kömmt man zu einer Quelle, welche links hervorsprudelt, und sogleich zum ersten Riff, über welches man den Kahn hinwegziehen muss. Es versteht sich von selbst, dass der Kahn erst ausgeladen, Instrumente, Licht- und Mundvorrath etc. auf den Felsen in Sicherheit gebracht werden müssen, und dann männiglich ins Wasser steigt, um Hand ans Werk zu legen. — Hinter dem Riff ist ein schöner runder Wasserspiegel, rechts mit einer Bucht. Aus dieser führt eine Schlucht etwa 2 Klafter in die Höhe und in eine kleine Grotte, die jenseits wieder in die Haupthöhle mündet. Gegenüber der Bucht ist an der linken Wand in der Höhe von etwa 3 Klaftern ein Vorsprung wie ein Balcon gestaltet, mit brauner Sintermasse wie

---

deckt habe, und so benannte ich dieselbe nach dem Director der k. k. geologischen Reichsanstalt, Herrn Sectionsrathe Wilhelm Haidinger, dessen Unterstützung ich es verdankte diese Untersuchungen haben beginnen zu können.

*) Im Jahre 1850 liess ich eben desshalb auch hier den gebrauchten Kahn zurück, wohl befestigt, aber das Hochwasser im Spätherbste 1851 zertrümmerte denselben; jetzt befindet sich kein Fahrzeug dort.

mit einem reich ausgefransten Teppiche bedeckt. Fast überall fällt hier reichliches Tropfwasser von der Decke.

Am Ende dieses Bassins steht gleich wieder ein Riff, aber die Fahrt wird immer schöner, immer grossartiger die Sinter- und Tropfsteinmassen, obwohl deren nicht übermässig viele sind. Das grossartigste und schönste Gebilde dieser Art ist

der Elephantenkopf, an der linken Wand, wenigstens 18 Fuss hoch, 12 Fuss von der Wand abstehend, über den Wasserspiegel hinausragend, lichter und dunkelbraun schattirt, so dass Rüssel, Schädel, Ohrlappen u. s. w. deutlich hervortreten.

Das vierte Riff ist das bedeutendste, 6 Klafter lang, 3 bis 4 Fuss hoch und es ist ein tüchtiges Stück Arbeit, den Kahn darüber wegzubringen.

1715 Klafter vom Eingange in die Höhle erreicht man ein niederes Riff, dessen Klippen so wie das Ufer grösstentheils aus einem schwarzbraunen weichen, kalktuffartigen Gestein bestehen, und hier, dicht an dem kleinen Falle, welchen der Bach über das Riff bildet, wimmelt es von Proteen, ein überraschender Anblick, die kleinen lichten Thiere in den dunklen Fluten.

Die bisher bekannten Fundorte der Proteen sind theils die Mundlöcher von Höhlen, wo sie gelegentlich erschienen, und insbesondere bei Hochwässern ausgeworfen wurden, oder es sind stehende Lachen, welche von Hochwässern zurückgeblieben sind, und mit ihnen diese räthselhaften Thiere, die sich in solchen Orten sogar fortpflanzten; diess ist z. B. der Fall in der Magdalena-Grotte, in der oben bezeichneten Lache am Golgatha etc. Die jetzt erwähnte Stelle in der Planinahöhle ist der einzige bisher bekannte, so zu sagen, ursprüngliche Aufenthaltsort der Proteen, wo sie daher auch in weit grösserer Anzahl vorkommen, zugleich ist es der am tiefsten im Innern einer Höhle erreichte Fundort derselben — ich benannte daher diese Stelle

die Proteus-Grotte *). Sie ist sehr kenntlich durch zwei mächtige Felsblöcke von 3 bis 4 Klafter Höhe, welche an ihrem

---

*) Es wurden von uns damals gegen 100 Stücke gefangen, es gelang mir aber, die Leute zu vermögen die kleinsten in den Fluss wieder zu-

Anfange, und eben so zwei andere, welche an ihrem Ende aus dem Wasser emporragen; Herr Rudolf pflanzte auf dem höchsten der letzteren eine Signalstange auf.

Hinter der Proteus-Grotte gelangt man endlich in einen beinahe kreisrunden, etwas niedrigeren Dom, wo die Wände, ringsum fast geschlossen, keinen Ausweg bieten. In der Hinterwand sind zwei Löcher über einander zu bemerken, etwa 5 Fuss über dem Wasserspiegel; wenn man zu diesen emporklettert, so gewahrt man, dass die Wand nur wenige Zoll dick ist, und einen etliche Fuss breiten Raum verschliesst, an dessen Grunde gleichfalls Wasser sich befindet. Jenseits dieser Kluft ist eine glatte senkrechte Wand.

Dieser Dom nun ist mit einem 30 Klafter im Durchmesser haltenden See erfüllt, dessen Tiefe in der Mitte nicht weniger als dreiundvierzig Fuss, an anderen Stellen 35 bis 40 Fuss beträgt *). Dieser See befindet sich genau unter der grossen Doline Koschieluka, welche hart an der Strasse von Planina nach Adelsberg auf der ersten Anhöhe ober den Wendungen wohl jedem Reisenden auffällt, ich nenne ihn daher den

Koschieluka-See, zum Unterschiede von dem ersten See.

Am westlichen Ufer des Sees öffnet sich eine Kluft, von der ein Schlammhügel herabreicht, die einzige Stelle, wo man landen kann. Aus dieser Kluft zieht ein äusserst heftiger Luftstrom herab, sie verengt sich aber bald, immer aufwärts haltend, so dass man nur auf allen Vieren vorwärts kann, und endlich schliesst sich dieselbe nach etwa 30 Klafter bis auf eine schmale Spalte, welcher der Luftzug entströmt. An einer Verbindung dieser Kluft mit der Oberfläche ist nicht zu zweifeln, und wahrscheinlich führt die erwähnte Spalte am Grunde der Koschieluka-Doline zu Tage. Sie ist ein Hauptabzugscanal für den Niederschlag, der sich in jener

---

rück zu geben. Ich brachte mit unsäglicher Mühe gegen 30 Stück lebend nach Wien, wo aber nach 12 Stunden die meisten umstanden; ich übergab sie sämmtlich dem k. k. zoologischen Hof-Cabinete.

*) Auf seinem Grunde befindet sich ein Wahrzeichen unserer Anwesenheit, einem Bergknappen entfiel nämlich die Hacke!

Doline sammelt und daraus erklärt sich denn auch der Schlamm, welcher den Boden der Kluft erfüllt.

Der See und diese Kluft ist aber noch nicht das Ende dieses Höhlenarmes, sondern am Eingange der Kluft öffnet sich, 6 Klafter über dem Wasserspiegel, 3 Klafter über dem Boden, ein Seitengang, welchen wir wegen seiner ausgezeichnet schönen Tropfsteinbildungen

das Tropfstein-Paradies benannten. In einer Länge von 250 Klaftern führt dieser Gang in einem Bogen gegen die Haupthöhle zurück und die Schlusswand desselben klingt so auffallend hohl, dass es scheint, dieselbe könnte leicht durchgeschlagen und vielleicht eine Verbindung mit dem Seitengange vor der Proteus-Grotte eröffnet werden. Die Reize dieses Tropfstein-Paradieses lassen sich nicht beschreiben. Boden und Wände sind zu ganzen Quadratklaftern mit Krystallen vollständig überzogen, vom Dunkelbraun bis in das reinste Weiss. Keines Menschen Fuss hatte je dieses reizende Atelier der Natur vor uns betreten, die blendende Weisse der Bildungen war noch durch keine Fackel je geschwärzt worden und der banale Heisshunger nach Souvenirs hatte noch keine der zarten Spitzen abgebrochen; die mächtigen bräunlichen Säulen von Mannesdicke und darüber sind noch mit dem zartesten weissen Geäder filigranartig geschmückt. Hier ragen ganze Gruppen blendendweisser Stalagmitenkegel, vom kleinsten Exemplare bis zum klafterhohen Riesen empor, dort bildet die braune Wand einen tapetenartigen Hintergrund, von dem sich der blendendweisse Koloss eines Königs, im Krönungsmantel, den Scepter in der Hand, mit den schärften Schlagschatten abhebt. Nahe am Eingange steht ein prachtvolles weisses Gebilde, einem Cherub mit dem Flammenschwerte ähnlich, der vor jeder Beschädigung abzuschrecken scheint. So muss die Adelsberger-Grotte ausgesehen haben, als sie noch nicht von Habsucht ausgebeutet war, und möge hier noch lange die frevelnde Hand ferne bleiben!

Der Boden klingt fast überall hohl, die Stalaktitendecke scheint daher nicht dick zu sein, und das Nachgraben nach vorweltlichen Thierknochen dürfte hier lohnender sein als anderswo. Fast in der Mitte der Grotte fand sich das Skelet eines Wiesels

vor, ein Beweis, dass verbindende Klüfte und Ritzen zu Tage
führen müssen, durch welche das Thier herein gekommen war,
aber den Rückweg nicht mehr fand.

Das Tropfstein-Paradies verliessen wir intact; ich bat meine
sämmtliche Begleiter nichts abzuschlagen, kein Andenken mitzu-
nehmen, und mit Vergnügen stimmten mir Alle bei. Nicht eine
einzige Spitze haben wir abgebrochen, der Fuss hütete sich eine
der schönen Gestalten zu beschädigen und wir nahmen nichts mit
uns als die Bewunderung des schönen Schauspieles. Hätten auch
die Stalaktiten ihre Dryaden, so würden diese es uns verziehen
haben, dass wir sie in ihrem Heiligthum überraschten, wo sie
bisher Jahrtausende ungestört gewaltet hatten, nur mit den Ele-
menten in ewig schaffendem Verkehre!

Dieser Kaltenfelder Arm der Planinahöhle ist also vom Eingange der Höhle bis an die Hinterwand des Koschieluka-Sees
1350 Klafter, bis an das Ende des Tropfstein-Paradieses aber um
180 Klafter mehr, also 1530 Klafter lang; von dem Anfange des
Canales im ersten See aber bis zur Hinterwand des Koschieluka-Sees
— die eigentliche Länge des Wasserlaufes — misst derselbe 1080
Klafter, die Breite beträgt in der Regel 30 Fuss, erreicht aber stellenweise auch 20 Klafter. Das Wasser ist im Durchschnitte 9 Fuss
tief, aber auch 20 Fuss und darüber, was insbesondere bei den Krümmungen der Höhle der Fall ist. Es gibt sehr viele Stellen, wo starke
Traufe herrscht, namentlich hinter dem Elephantenkopf, wo man
Achthaben muss, dass der Wasserstrahl nicht die Lichter verlöscht.

Der Wasserspiegel im Ende des
Canales liegt über dem Wasserspiegel
im Eingange der Höhle . . . . 1 Klafter 5 Schuh 7 Zoll
Der Wasserspiegel in der Haidin-
gergrotte . . . . 6 » 0 » 0 »
Der Wasserspiegel im Koschie-
luka-See . . . . 9 » 4 » 0 »
In der 980 Klafter langen Strecke vom Koschieluka-See bis
zu der Stelle, wo das Gewässer im ersten Canale unter den Fels-

trümmern wieder hervorbricht, hat dasselbe demnach einen Fall von 46$\frac{1}{3}$ Fuss, das ist auf eine Klafter 1.$_6$ Zoll.

Die Temperatur des Wassers fanden wir immer etwas höher als jene der Luft, und zwar

	Luft.	Wasser.
Haidinger-Grotte,		
5. September 1850	9.$_7$	10°.$_5$ R.
Proteus-Grotte,		
24. August 1850	10.$_3$	11.$_4$
5. September 1850	9.$_6$	10.$_5$
Koschieluka-See,		
24. August	9.$_4$	—
5. September	9.$_6$	10.$_5$.

Am 5. September war also die Temperatur des Wassers fast im ganzen Arme (nach Herrn Rudolf's Messung) constant, was sich wohl durch die stete Beimischung wärmerer Tageswässer erklären lässt. Diese höhere Temperatur im Vergleiche namentlich mit dem Poik-Arme ist auch ein Beweis, dass das Gewässer im Kaltenfelder Arme noch keinen sehr langen Lauf unter der Erde zurückgelegt haben kann, indem es sonst bedeudend mehr abgekühlt sein müsste.

3. Der Poik-Arm.

Der östliche Arm, welchen der Poikfluss durchströmt, ist bei weitem grossartiger als der westliche, und leichter zu befahren, weil er nur zwei Riffe und selbst weniger Klippen enthält.

Auf dem ersten See hält man sich an die linke Höhlenwand, wo aber besonders viele Felsen unter dem Wasser liegen. Man kömmt hier in keinen Canal, wie im westlichen Arm, sondern um eine Ecke biegend in eine breite Bucht, und das immer gewaltiger werdende Getöse bekundet, dass man einem Wasserfall entgegen geht, bedeutender als all' die kleinen Fälle in dem Kaltenfelder Arm. Mächtige Blöcke, von einem Einsturz herrührend, engen das Flussbett auf 15 Fuss ein und 10 Fuss hoch stürzt das Gewässer in einem breiten Strahle herab, milchweissen Schaum emportreibend. Es ist ein reizend schöner Anblick, zwischen den schwarzen Felsen die weisse perlende Wassermasse zu sehen, und zweckmässige Beleuchtung erreicht hier wahrhaft magischen Effect. Rechts

vom Fall, nur ein paar Klafter von ihm entfernt, befindet sich eine
Felsspalte, an welcher man landet, den Kahn wohl befestiget und
durch dieselbe nicht ohne Anstrengung sich emporarbeitet. Die
Felsen sind auch hier mit Sintermasse reichlich überzogen und man
muss Acht haben, auf diesem nassen schlüpfrigen Boden nicht aus-
zugleiten. Hat man diesen Hügel überstiegen, so kommt man wieder
hinab zum Flussbette, welches aber durch einen gewaltigen Einsturz ganz verschüttet ist, unter dessen Felsen das Wasser unsichtbar
verläuft. Der Uebergang über diese scharfkantigen Felsblöcke ist
der beschwerlichste Theil der ganzen Wanderung. Jenseits übersteigt
man neuerdings einen Trümmerhügel und kömmt dann wieder zum
Wasser, tief und klar, aber in schroffen Wänden eingeschlossen.
Wie in der Haidinger Grotte muss auch hier ein zweiter Kahn
gezimmert werden, denn der Transport der Bretter allein ist schon
beschwerlich genug. Die Stelle ist ziemlich günstig und ein gewaltiger
Felsblock bildet eine kleine Bucht

      den Rudolfshafen. *) Die Wasserfahrt dauert nicht lange,
so kömmt man schon zu einem Riff und bald zu einem zweiten, dem
grössten in beiden Armen, über welche der Kahn nur mit vieler
Anstrengung gebracht werden kann. Von diesem zweiten Riffe weg
hat man aber freie Fahrt durch volle ein und eine halbe Stunde, in
einem auch von Klippen ziemlich freien grossartigen Canale.

      Keine Beschreibung vermag es den erhebenden Eindruck dieser
unterirdischen Wasserfahrt zu schildern. Kolossale Stalaktiten
hängen an den Wänden hernieder; an anderen Stellen ist die Decke
mit den reichsten, weissen korallenartigen Behängen verziert, in
der Regel aber sind die Wände nackter schwarzer Fels. Hier und
da rieseln Quellen herab; ihr Geflüster und das melancholische
Fallen einzelner Tropfen von der Decke unterbricht allein die
schauerliche Stille dieser Dome. Die gespannteste Aufmerksamkeit auf die Wunder der Umgebung, auf die Fahrt selbst fesselte
unsere Lippen und unhörbar fast glitt unser Kahn über die dunklen

---

*) Nach meinem unermüdeten, aufopfernd ausdauernden Begleiter, Hrn Joh.
Rudolf, k. k. Bergpracticanten in Idria benannt. Ein Kahn, den ich
1850 hier zurückliess, war 1852 noch wohlbehalten vorhanden.

Tiefen hinweg, die zum ersten Male seit ihrer Entstehung im Wiederschein einer Fackel erglänzten. *)

Auf der ganzen Strecke von 1140 Klafter über das zweite
Riff hinaus findet man nur einen einzigen Landungsplatz, sonst
steigen die Wände überall schroff aus dem Wasser empor; zwei Felsen-
gruppen im Flusse bieten nur nothdürftig die Möglichkeit aus-
zusteigen, um den Kahn ausschöpfen zu können.

Hinter dem ersten Riff kömmt man an zwei grossen, Pyramiden
ähnlichen Felsmassen im Wasser vorbei, und dann zu dem zweiten
Riff. Es ist durch herabgestürzte Felsen entstanden, welche die
Höhle in einer Länge von 10 bis 12 Klafter und über 2 Klafter
hoch bedecken. Der Fluss wird dadurch aufgestaut, und bildet
an den beiden Wänden Fälle von 4 — 5 Fuss Höhe, deren Getöse
weithin vernehmbar ist. Wir fanden den Fall zur rechten Hand
am practicabelsten. **)

Man gelangt nun in einen Dom, dessen Decke ganz mit kleinen
weissen Stalaktiten überzogen ist. Hierauf folgt eine niedere Halle
mit Klippen beiderseits, zwischen denen gutes Fahrwasser ist.
Die jenseitige Wand reicht aber so tief auf den Wasserspiegel
herab, dass man sich im Kahn niederlegen, und an 2 Klafter lang
unter den Felsspitzen wegschieben muss. Hierauf folgt ein
fast runder Dom, in dessen Mitte eine Felsengruppe aus dem
Wasser emporragt, die man rechts umfährt, und dann vor der
zweiten

---

*) Herr Urbas gelangte 1849 nur bis zum Rudolfshafen, weil ihm kein
Kahn zur weiteren Fahrt zu Gebote stand.

**) Bis hieher kamen wir 1850 bei der zweiten Fahrt mit zwei Schiffen,
beide über das Riff zu transportiren war aber zu zeitraubend. Der
Kahn, der dann die weitere Fahrt machte, wurde bei der Rückkehr
auf dem höchsten Felsen befestigt; ob er noch dort steht weiss ich
nicht. Uebrigens ist es in diesem Arm noch nöthiger als im westlichen mit zwei Kähnen vorzudringen. Bei unserer ersten, der eigentlichen Entdeckungsfahrt, bemerkten wir oberhalb des zweiten Riffes,
dass unser Kahn stark Wasser ziehe, und hatten genug zu thun, denselben wiederholt auszuschöpfen. An Umkehr dachten wir freilich nicht, hin-
gerissen von dem Schauspiel, das sich uns über alle Erwartung hinaus
darbot; dass aber bei einem Unfalle kaum Rettung und Rückkehr
möglich sei, bedarf wohl keines Beweises.

niederen Durchfahrt sich befindet. Abermals muss man sich in den Kahn niederlegen und 4 Klafter lang unter den Felsenzacken fortschieben. Jenseits hat man wieder gute Fahrt, sieht rechts eine hübsche Tropfsteinbildung, von uns genannt

der kleine Elephantenkopf, sehr ähnlich dem grossen im westlichen Arme, und erreicht nun den

Landungsplatz. Es ist eine an der linken Wand vorspringende, etwas abhängige Felsenplatte, nur wenig über das Wasser erhoben. Hinter demselben befindet sich links eine Bucht, aus der ein senkrechter fast kreisrunder Schacht in die Höhe zieht, der ziemlich hoch sich erstrecken, vielleicht bis zu T ge führen dürfte. Wasser fällt reichlich theils in freiem Strahle aus demselben herab, theils fliesst es der Wand entlang. Die imposanteste Partie der ganzen Fahrt folgt nunmehr,

der hohe Canal, fast spitzbogenartig gewölbt, an 50 Fuss hoch, aber nur 12—15 breit, mit durchaus senkrechten schwarzen Wänden; kaum reichen die paar Fackeln hin einige Klafter weit den dunklen Wasserpfad zu erhellen, der aber zum Glück weniger Klippen hat als andere Stellen.

An dem Ausgange dieses hohen Canales steht rechts eine interessante 24 Fuss hohe, 6 bis 7 Fuss breite Tropfsteinsäule, welche bis unter den Wasserspiegel reicht. Durch eine sehr starke Traufe kommt man zu einer nur 12 Fuss hohen Stelle mit zahlreichen Stalaktiten, und dann in eine runde Grotte von 23 Klafter im Durchmesser, aber von nur 18 Fuss Höhe, an deren Hinterwand man sich zum dritten Mal, aber nur 2 Klafter lang, unter den Felsen wegschiebt und nun

die letzte Grotte erreicht. Sie ist nur 6 bis 8 Fuss hoch, 10 Klafter im Durchmesser. In 5 Fuss Höhe sieht man deutlich die Spuren der Wasserhöhe, scharf abgeschnitten. Auch hier reicht die dem Eingange entgegengesetzte Wand nicht bis auf den Wasserspiegel herab, aber der Zwischenraum beträgt nur wenige Zoll und es ist mit dem Kahn nicht darunter weg zu kommen. Man sieht bei vorgehaltener Fackel eine Strecke unter die Felsen hin, und das Wasser strömt deutlich hervor.

Hier erreichte demnach meine Untersuchung ihr Ende. Ich bin

zwar der Meinung, dass man noch weiter vordringen könnte, wenn die herabhängenden Ränder so weit abgeschlagen würden, dass man mit dem Kahne darunter wegkann, aber diese Arbeit ist so gefährlich, dass sie nur mit besonderen Vorsichtsmassregeln unternommen werden könnte und am allerwenigsten von einem einzigen leichten Kahn aus.

Dieser östliche Arm ist von dem Eingange der Höhle 1710 Klafter, von dem ersten See aber, wo derselbe eigentlich beginnt, 1450 Klafter lang, die Breite desselben beträgt nicht unter 24, nicht über 100 Fuss. Das Wasser ist ziemlich constant 18 Fuss tief, in der runden Halle vor dem niederen Durchgange aber 30 Fuss. Auch hier gibt es stellenweise sehr starke Traufen.

Der Wasserspiegel des ersten Sees am Fusse des Wasserfalls liegt über dem Wasserspiegel am Eingange

der Höhle	1° 5′ 6″
der Rudolfshafen	5° 5′ —
der Wasserspiegel in der letzten Grotte	7° 6′ —

Das Gewässer hat also vom Rudolfshafen bis in den ersten See auf 75 Klafter Länge 24′$\frac{1}{2}$, vom Endpuncte aber bis zum ersten See 48 Fuss Fall, das ist 1 Fuss auf 32$\frac{1}{2}$ Klafter.

Die Temperatur des Wassers und der Luft ist bedeutend kälter als im westlichen Arme.

Unter dem Wasserfalle	Luft	Wasser
27. August 1850	9,₄	7,₈
Rudolfshafen		
3. September	8,₈	7,₂
9. »	8,₆	7,₂
Letzte Grotte	8,₆	7,₂

Auch in diesem Arme ist demnach, wie man sieht, die Temperatur des Wassers im Inneren fast constant, aber niedriger als jene der Luft, welche übrigens gleichfalls ziemlich dieselbe bleibt, denn sie fällt vom Rudolfshafen nur um 0,₂ bis zum Ende. Die etwas höhere Temperatur am Wasserfalle ist durch die bis dorthin vordringenden warmen Luftströme vom Tage zu erklären. Der bedeutende Unterschied zwischen der Wassertemperatur hier und im

10*

westlichen Arme ist ein Zeichen, dass der Fluss hier einen viel längeren Lauf unter der Erde zurücklegt. Dieser Umstand hauptsächlich, so wie die stärkere Wassermasse, liefert den Beweis, dass man hier wirklich die Poik vor sich hat. 1850 erhielt ich dafür auch durch ein Hochgewässer eine besondere Bestätigung. Am 30. August Abends 3 Uhr brach nämlich ein Gewitter los, und um 5 Uhr drang das Regenwasser schon in so mächtiger Traufe durch die Decke der Höhle, dass uns ein Grubenlicht verlöscht wurde. Am 31. August um 1 Uhr Morgens hatte das Wasser in der vorderen Grotte schon die Höhe von 9 Fuss erreicht, und natürlich unseren Steg weggerissen. Das Wasser fiel aber so rasch, dass wir schon Montags unsere Untersuchung fortsetzen konnten. Auf den See gekommen, sah ich nun, dass das trübe Hochwasser aus dem westlichen Arme allein kam, und sich scharf von dem fast ganz reinen klaren Wasser schied, welches aus dem östlichen herrührte; dieses war um keinen Zoll gestiegen, und wir fanden unseren Kahn im Rudolfshafen, wo er Freitags gezimmert worden, unversehrt wieder. Das Gewitter war nämlich zwischen Planina und Adelsberg herangezogen, und gegen Kaltenfeld weiter, wo es namentlich auf dem Travnik austobte. Sehr natürlich empfing daher der westliche Arm das Uebermass des Niederschlages, indess der Poik-Arm unberührt blieb, da es in Adelsberg und an der oberen Poik nur wenig geregnet hatte.

In Adelsberg fand ich die Temperaturen:

Wasserspiegel der Poik vor der Höhle	Luft	Wasser
11. September 1850	11,1	11,3
Am Ende des Poikcanales in der Höhle		
9. September	10,5	11,2
Daselbst am 11. September	10,3	11,1

Der Fluss hatte also auf 400 Klafter seines unterirdischen Laufes in (oder vielmehr unter) der Adelsberger Grotte 0,1 Grad Wärme verloren. Leider habe ich in der Piuka Jama keine Messungen vorgenommen, weil ich den Transport der Instrumente in dieselbe hinab nicht riskiren wollte; die Entfernung der Piuka Jama von dem gefundenen Endlaufe des Flusses in der Adelsberger Grotte beträgt

bei 800 Klafter, das Wasser würde also daselbst mit $10_{,7}°$ ankommen; die Berührung desselben in der Piuka Jama mit der
wärmeren atmosphärischen Luft dürfen wir wohl vernachlässigen.
Die Entfernung von der Piuka Jama zu dem gefundenen Endpuncte
der Planina-Poikhöhle beträgt in gerader Linie 1600 Klafter, wird
aber mit den Krümmungen wohl auf 2000 anzuschlagen sein, das
Wasser würde demnach mit $9_{,7}°$ in dem letztgenannten Canale
ankommen, wenn die Abkühlung desselben in dem gleichen Verhältnisse fortschreiten würde, was aber natürlich nicht der Fall
ist; es verliert um $2_{,4}°$ mehr und kömmt daselbst nur mit $7_{,8}°$ an.

Directe Beweise für die Identität der Poik und des Flusses in
dem östlichen Arme fehlen immer noch. Es ist mir nicht gelungen
auch nur ein einziges Factum zu constatiren, auf welches sich die so
alte Behauptung der Identität der Poik und Unz gründet. Alles
was man über das Hervorkommen von hineingeworfenen schwimmen-
den Körpern spricht, halte ich für Fabel. Ich habe in Adelsberg
250 Korkkugeln in den Fluss geworfen, von denen in der Höhle
von Planina in keinem der beiden Arme auch nur eine einzige zum
Vorschein kam, eben so wenig als später eine Ochsenblase und
Korkstöpsel, welche an Federkiele gespiesst waren. Durch die wie
Vorhänge unter den Wasserspiegel im Innern der Höhlen herabreichenden Felsenwände mussten diese Körper immer aufgefangen
werden. *)

Die Planina-Höhle gibt zugleich entscheidenden Aufschluss
über die Bildung der unterirdischen Wassercanäle im Karst überhaupt. Man darf sich nicht vorstellen, dass von dem Puncte, wo ein

-----

*) Ich neigte mich anfangs der Meinung zu, der westliche Arm sei der
   Poik-Canal, so lange ich nämlich die Pläne des Hrn. Rudolf noch
   nicht in die Generalstabskarte eingetragen vor mir hatte. Sobald
   diese Arbeit gemacht war, lehrte der Augenschein, dass der westliche
   Arm unter die Koschieluka gegen Kaltenfeld, der östliche aber gegen
   Adelsberg führte, auch der Terrainbildung entsprechend (siehe die
   Karte). Hr. Urbas und seine Begleiter hielten den östlichen Arm
   für einen Abzugscanal des Zirknitzer Sees.

Fluss verschwindet, eine mehr oder weniger geräumige Höhle, höchstens von einigen Trümmerbergen unterbrochen, bis zur Ausmündung des Gewässers führt. In diesem Falle hätte man freilich leichtes Spiel und könnte in Adelsberg oder St. Kanzian sich zu Schiffe setzen, um in Planina mit der Unz oder in Duino mit dem Timavo herauszukommen. Man muss sich diese Wasserhöhlen vielmehr als ein System von Kammern vorstellen, durch mehr oder weniger mächtige Scheidewände von einander getrennt. Manchmal sind diese Scheidewände durchbrochen und stellen imposante Thore dar, wie diess bei dem Chorinsky-Dome der Fall ist; manchmal sind die Scheidewände, sei es nun durch die Gewalt der Fluten unterwaschen, sei es durch die in Krain nicht so seltenen Erdbeben zusammengestürzt, und daher rühren die gewaltigen Trümmerberge im Beginne der beiden Arme der Planina-Höhle und in anderen Grotten. An vielen Stellen reicht die Scheidewand nur bis auf den Wasserspiegel herab, wie in den niederen Durchgängen des östlichen Armes, und es ist keine Frage, dass derlei Passagen durch die Gewalt des Elementes selbst immer mehr erweitert werden. Aber oft reicht die Scheidewand auch bis unter den Wasserspiegel, dann wirken die so getrennten Kammern wie communicirende Gefässe, wie es in der Piuka Jama der Fall ist, wahrscheinlich auch im Koschieluka-See.

Von dem unterirdischen Laufe der Poik ist also bisher bekannt geworden:

in der Adelsberger Grotte:	500	Klafter
in der Piuka Jama	370	»
in dem Poik-Arm der Planinahöhle, vom		
Eingange bis zum Ende	1710	»
Summe	2580	Klafter

also über ⁵/₈ österreichische Meilen.

Die Endpuncte der Entdeckungen in der Piuka Jama und im östlichen Planina-Arme liegen, wie erwähnt, 1600 Klafter auseinander; diese Strecke wäre demnach noch zu untersuchen, was aber bei der Beschaffenheit der Zwischenwände nur mit grossen Vorbereitungen und Aufwand vieler Kräfte möglich ist.

Es darf wohl vorausgesetzt werden, dass gewaltsame Ereignisse in den Höhlen, Einstürze, u. dgl. auch an der Oberfläche correspondirende Zeichen veranlasst haben. Um das Verhältniss der Oberfläche zur Höhlenbildung klar zu machen, wäre nothwendig den Verlauf der Höhlen über Tags auszustecken, was aber nicht einmal bei der Adelsberger Grotte vorgenommen wurde. Nachdem Hr. Rudolf die markscheiderische Aufnahme des westlichen Armes der Planina-Höhle bis zur Haidinger-Grotte vollendet hatte, ersuchte ich ihn auch über Tags die correspondirenden Züge zu machen, und in der That trafen wir im Walde über dem ersten Einsturz, am Ende des Canales bei der Isissäule, eine Doline, und über dem grösseren zweiten Einsturze Golgatha eine zweite 18 Fuss tiefe grosse Doline, mit mehreren einzelnen kleineren Trichtern in derselben, an welcher die Merkmale, dass sie durch Einsturz sich gebildet hatte, unzweifelhaft waren. Es liegt auf der Hand, dass derlei Untersuchungen von nicht geringer Wichtigkeit sind, namentlich wenn durch Messungen auch die Mächtigkeit der Höhlendecke eruirt wird, aber sie erfordern einen bedeutenden Aufwand von Zeit, welcher mir nicht zu Gebote stand.

3. Der Unsfluss, seine Quellen und seine Abzugshöhlen.

Nur etwa 650 Klafter von der Mündung der Planina-Höhle, durch einen Bergrücken von der Poikschlucht getrennt, liegt das Mühlthal, durch seinen Reichthum an Quellen merkwürdig, welche seitjeher als Abflüsse des Zirknitzer Sees gelten. Das Mühlthal ist eine schmale Bucht, zwischen bewaldeten Hügeln nur 300 Klaftern sich einwärts ziehend. An der rechten Thalwand entspringen im Hintergrunde derselben auf einer Strecke von etwa 26 Klaftern nicht weniger als 31 Quellen, von denen 20 in einem trockenen Hochsommer versiegen, die übrigen 11 aber so wie die weit stärkeren tiefer gelegenen in fast unverminderter Stärke bleiben. Jede dieser letzteren könnte ein Mühlrad treiben, und es fliessen einige nur desshalb unbenützt ab, weil sie zu dicht an einander liegen.

Die merkwürdigste Quelle ist die vorletzte von den stetigen und die stärkste aus allen, welche das Werk des Herrn G. Obresa treibt, und unmittelbar unter einer Kalkwand von etwa 12 Fuss Höhe hervorbricht. Diese Felswand staut offenbar das Wasser zurück, welches innerhalb derselben bedeutend höher stehen muss, denn es bricht am Fusse des Felsens mit grosser Gewalt stossweise, sprudelnd und perlend hervor. Wahrscheinlich befindet sich im Innern ein grosses Reservoir und mit Recht hat der Besitzer jede Sprengung unterlassen, die nur ein natürliches Wehr zerstört haben würde. Zu- und Abnahme dieser Quelle ist unbedeutend und mit unveränderter Klarheit springt die krystallhelle, köstliche Flut. Es ist dieselbe Erscheinung wie an den Quellen des Timavo und der Laibach.

Alle diese Quellen nun haben eine fast gleiche Temperatur und zwar eine höhere als die Poik bei ihrem Austritte aus der Planina-Höhle. Im Mittel von fünf Beobachtungen zeigte die

Obresa-Quelle 11,„° R., indess das Wasser in der Mündung der Höhle von Planina 10,₈° R. nie überstieg. Das Mühlthalwasser muss auf seinem Laufe daher viel öfter und länger mit der atmosphärischen Luft in Berührung gekommen sein als die Poik und in der That ist diess der Fall, wenn man ersteres als jenen Abfluss des Zirknitzer Sees ansieht, welcher durch die Karlouza sich verliert, bei der Selzacher Sägemühle zu Tage kommt und dann abermals bei der Felsenbrücke von St. Kanzian (Maunitz) verschwindet, wovon in der Folge mehr. Dass die erwähnten, so nahe beisammen entspringenden Quellen wirklich einem und demselben unterirdischen Gewässer angehören, beweiset wohl ihre übereinstimmende Temperatur; gleich beim Eingange des Thales unter dem Scozier Gute entspringt dagegen eine schwache einzelne Quelle, welche im Mittel aus drei Beobachtungen nur 8,„° R. zeigt, also offenbar diesem Quellsystem nicht angehört.

Alle jene Quellen nun bilden einen klaren Bach, das M ü h l - t h a l w a s s e r genannt, stärker als die Poik, der in geschlossenen Ufern schon einen Kahn trägt. Eine kleine halbe Stunde von der Obresa-Quelle weg vereinigt sich dasselbe auf einer Wiese mit der Poik, und hatte unmittelbar vor der Vereinigung nach 13, die Poik hingegen nur 12,„° R., obwohl diese aus der Höhle bis hieher einen längeren Lauf über Tags zurückgelegt.

Aus der Vereinigung der Poik mit dem Mühlthalwasser — welche eine kleine Viertelstunde oberhalb Haasberg stattfindet, entsteht d i e U n z. Hiernach sind die so widersprechenden Angaben früherer Schriftsteller zu berichtigen. Der Name Unz kommt dem Flusse weder schon bei seinem Austritte aus der Höhle von Planina, noch erst bei der Haasberger Brücke zu.

Nach anhaltendem Regen und bei hohem Stande des Zirknitzer Sees sollen noch an mehreren Stellen der östlichen Wand des Planina-Thales Wässer hervorbrechen, und als eine der bedeutendsten dieser Ausgussstellen wurde mir

die S k r a t o u k a-Höhle bezeichnet, einen Scheibenschuss

von dem Haasberger Garten, unterhalb der Fahrstrasse *). Wir
kamen im Gebüsch zu einer Stelle, mit Gerölle bedeckt, wo an
dem Abhange sich eine niedere Spalte in dem Gestein öffnete, in
welcher wir uns mühsam 22 Klafter einwärts arbeiteten. Die
Spalte hält nach Süden, die letzten 5 Klafter nach Südwest, und
sie misst an der breitesten Stelle nur 12 Fuss. Auf halbem Wege
trifft man ein Bassin, dessen Wasser am 17. September 1850 9,
die Luft daselbst 10° R. hatte. Man muss hindurch, kömmt dann
zu einem 5' hohen Absturz, kriecht durch eine enge Spalte zu
einem zweiten Absturze, an dessen Fusse ein kleiner Tümpel sich
befindet, aus dem mehrere kleine, nicht mehr schliefbare Oeffnungen sich weiter einwärts ziehen. Nach den mir gemachten Mittheilungen soll das Wasser aus der Skratouka zu Zeiten urplötzlich und in grosser Stärke sich ergiessen. Man braucht wohl nicht
bis zum Zirknitzer See zurückzugehen, um die Skratouka zu
erklären, die wahrscheinlich zunächst für die Umgebung von Maunitz als Abzug dient, allerdings aber auch dem grossen Zirknitzer
Ablauf gegen das Mühlthal, bei besonders hoher Spannung der
unterirdischen Reservoirs als Canal dienen kann.

Unterhalb der Brücke von Haasberg beginnt der Poik-
Fluss seine Serpentinen durch die wiesengrüne Mulde von Planina. Der Punct seines nochmaligen Verschwindens hinter Jacobovitz liegt 3000 Klafter nördlich von der Planina-Höhle, aber
sein Lauf beträgt gewiss das Doppelte in der Länge. Sobald der
Fluss an der Westseite des Thales den felsigen Abhang erreicht,
beginnt sein Verschwinden durch

Sauglöcher im Flussbette, welche in so grosser Anzahl
vorhanden sind, dass der Fluss hinter Jacobovitz bereits $^9/_{10}$ seiner Wassermasse verloren hat. Von dem Platze, wo der Fusssteig
von Eibenschuss an den Fluss herabführt, zählt man auf einer
Strecke von 56 Klaftern allein 10 Stellen, wo man das starke
Gurgeln hört, mit dem sich das Wasser in die Felsenritzen ver-

*) Die Skratouka wurde bisher in keinem Werke genannt.

liert, die am Ufer unter dem Wasserspiegel, zum Theil auf dem Flussbette selbst sich befinden. 200 Klafter weiterhin folgt dann auf eine geraume Strecke wieder ein Saugloch auf das andere. Auf den Wiesen nächst dem Flusse gewahrt man ferner allenthalben trichterförmige Vertiefungen, welche bei Ueberschwemmungen gleichfalls als Sauglöcher dienen, indem das Wasser in ihnen allmälig versinkt. Nur in einigen entdeckt man ein paar Spalten oder Risse, die meisten sind durch Dammerde scheinbar fest geschlossen, das Wasser sickert aber dennoch durch. An einigen Stellen hat man derlei tiefere Sauglöcher sogar zur Anlegung kleiner Sägemühlen benützt.

Eine halbe Stunde hinter dem Dorfe Jacobovitz befindet sich die Felswand Pod stennami, unweit welcher (20 Klafter südöstlich) der noch übrige Wasserfaden der Unz sich vollends in einem Saugloche verliert.

Der Weg dahin führt durch Laase, hinter dem Hügel herum, auf welchem die Kirche von Jacobovitz steht. Man kömmt hinter den Häusern dann an einer kleinen Mulde vorbei (Wenden, d. i. Wanne, genannt), die mir als das höchst gelegene Saugloch bezeichnet wurde, wenn nämlich das Wasser so hoch gestiegen, dass es selbst in diese Vertiefung strömt. Hier sollen im Jahre 1845 oder 1846 eine grosse Anzahl Proteen ausgeworfen worden sein, bläulich mit goldgelben viereckigen Flecken.

Am Fusse jener Felswand, aber doch 10 Fuss über dem Flussbette befindet sich die

Fortunat-Höhle, so genannt, weil 1824 der Haasbergische Beamte Fortunat dieselbe durch Sprengung erweiterte, als er überhaupt eine Reinigung der Sauglöcher vornahm. Es ist eine unbedeutende Kluft, mit 10 Grad einwärts fallend. Links fand ich einen Schacht, der aber ganz mit Holzwerk vertragen war, so auch rechts eine 15 Zoll breite Spalte. 50 Schritte nördlicher aber befindet sich eine grössere Höhle

Velika Jama pod stennam (grosse Höhle unter der Wand), welche 12 Fuss breit, 8' hoch ist, deren Mündung etwa 15 Fuss über dem Flussbette gelegen. Nur 10 Klafter konnten wir in östlicher Richtung darin vordringen, so sehr ist dieselbe jetzt mit Holzwerk aller Art vertragen. Herr Fortunat will 20 Klafter weit vorgedrungen sein. Bei Ueberschwemmungen des Thales stürzt sich das Wasser mit Macht in diese beiden Höhlen, wie die hineingeschwemmten Sägeklötze u. s. w. beweisen. Dann soll man oben im Walde weiterhin an mehreren Orten unterirdisch strömende Wasser rauschen hören.

Durch den Unzfluss wird das Thal von Planina wenigstens einmal in einem Decennium, oft aber schon in Zwischenräumen von 1, 2 oder 3 Jahren unter Wasser gesetzt und da dasselbe eine geschlossene Mulde ist, in welcher nur die erwähnten Sauglöcher dem Gewässer einen Abzug gestatten, so ist es begreiflich, dass der dadurch gebildete Ueberschwemmungs-See eine Höhe von 18 bis 30 Fuss erreicht *). An der Haasberger Brücke befindet sich zwar ein Pegel, aber wer beobachtet ihn? Auch existiren keine Gedenkbücher oder dergleichen in Planina, und so fehlt es vor der Hand noch ganz an verlässlichen Beobachtungen über die Zeit des Eintrittes, die Dauer und die Höhe der Ueberschwemmungen. Zwei Hauptursachen sind leicht zu erkennen, die Verlegung der Abzugscanäle durch hineingeschwemmtes Holzwerk u. dgl. und ein Aufstauen des unterirdischen Gewässers durch Einstürze. Das Jahr 1802 ist in Planina noch in üblem Andenken; das Wasser reichte bis zur Schwelle der Kirche in Unter-Planina, an der unteren Strasse fuhr man in Kähnen, und im Gasthause zum Löwen stieg man aus dem Kahne in das erste Stockwerk zum Fenster hinein. Die darauf folgende Kälte überzog das Thal mit einer Eisdecke, welche jedes Fuhrwerk trug. In jenem Jahre wurde denn auch die jetzige Poststrasse zu bauen angefangen, statt der alten, welche über Jacobovitz (früher Poststation) und Laase, sodann quer durch das Thal geführt hatte, daher alljährlich unter Wasser kam. An der Laaser Brücke soll das Wasser einmal dem Standbilde des heil. Johannes bis zum Munde gereicht haben. Im Jahre 1820 stieg das Wasser so hoch, dass Laase zum Theil überschwemmt war und der Hügel von Jacobovitz vollständig zur Insel wurde. —

---

*) Eine Ansicht über die Ueberschwemmungen des Thales von Planina durch den Unzfluss. Illyr. Blatt 1845. Nr. 29.

Im Jahre 1844 begann die Ueberschwemmung am 2. November und dauerte nur mit Unterbrechung von 8 Tagen, in denen das Wasser sich fast ganz verlaufen hatte, bis Juni (Johanni) 1845. Eine der höchsten war die Ueberschwemmung des Winters 1851 auf 1852, wobei es dem Thale gut zu Statten kam, dass 1850 die Sauglöcher sorgfältig gereinigt worden waren. Gewöhnlich kömmt das Wasser zu Ende October, bleibt 14 Tage bis 6 Wochen, aber auch bis zum Februar des andern Jahres. Eine mässige, nicht zu lange dauernde Ueberschwemmung veranlasst später eine ergiebige Heuernte, im Gegentheile bringt sie natürlich viel Schaden.

Es ist sehr wahrscheinlich, dass man durch die beiden Jacobovitzer Höhlen zu dem unterirdischen Hauptcanale gelangen könnte, und wenn dieser durch einen kurzen Stollen, im Niveau des Flussbettes, mit dem Thale in Verbindung gesetzt würde, so möchte wohl der langen Dauer der Ueberschwemmungen ein Ziel gesetzt werden können.

Die in der Mulde von Planina verschwindende Unz soll nun bekanntlich als Laibachfluss bei Ober-Laibach wieder zu Tage brechen; mit wie viel kleinen Canälen muss der Boden durchzogen sein, und was für Wasserbehälter müssen sich in der Richtung gegen Ober-Laibach hin unter der Erde finden, um es möglich zu machen, dass daselbst unmittelbar aus ein paar Quellen ein schiffbarer Fluss entspringen könne!

4. Die Dolinen bei Planina.

Nicht leicht wird im Karst ein Ort in seiner Nachbarschaft der Dolinen ganz entbehren, Planina aber hat mehrere besonders interessante in seiner Umgebung aufzuweisen.

Nächst dem Wege nach Adelsberg liegt die bereits genannte Koschieluka, ein weiter Abgrund von mindestens 25 Klaftern Tiefe, denn die nördliche Felsenwand hat allein 13° senkrechte Höhe. An der Südseite kann man über Gesteintrümmer auf den Grund hinabsteigen, der ein kleines Wiesplätzchen bildet. Die Poststrasse führt unmittelbar an dem Abgrunde vorbei, vor dem sie nur durch die Parapetmauer geschützt ist. Unter diesem Abgrunde liegt der See, mit welchem, wie S. 140 angegeben wurde, der westliche Arm der Planina-Höhle mündet. Der Abgrund ist auf der Karte Taf. I. deutlich ersichtlich.

Links von der Adelsberger Strasse befindet sich weiterhin die Jurjova Ograda, eine schachtartige Kluft, in welche einst ein Hund hinabgestürzt und unter dem Wachhaus an der nach Maunitz ablenkenden Strasse wieder herausgekommen sein soll, aus einem Loche, welches Perseccana scala, d. i. durchbohrter Fels, heisst.

Links davon, unter der Maunitzer Strasse, befindet sich die Jelenava Jama (Hirschloch), so genannt, weil einst ein Hirsch hineingefallen; 7 Klafter tief. 1845 stürzte ein Bursche in dasselbe, der wegen eines auf der Strasse begangenen Diebstahls verfolgt wurde, und fiel sich zu Tode. Hut und Jacke blieben an dem Gesträpp des Mundloches hängen und wurden erst 10 oder 12 Tage später von einem Forstknecht entdeckt, wodurch man dann auch Kunde von dem Leichname bekam.

Die grösseren und interessanteren Abgründe befinden sich nördlich von Planina. Man verfolgt die Laibacher Poststrasse bis zum ersten Dorfe Gartscharieuz, und wendet sich dann rechts

den Berg hinan *). Auf halber Höhe ist gleich links am Wege der
erste Schacht, dessen Mundloch 8' lang, 4' breit ist, und um
des Viehes wegen mit Reisig verlegt wurde. Die Tiefe beträgt 62
Fuss; der Grund ist mit Holzwerk und Steinen verschüttet.

Idyllisch liegt oben auf dem Berge der stattliche Meierhof
K a l i s h e (von seinem ersten Besitzer noch immer diesen Namen führend), 5 Minuten in nördlicher Richtung vom Hause entfernt befindet sich die K a l i s h e v a J a m a, eine kleine Grotte, steil einwärts
etwa 20 Klafter tief sich erstreckend, mit unbedeutenden Stalaktiten. — Etwa 10 Minuten in östlicher Richtung vom Hause aufwärts ist ein zweiter, mit Reisig verlegter kleiner Schacht, etwa
50 Fuss tief. — Eine Viertelstunde weiterhin im Walde ist wieder ein Abgrund, 6 Klafter lang, 3 Klafter breit, gegen 10 Klafter tief. — Von da steigt man sehr beschwerlich über ein Chaos
von Felsentrümmern, dicht mit Moos bewachsen, wo man sich
wohl hüten muss einen Fehltritt zu thun, eine halbe Stunde weiter **) und erreicht nun die

V r a z n a J a m a, d. i. Teufelsloch. An 20 Klaftern im Umkreise gähnt der Schlund entgegen, dessen Ränder aber so dicht verwachsen sind, dass man keinen Ueberblick gewinnen kann. An der Ost-
seite zieht sich in etwa ¾ der Tiefe eine Schlucht in die Wand hinein.
Das Senkblei ergab 231 Fuss Tiefe an der schroffen Nordseite und

---

*) Das Dorf soll seinen Namen von den vielen hier vorkommenden
Schlangen erhalten haben, und wirklich trafen wir beim Ansteigen
des Berges bald auf eine Viper, beiläufig gesagt, der einzigen, die
ich bisher auf meinen Karstwanderungen sah.

**) Diejenigen, welche bezweifeln, dass auch der südliche Theil des Kar-
stes, zwischen Senosetsch und Triest, einst bewaldet war, kann man
hier am schlagendsten widerlegen. Die Vegetation weggedacht, haben wir den zerklüfteten mit Gesteinstrümmern besäeten Karstboden
hier eben so ausgebildet vor uns, wie bei Trebich u. s. w. und an
Abgründen und Dolinen fehlt es auch nicht. Warum aber trägt
der gleiche Boden hier üppigen Wald, warum dort nicht? Würde
hier der Wald ausgerottet, wie es dort vor Menschengedenken geschah, so würde gewiss die Vegetation eben so ärmlich und so
schwer wieder hervorzurufen sein, wie im südlichen Karst es jetzt
der Fall ist.

scheint nicht einmal den Grund erreicht zu haben, sondern auf einem Vorsprunge liegen geblieben zu sein. Mir wurde berichtet, dass auf dem Grunde sich Wasser befinde und man nach starkem Regen deutlich einen Fluss da unten rauschen höre. Einer der mich begleitenden Bergknappen liess sich an einem Seil hinab, das aber nur 150 Fuss lang war, kam also auch nur bis auf einen vorspringenden Felsen, behauptete jedoch auf dem Grunde kein Wasser gesehen zu haben, auch hörten wir oben kein Rauschen. Dieser Abgrund heisst auch Gradischniza, da der Berg selbst Gradische heisst. Von demselben geht die Sage, dass einst ein Mädchen mit einem Paar Ochsen hineingestürzt sei; das Joch der beiden Thiere und das Kopftuch des Mädchens, um das Joch geschlungen, sollen bei Ober-Laibach mit dem Wasser wieder herausgekommen sein.

Der grossartigste dieser Schlünde ist aber die Uranja Jama, oder das Rabenloch, etwa eine Stunde von dem vorigen südlich gelegen, gleichfalls mitten im Walde. Eine Schuttbahn senkt sich plötzlich im Walde abwärts, dicht verwachsen, und wenn man hinuntersteigend aus dem Gestrüpp gekommen ist, sieht man sich mit Erstaunen einer Felswand gegenüber, die 28 Klafter fast senkrecht emporsteigt, unten aber scharf einwärts gehend eine grosse Höhle bildet, deren Oeffnung selbst wieder 22 Klafter hoch ist, so dass von der Sohle derselben bis zum obersten Felsenrande 50 Klafter gemessen wurden. Mühsam ist das Hinabsteigen zur Höhle über die Massen von Gesteintrümmern. Unten angelangt gewahrt man in halber Höhe der Höhlendecke eine etwa 12′ im Durchmesser haltende Oeffnung, aus welcher bei Regenwetter die Tagwässer in mächtigem Strahle hervorstürzen. Die Höhle theilt sich in zwei Arme, der südöstliche ist trocken, mit etwas Stalaktiten besetzt, endet aber bald, indem er nach dem Fallen der Schichten mit der Schichtung schliesst. Der südwestliche Arm ist voll Schlamm, je nach der Jahreszeit mehr oder weniger nass und wurde von uns 100 Klafter weit verfolgt.

Später untersuchte Herr Rudolf eine kleine Grotte hinter Jacobovitz, von der man behaupten wollte, sie stünde mit den Sauglöchern der Unz in Verbindung. Er kam mühsam 150 Klaf-

ter darin vorwärts, als er plötzlich durch einen schwachen Lichtschimmer überrascht wurde; mehr kriechend als gehend eilte er
darauf los und kam zu seinem Erstaunen in der Uranja Jama heraus, wo früher die enge Oeffnung nicht bemerkt worden war. Das
Rabenloch ist demnach die einzige bisher bekannte
Grotte dieser Gegend, aus deren Tiefe man durch einen Stollen jenseits des Berges herauskommt.

In der Richtung von Jakobowitz gegen Oberlaibach sollen
sich in den Wäldern noch viele ähnliche Abgründe befinden, und
von mehreren geht die Sage, dass auf dem Grunde derselben strömendes Wasser sich hörbar gemacht habe. Es ist nicht unwahrscheinlich, dass man auch auf dieser Strecke des unterirdischen
Laufes der Unz, in ähnlicher Weise wie durch die Piuka Jama bei
der Poik, zu dem Wasserlaufe des Flusses gelangen könne. Das
Teufelsloch verdiente zunächst eine nähere Untersuchung, die aber
nicht ohne besondere Vorbereitungen ausführbar ist *).

Jedenfalls scheint der bewaldete nördliche Theil des Karst
eben so reich an derlei Erscheinungen zu sein, wie der kahle südliche Theil desselben, obwohl sie auf diesem natürlich mehr bekannt geworden sind. Selbst in den nächsten Ortschaften findet
man nur wenige Bauern, die um die Abgründe in jenen Wäldern
wissen; die erwähnte Verbindung des Rabenloches (schon von
Herrn Urbas aufgefunden) z. B. war keinem Einwohner in Jakobowitz bekannt.

---

*) Vergleiche die erwähnte Mittheilung des Herrn Urbas „die Grot-
ten und Abgründe bei Planina" lllyr. Blatt. 1849. Nr. 32. u. s. w.

5. Die Felsenbrücke von St. Kanzian

gehört eigentlich zu dem Höhlensysteme des Zirknitzer Sees und sollte nicht sowohl hier, als in einem Werke vorkommen, das der Beschreibung dieses Sees gewidmet ist, weil sie aber gewöhnlich von Planina aus besucht wird, so mag sie hier schon ihre Stelle finden *).

Von Planina gelangt man dahin in $1^1/_4$ Stunde auf einem angenehmen Fusspfade über Haasberg, durch den Wald, unter der Ruine Haasberg vorbei; aber es führt auch eine gute Fahrstrasse unter dem neuen Schlosse Haasberg und dann über einen Bergrücken in den Thalkessel, in welchem das Dörfchen Maunitz (oder Unz) an der Strasse nach Zirknitz liegt. Es hat nichts Bemerkenswerthes ausser dem Umstande, dass hier sowohl als in den benachbarten Ortschaften Eibenschuss und Rakek sich gar keine Brunnen vorfinden, sondern dass diese Dörfer ihr Wasser aus der Unz holen müssen, da die wenigen vorhandenen Cisternen nicht ausreichen.

Von Maunitz gelangt man über eine Anhöhe hinan in einer halben Stunde in den Wald und erreicht, im Schatten nur mässig ansteigend, in einer weiteren halben Stunde in dichtem Gebüsche die malerische Ruine der St. Kanzians-Kirche mit der daneben stehenden des Messnerhäuschens **). Mit Erstaunen sieht man sich hier hoch über einem freundlichen Wiesenthale, in welches dem Anscheine nach eine Felswand sich steil abstürzt, in der That aber steht man auf einem natürlichen Felsengewölbe,

---

*) Abgebildet bei Valvasor I. 4. S. 481. Nagel gibt ein grosses aber ungenügendes Tableau (Tab. I.), das schwächste aus allen, die er lieferte.

**) Noch zu Nagel's Zeiten stand neben der jetzigen Kirche von St. Kanzian, eine kleinere des heil. Benedict, beide von der Friedhofmauer umschlossen, ausser welcher dann das Messnerhaus sich befand.

die Felsenbrücke von St. Kanzian genannt *). Von
der Kirche links kömmt man auf einem ziemlich bequemen Wege
in das Thal hinab zur Hauptansicht der Brücke, rechts aber auf
einem zwar beschwerlichen aber weit interessanteren Pfade kömmt
man unter der Brücke hindurch in das Thal hinaus. Der zweite Weg
könnte auch bei der Rückkehr benützt werden, ist aber überhaupt
nur bei kleinem Wasserstande einzuschlagen.

Aus dem Thale gesehen bildet die Felsenbrücke ein vollkom-
menes Gewölbe, 60 Fuss hoch, 150 Fuss tief; die ganze Felsen-
masse ist aber 126 Fuss hoch, 156 Fuss breit. (Nagel schätzte
sie auf 216 Fuss Höhe, 144 Fuss Dicke, und das Thor selbst auf
84 Fuss Breite, 106 Fuss Höhe.)

Das Prebischthor in Böhmen und die Vejabrücke im Vero-
nesischen sind in der Monarchie die rivalisirenden Scenerien der
St. Kanzianer Felsenbrücke, welche aber vor beiden entschiedene
Vorzüge hat. Das Prebischthor ist zwar um 5 Fuss höher, aber
um 70 Fuss weniger tief; die Vejabrücke ist 160 Fuss lang und
94 Fuss hoch, aber kein Gewölbe, sondern eine auf zwei Pfeilern
aufliegende Felsmasse.

Aus dem erwähnten Thale fliesst der Rakbach durch den
Bogen hindurch, aber nicht ohne dicht davor am rechten Ufer einen
Theil seines Wassers mit leisem Gurgeln an Sauglöcher abzuge-
ben. In heissen Sommern verschwindet das Wasser so ganz, dass
man trocknen Fusses unter der Brücke hindurch gehen kann.

Durchschreitet man den Brückenbogen, so befindet man sich
in einer Schlucht, 84 Klafter lang, wo man wieder den blauen
Himmel über sich sieht, am entgegengesetzten Ende aber gähnt
eine weite Höhle entgegen. In deren Hintergrunde verliert sich
das Gewässer, welches vom Rakbache **) noch übrig blieb, links
weiter in die Tiefe, wo man noch 130 Klafter weit vordringen
kann; weiter könnte man aber nur mit einem Kahn gelangen,

---

*) Man sollte sie wohl die Felsenbrücke von Maunitz nennen,
um die Verwechslung mit St. Kanzian an der Recca zu vermeiden.

**) Nach der Generalstabskarte; Valvasor nennt das Wasser Jesero
Fluss.

nachdem vorher das Holzwerk weggeräumt worden, welches den Canal verlegt *).

Die Decke dieser Höhle ist aber links oben ausgebrochen, ein Schuttkegel reicht dort herab, und man sieht in eine enge Kluft hinauf (das Rauchfang ähnliche Loch bei Valvasor). Dort geht es zum Kirchlein wieder in die Höhe, sehr steil auf nassem schlüpfrigen Boden und Gestein, wo nothdürftig einige Holzstufen angebracht sind; es ist der oben erwähnte zweite Weg.

Ehemals muss ein Felsenblock oder ein Tropfstein sich hier befunden haben, der einige Aehnlichkeit mit einem Weber am Webstuhle hatte, und »der versteinerte Leinweber« genannt wurde. Es knüpfte sich daran die Sage, dass ein Leinweber an Sonn- und Feiertagen hier seine Arbeit um des schnöden Gewinnes wegen getrieben habe, aber zur Strafe dafür in Stein verwandelt wurde.

Der Rakbach nun soll das Gewässer sein, welches 2000 Klafter nordwestlich im Mühlthal bei Planina in den vielen Quellen wieder hervorbricht, offenbar während seines unterirdischen Laufes noch bedeutend verstärkt. Der Rakbach selbst aber ist ein Abfluss des Zirknitzer Sees durch die Karlouza-Höhle.

---

*) Nagel will 140 Klafter weit gekommen sein und erwähnt gleichfalls des vielen Holzwerkes, selbst grosser Baumstämme, welche der Bach hineingetragen hatte, auch fand er unter denselben das Gerippe eines Hirsches, welcher auf irgend eine Weise hier verunglückt war.

Die verhältnissmässig geringe Anzahl meteorologischer Beobachtungen, welche ich hier mittheile, nöthigt mich nochmals darauf aufmerksam zu machen, dass dieselben die Resultate von nur zwei Expeditionen sind, bei welchen mir das Materielle derlei ungewöhnlicher und oft bedenklicher Untersuchungen so viel zu schaffen machte, dass zu zahlreicheren Beobachtungen die Zeit nicht erübrigte, welche erforderlich ist, wenn dieselben genau sein sollen. Auch konnte ich sehr oft die Instrumente nicht der Gefahr aussetzen, welche dergleichen gebrechliche Apparate bei unseren Descensionen laufen mussten; namentlich war das häufige Ausladen der Kähne bei den unterirdischen Riffen eine für das Barometer nicht wohl zu wagende Operation. Zum Ueberfluss ging mir noch eine bedeutende Anzahl von Aufzeichnungen verloren, wodurch die vorhandenen Lücken entstanden sind.

Die Instrumente, sämmtlich aus Kapeller's Meisterhand hervorgegangen, wurden mir von der k. k. Centralanstalt für Meteorologie durch die Güte des Directors derselben, Hrn. K. Kreil, anvertraut.

Die benützten Barometer sind in Pariser Zolle und Linien mit einem Nonius für $\frac{1}{10}$ Ablesung eingetheilt, und es wird ohne Einstellung auf den Nullpunct abgelesen. Dafür ist an jedes Barometer eine Correction anzubringen, ehe der Stand auf 0° Temperatur reducirt wird.

Das Thermometer mit Glas-Scala und Eintheilung in $\frac{1}{5}$ Grade ist zugleich mit einer messingenen Röhre versehen, um Quellentemperaturen zu messen.

Ein Zuhalten der gewöhnlichen Beobachtungsstunden war nur höchst selten möglich, da meistens nur die natürlichen Ruhepuncte benützt werden konnten.

Alle Aufschreibungen, bei welchen kein Name eines Beobachters steht, rühren von mir her. Die Beobachtungen Hrn. Freyer's erhielt ich von demselben mit einer Beschreibung seines Besuches

der Adelsberger Grotte im Manuscript. Ich meines Theiles habe mit
der möglichsten Sorgfalt beobachtet; die eigenthümlichen Schwierigkeiten bei unterirdischen Wanderungen, die oft auf sehr kleinem
Raume zusammengedrängten Grubenlichter und Fackeln und so viele
andere Umstände erlauben aber wohl nur höchst selten den Grad
von Genauigkeit, welchen man über Tags erreichen kann. Ich
trachtete immer dahin, die Instrumente 3 bis 4 Fuss hoch über dem
Boden, und eben so weit von der Höhlenwand entfernt aufzustellen.
Zuerst las ich den Stand des Thermometers am Barometer ab, und
die höhere Ziffer desselben darf nicht Wunder nehmen, da ich das
Instrument selbst trug und mein oft bis aufs äusserste durch die
Anstrengungen der Expedition erhitzter Körper seine Einwirkung
auf dessen Temperatur nicht verfehlen konnte. Das freie Thermometer wurde nie vor 15 — 20 Minuten nach der Aufstellung
desselben beobachtet. Die nachfolgenden Tabellen sprechen übrigens
für sich selbst, ich habe nur wenige Bemerkungen hinzuzufügen.

Hrn. Freyer's Temperaturangaben erscheinen durchgehends
etwas höher als die anderen; gegen die Genauigkeit des von ihm ent-
lehnten, unverglichenen Instrumentes müssen aber gegründete Zweifel
obwalten. Meine eigenen Beobachtungen ergeben eine niedrigere
Temperatur als alle übrigen, fast um einen ganzen Grad niederer
als des Hrn. Fritsch's Beobachtungen. Eine Temperatur von 9,,,
wie er im Tartarus fand, habe ich bisher im Inneren von keiner
trockenen Grotte gefunden; 8,, am Endpuncte der Adelsberger
alten Grotte, und 8,, in der untersten Halle von Corgnale sind die
höchsten von mir beobachteten Temperaturen. Uebrigens ist unter
dem »Tartarus«, welchen Hr. Fritsch anführt, jene Seitengrotte
links hinter St. Stephan in der Adelsberger Grotte zu verstehen,
welche die Führer gewöhnlich so nennen, nicht aber der eigentliche
Tartarus, der Endpunct der Grotte. (Siehe Seite 94 und 104.) Nach
Hrn. Fritsch's und meinen Beobachtungen zusammengenommen
beträgt die mittlere Temperatur der Adelsberger Grotte (mit Aus-
schluss der Poik-Höhle) 7,,, Grade. Das Mittel meiner 24stündigen
Beobachtungen ergibt für die Halle vor dem Calvarienberge 6,,.
Diese letzteren Beobachtungen zeigten, dass die Temperatur ziemlich constant blieb; die Differenz des höchsten und niedersten

Standes beträgt nur 0,₂ Grade. In den Stunden von 1 bis 9 Uhr Früh blieb die Temperatur unverändert 6,₆. Um 9 Uhr erschien aber an meinem Standorte die erste Gesellschaft von Fremden, und das hierauf erfolgte geringe Steigen des Thermometers um 0,₂, sowie das nachherige Schwanken desselben dürfte wohl auf Rechnung der Luftströmungen zu schieben sein, welche durch das Kommen und Gehen so vieler Personen mit Lichtern hervorgebracht werden mögen. Von 5 Uhr Abends bis Mitternacht blieb dann der höhere Stand von 7,₀ unverändert, was bemerkenswerth ist. Im Ganzen genommen entspricht aber doch die, wenn auch geringe Aenderung der Temperatur in der Grotte der Temperatursänderung ausserhalb, wie die graphische Uebersichts-Tabelle zeigt, nur dass in der Grotte der höhere Stand länger anhielt als ausserhalb.

Die Temperaturen in den Wasserhöhlen fand ich bedeutend höher als in den trockenen Grotten. Abgesehen von der höheren Temperatur beim Eingange oder in den vorderen Abtheilungen dieser Höhlen, ist die niederste, am Koschieluka-See in der Planina-Höhle, noch immer 9,₄, die höchste, in der Haidinger Grotte, 800 Klafter vom Eingange, aber 11,₅ Grade.

Eine ungewöhnliche Erscheinung ist die niedere Temperatur der Magdalena-Grotte, wo Hr. Rudolf nur 5,₆ Grade fand, und ich bedaure um so mehr gerade von dieser meine eigenen Aufzeichnungen eingebüsst zu haben; die grössere Kälte dieser Grotte ist übrigens eine allgemein angenommene Sache.

Was die strömenden unterirdischen Gewässer betrifft, so ist leider von keinem der Lauf vom Tage einwärts weit genug bekannt, um für die fortschreitende Abnahme der Temperatur eine Norm ableiten zu können. In der letzten Halle des Poïk-Armes der Planina-Höhle, 1580 Klafter einwärts, erscheint der Fluss nahe mit der mittleren Luft-Temperatur (6,₉), welche ich aus meinen stündlichen Beobachtungen gefunden habe, nämlich mit 7,₀.

Die mittlere Temperatur der 6 von Hrn. Fritsch und mir gemessenen Tropfbrunnen beträgt 7,₄ Grade; die höchste mit 8,₃ fällt auf Corgnale, die niederste mit 5,₆ auf die Lueger Grotte. Das Bassin in der Magdalena-Grotte (mit 5,₉) ist hier nicht in

Betracht gezogen, weil es eigentlich nicht aus Tropfwasser entsteht, sondern aus der Ueberflutung der Poik zurückgeblieben ist.

Der Zweifel, der von einigen Seiten ausgesprochen wurde, ob tiefer in den Höhlen, wenn nicht überhaupt Aenderungen des Luftdruckes nach der absoluten Höhe, aber doch die täglichen Schwankungen desselben noch wahrnehmbar seien, bewog mich hauptsächlich zu stündlichen Beobachtungen in der Adelsberger Grotte. Der k. k. Telegraphist in Adelsberg, Herr Jos. Schinkö, ein eifriger Correspondent der k. k. meteorologischen Central-Anstalt *), übernahm gefälligst die Ausführung der correspondirenden Beobachtungen. Die graphischen Linien der beigegebenen Tafel zeigen die Uebereinstimmung im Steigen und Fallen der beiden Barometer in und ausser der Grotte, und den überraschenden Umstand, dass die Differenz des höchsten und tiefsten Standes in Adelsberg 0,₈, in der Grotte aber etwas mehr, nämlich 0,₇ Linien betrug.

Bei den Seehöhen bedeutet das Zeichen △ trigonometrische Messungen, und sind jene des k. k. General-Quartiermeisterstabes zu verstehen. Alle übrigen Messungen sind barometrische, und jene, bei denen kein Beobachter genannt ist, rühren von mir her, die Berechnung derselben aber verdanke ich der Güte des Herrn Dr. Fr. Lukas, Assistenten der k. k. magnetisch-meteorologischen Central-Anstalt, welcher dieselben mit den Barometerbeobachtungen von Triest, den meteorologischen Stationen Adelsberg und Klagenfurt verglich.

Zur Berechnung der Seehöhen diente die Formel von Gauss. (Siehe Ettingshausen's Anfangsgründe der Physik. Seite 246.)

---

*) Er beobachtet in seiner Wohnung, Gasthof zur Krone, 1. Stock. In der Grotte war mein Standort in der Halle vor der Pforte des Calvarienberges, nächst der englischen Küche, 920 Klafter vom Haupteingange. Die Instrumente waren an einem freistehenden trockenen Stalagmiten, 6 Zoll von demselben entfernt, 3 Fuss über dem Boden, 2 Klafter von der westlichen Höhlenwand aufgehangen.

1. Allgemeine Beobachtungen.

(Thermometer-Grade nach Réaumur, Barometer nach Pariser Zoll und Linien.)

NB. Corrections-Formel der Reise-Barometer von Kapeller im J. 1850 für 28″—n

$$\text{ist } \frac{-n}{26.6}$$

„ „ „ „ „ „ „ „ 1852 für 28″—n

$$\text{ist } \frac{-n}{19.8}$$

Ort der Beobachtung	Datum und Stunde	Thermometer frei	Thermometer am Barometer	Barometer	Psychrometer			Luftdruck bei 0″.	Beobach-ter
					trocken	feucht			
						vor	nach		
						der Be-feuchtung			
Vor der gros-sen Grotte v. Jakobowitz .	1850 26. Aug. 3¼ Ab.	11.8	13.4	26″ 3.5‴	.	.	.	26″ 1.78‴	
Haasberg,Ter-rasse hinter dem Schlosse	11. Aug. 6 Ab.	16.8	17.8	26 9.1	.	.	.	26 7.28	
	20. Aug. 10 Fr.	17.4	17.8	26 7.8	.	.	.	26 5.93	
Haasberg , Ruine	20. Aug. 11 Fr.	17.6	18.9	25 11.3	.	.	.	25 9.09	[1])
Planinahöhle.									
Eingang	13. Aug. 9 Fr.	12.4	12.8	26 9.9	.	.	.	26 8.45	
Steg im vor-deren Dome.	13. Aug. 11 Fr.	11.4	11.3	26 8.2	.	.	.	26 6.78	
	13. Aug. 12 Fr.	12.4	12.0	26 8.3	.	.	.	26 6.83	
Erster Hafen im Chorins-ky-Dom . . .	16. Aug. 10 Fr.	12.2	12.0	26 8.4	.	.	.	26 6.94	

¹) Sprühregen.

Ort der Beobachtung	Datum und Stunde	Thermometer frei	Thermometer am Barometer	Barometer	Psychrometer trocken	feucht vor der Befeuchtung	feucht nach der Befeuchtung	Luftdruck bei 0"	Beobachter
Westcanal unter der Isis .	1850 22. Aug. 9 Fr.	10.4	11.4	26″ 9.′″6	.	.	.	26″ 8.′′′22	
	22. Aug. 10 Fr.	10..	11.2	26 9.5	.	.	.	26 8.13	
Haidinger-Grotte.....	22. Aug. 2 Ab.	11.5	11.6	26 9.7	.	.	.	26 8.31	
Proteusgrotte	24. Aug. 3 Ab.	10.3	11.2	26 9.8	.	.	.	26 8.44	
Koschieluka-See	24. Aug. 4 Ab.	9.4	9.6	26 8.0	.	.	.	26 6.68	
Poik - Arm , Rudolfshafen	30. Aug. 11¼ Fr.	9.6	10.1	26 8.8	.	.	.	26 7.47	
Vor der Gradischnizagrotte	28. Aug. 12 Mitt.	13.9	14.8	26 6.1	.	.	.	26 4.38	
Am ober. Rande der Uranja-Jama....	28. Aug. 2 Ab.	15.8	16.5	26 8.0	.	.	.	26 6.23	
Adelsbergergrotte.									
Vor dem Eingange	1836 14. März 8⅓ Fr.	12	.	.	.	.	.	.	Freyer [1]
	7 Ab.	7	.	.	.	.	.	.	»
Tourniersaal .	15. März 5 Ab.	7	.	.	.	.	.	.	»
Tiefer im Hauptgang .	15. März ? Ab.	10	.	.	.	.	.	.	»
St. Stephan . .	14. März 3¼ Ab.	12	.	.	.	.	.	.	»
Seitengrotte beim Loibl z. Durchschlag	14. März ? Fr.	8	.	.	.	.	.	.	»

[1]) Das Thermometer wurde dem Kreishauptmann in Adelsberg Baron von Flödnig entliehen, die Scala ist nicht angegeben, offenbar Réaumur.

Ort der Beobachtung	Datum und Stunde	Thermometer frei	Thermometer am Barometer	Barometer	trocken	feucht vor	feucht nach	Luftdruck bei 0°	Beobachter
	1850								
Tropfbrunnen	14. März 1 Ab.	10	.	. .	.	.	. .		Freyer
Am Bassin ..	14. März ? Fr.	8	.	. .	.	.	. .		,,
Johannesgrotte am Ende.	1836 15. März ?	11	.	. .	.	.	. .		,,
Poikbrücke ..	1847 17. Juli ?	12 0	.	. .	.	.	. .		Fritsch
Am Ende des Poikflusses .	1850 14. Sept. 12 Mitt.	10.5	.	. .	.	.	. .		
Tourniersaal.	1847 17. Juli ?	8.0	.	. .	.	.	. .		Fritsch
Fischplatz...	1850 15. Sept. 10 Fr.	7.8	.	. .	.	.	. .		
Fischplatz unmittelbar an der Wand ..	15. Sept. .	7.1	.	. .	.	.	. .		
Vor der Johannesgrotte	15. Sept. 10⅓ Fr.	7.1	.	. .	.	.	. .		
Gipfel des Calvarienberges	15. Sept. 11 Fr.	7.4	.	. .	.	.	. .		
	1847 17. Juli ?	8.3	.	. .	.	.	. .	.	Fritsch
Am Tropfbrunnen ...	1852 23. Aug. 4¼ Ab.	7.9	. .	. .	.	.	. .		
Tartarus....	1847 17. Juli ?	9.2	.	. .	.	.	. .		Fritsch
Johannesgrotte, Halle vor d. beschwerlichenDurchgang	1852 27. Aug. 5 Ab.	7.1	8.2	26″ 7.9‴	.	.	. .	26″ 6.45‴	.
Alte Grotte, Endpunct ..	28. Aug. 7¼ Ab.	8.2	.	. .	.	.	. .		

174

Ort der Beobachtung	Datum und Stunde	Thermometer frei	Thermometer am Barometer	Barometer	Psychrometer trocken	feucht vor der Befeuchtung	feucht nach der Befeuchtung	Luftdruck bei 0°	Beobachter
Lueg.									
Schloss. Eckzimmer im 3. Stock	1852 26. Aug. 1¼ Ab.	17.0	17.6	26″ 10.2‴	.	.	.	26″ 8.26‴	
Grosse Grotte. Endpunct v. dem Schlott	24. Aug. 4¾ Ab.	7.6	7.8	26 6.3	.	.	.	26 4.80	?
Aussen vor der Thüre der Grotte	24. Aug. 6 Ab.	13.4	13.4	26 6.7	.	.	.	26 4.87	¹) ?
Vor der Lokvahöhle 12′ üb. der Mündung	24. Aug. 6¾ Ab.	11.8	.	. .	.	.	.	.	
Cergnale.									
Unterste Halle	1. Sept. 10 Fr.	8.9	12.4	27 1.5	.	.	.	27 0.04	
Bei der Trinkquelle	1. Sept. 12 Mitt.	8.4	.	. .	8.8	9.5	9.2	. .	
Ober dem Eingange der Grotte	1. Sept. 1¼ Ab.	15.2	10.5	26 10.8	.	.	.	26 9.35	²)
Planina, Gasthof zum schwarz. Adler im 1. Stock	1850 11. Aug. 12 Mitt.	18.4	17.8	26 9.6	.	.	.	26 7.79	³)
	11. Aug. 5 Ab.	17.4	.	. .	18.6	18.3	14.4	. .	
	12. Aug. 2¼ Ab.	18.4	18.2	26 9.0	.	.	.	26 7.15	
	13. Aug. 7¼ Fr.	16.0	16.7	26 8.6	.	.	.	26 6.86	

¹) Vollkommen heiterer und windstiller Abend.

²) Starker Ostwind, heranziehendes Gewitter. Das Barometer lag 1 Stunde am Boden der Höhle, daher sein Thermometer so tief stand.

³) Durchaus heiter und windstill.

Ort der Beobachtung	Datum und Stunde	Thermometer frei	Thermometer am Barometer	Barometer	Psychrometer			Luftdruck bei 0°	Beobachter
					trocken	feucht			
						vor	nach		
						der Be-feuchtung			
	1850								
	13. Aug.								
	3 Ab.	18.9	18.4	26″ 8.4‴	18 4	18.5	15.2	26″ 6.52‴	[1]
	14. Aug.								
	12 Mitt.	18.1	18.1	26 9.1	18.3	18.2	15.6	26 7.26	[2]
	15. Aug.								
	9 Fr.	17.8	17.8	26 9.2	17.8	17.7	15.1	26 7.39	[3]
	15. Aug.								
	12 Mitt.	18.0	19.0	26 9.5	18.6	18.6	15.4	26 7.61	[4]
	16. Aug.								
	6 Ab.	17.6	17.7	26 8.9	.	.	.	26 7.08	
	17. Aug.								
	2 Fr.	?	?	26 8.8	.	.	.	. .	[5]
	17. Aug.								
	1 Ab.	17.4	17.3	26 8.9	.	.	.	26 7.11	[6]
	17. Aug.								
	6 Ab.	15.6	17.4	26 8.1	.	.	.	26 6.27	
	18. Aug.								
	12 Mitt.	18.0	17.4	26 9.2	.	.	.	26 7.41	
	18. Aug.								
	5 Ab.	17.8	17.6	26 9.8	.	.	.	26 8.01	
	19. Aug.								
	6 Fr.	9.8	15.8	26 9.2	.	.	.	26 7.52	[7]
	19. Aug.								
	Mitt.	19.0	17.5	26 8.5	.	.	.	26 6 69	[8]
	19. Aug.								
	6 Ab.	17.4	17.6	26 8.9	.	.	.	26 7.10	
	20. Aug.								
	9 Fr.	16.8	18.0	26 8.0	.	.	.	26 6.13	[9]

[1]) Durchaus heiter und windstill.

[2]) Früh Nebel, dann leicht bewölkt.

[3]) Dunstig.

[4]) Sprühregen.

[5]) Gewitter.

[6]) Heiter nach Regen, dann Wolken.

[7]) Nebel.

[8]) Heiter.

[9]) Umwölkt.

Ort der Beobachtung	Datum und Stunde	Thermometer frei	Thermometer am Barometer	Barometer	Psychrometer			Luftdruck bei 0°	Beobachter
					trocken	feucht			
						vor	nach		
						der Befeuchtung			
Planina, Schiessstätte am Ufer des Poikteiches vor der Höhle	1850 11. Aug. 3 Ab.	18.0	18.4	26″ 10.7‴	.	.	.	26″ 8.89‴	⎫
	11. Aug. 4 Ab.	17.0	17.3	26 9.6	.	.	.	26 7.84	⎪
	12. Aug. 4¼ Ab.	15 8	16.4	26 9.0	.	.	.	26 7.27	⎬ ¹)
	12. Aug. 7¼ Ab.	13.8	14.0	26 9.0	.	.	.	26 7.43	⎪
	13. Aug. 12 Mitt.	17.8	19.8	26 9.9	.	.	.	26 7.97	⎭
	16. Aug. 7¼ Fr.	12.4	13.6	26 9.3	.	.	.	26 7.76	²)
	22. Aug. 8 Fr.	15.2	16.1	26 9.5	.	.	.	26 7.81	

¹) Heiter und windstill.
²) Nebel.

Stündliche correspondirende Beobachtungen der Temperatur im Markte
Adelsberg und in der Adelsberger Grotte.
von 10 Abends, 14. September, bis 10 Uhr Abends, 15. September 1852.

Jeder Netztheil bedeutet einen halben Grad Réaumur.

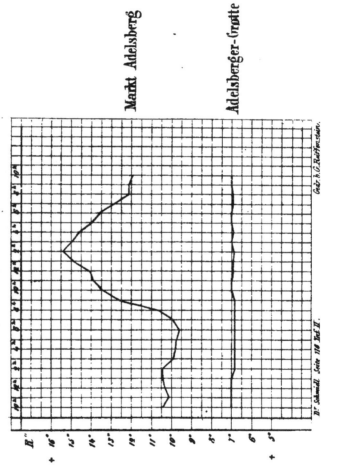

Markt Adelsberg

Adelsberger-Grotte

Dr Schmidl. Seite 110 Taf. II .

Gedr: b.G.Ried Wien Stein.

Stündliche correspondirende Beobachtungen des Barometers im Markte
Adelsberg und in der Adelsberger-Grotte
vom 14. September 10 Uhr Abends bis 15. September 10 Uhr Abends 1852.

Jeder Netztheil entspricht einem Viertel einer Pariser-Linie.

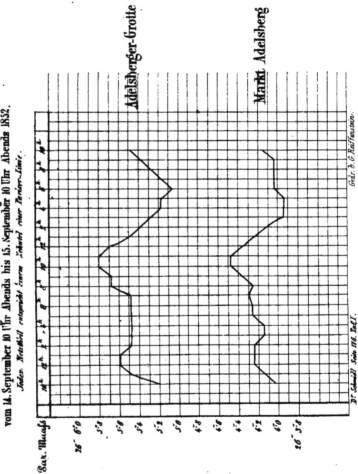

Dr. Schmidl Seite 116. Taf I.

Gedr. b. G. Reiffenstein.

2. Stündliche correspondirende Beobachtungen des Thermometers und Barometers

Datum	Stunde	in dem Markte Adelsberg,				in der Adelsberger Grotte,			
		Thermometer	Thermometer am Barometer	Barometer	Luft- druck bei 0°	Thermometer	Thermometer am Barometer	Barometer	Luft- druck bei 0°
1852 14. Sept.	10	+10.4	+14.8	26 5.8	26 4.04	+7.0	+ 8.1	26 6.7	26 5.20
"	11	10.2	14.8	26 5.9	26 4.14	7.0	7 2	26 6.9	26 5.47
"	12	10.3	15.0	26 6.0	26 4 24	7.0	7.0	26 7.0	26 5.59
15. Sept.	1	10.4	15.0	26 6 0	26 4.24	6.8	7.0	26 7.0	26 5.59
"	2	10.4	15.0	26 6.0	26 4.24	6.8	7 0	26 6.9	26 5.48
"	3	9.8	14.9	26 5 9	26 4.15	6.8	7.2	26 6.9	26 5.47
"	4	9.7	14.9	26 5.9	26 4.15	6.8	7.1	26 6 9	26 5.47
"	5	9.7	14 5	26 6.0	26 4.27	6.8	7.1	26 6.9	26 5.47
"	6	9.6	14 5	26 6.0	26 4.27	6.8	7.1	26 6 9	26 5.47
"	7	9.8	14.0	26 6.0	26 4 30	6.8	7.0	26 6.9	26 5.48
"	8	10.6	14.5	26 6.0	26 4.27	6.8	7.1	26 7.1	26 5.68
"	9	12.6	14.7	26 6.1	26 4 36	6.8	7.1	26 7.1	26 5 68
"	10	13.4	14.9	26 6.2	26 4.47	7.0	7.0	26 7.2	26 5 80
"	11	13.8	15.0	26 6.2	26 4.46	7.0	7.0	26 7.2	26 5.80
"	12	14.1	15.0	26 6.1	26 4 34	6.9	7.0	26 7.1	26 5.69
"	1	14.8	15.0	26 6 0	26 4.24	6.9	7.0	26 6.9	26 5.49
"	2	15.4	15 0	26 5 9	26 4.13	6.8	7.1	26 6.8	26 5.38
"	3	14.9	14.8	26 5.7	26 3.95	7.0	7 1	26 6.7	26 5.27
"	4	14.7	14 9	26 5.7	26 3.95	6.9	7.1	26 6.6	26 5.17
"	5	14.0	15.0	26 5.7	26 3.94	7.0	7.1	26 6.6	26 5 17
"	6	13.6	15.0	26 5.8	26 4.03	7.0	7.1	26 6.5	26 5.06
"	7	12.8	15 0	26 5.8	26 4.03	6.9	7.1	26 6.6	26 5 17
"	8	12.2	15.0	26 5.8	26 4.03	6.9	7.1	26 6.7	26 5.27
"	9	12.2	15 0	26 5.8	26 4.03	7.0	7.1	26 6.8	26 5.38
"	10	11.8	15.0	26 5.9	26 4.15	7.0	7.1	26 6.9	26 5.47

3. Temperaturen der strömenden Gewässer in den Höhlen.

Ort der Beobachtung	Datum	Stunde	Temperatur der Luft	des Wassers	Beobachter	Anmerkung.
Der Poikfluss.						
Vor der Adelsberger Grotte	1850 11. Sept.	10 Fr.	11.1	11.3	Rudolf	
In der Höhle, 200 Klft. abwärts von der Brücke	11. »	Mitt.	10 3	11.1	Rudolf	
Daselbst, der letzte Wasserspiegel ...	9. »	Mitt.	10.5	11.2	Schmidl	
In der Planinahöhle, östlicher oder Poik - Canal, letzte Grotte	3. »	.	?	7,0		
	9. »	.	8.6	7.2	Rudolf	
Rudolfshafen	9. »	Mitt.	8.8	7 2		
	30. Aug.	11¼ Fr.	8.6	7.2		
	3. Sept.	12 »	8.8	7.2		
	9. »	10 »	8 6	7 2	Rudolf	
Unter dem Wasserfall im vorderen See......... ...	27. Aug.	12¼ Ab.	9.4	7.8		
Vorderer See, nach der Vereinigung beider Arme, der Poik und des Kaltenfelder Gewässers, in der Strömung	27. »	9 Fr.	10.0	10.6		

Ort der Beobachtung	Datum	Stunde	Temperatur		Beobachter	Anmerkung.
			der Luft	des Wassers		
Erster Hafen im Cho-rinsky-Dom	1850 16. Aug.	10 Fr.	12.2	10.8		
	22. »	9 »	10.4	9.6		
	27. »	1 Ab.	9.8	9.5		
	9. Sept.	9 Fr.	7.8	8.7	Rudolf	
Am Steg im vorde-ren Dome	13. »	11¼ Fr.	12 4	12.4		
Am Eingang der Höhle.	13. »	9 »	11.2	11.2		
Der Teich vor der Höhle	11. »	3 N.	18.0	11.4		
	9. »	9 Fr.	7.8	8.7	Rudolf	
Poikfluss vor der Vereinigung mit dem Mühlthalwas-ser	14. »	7 Ab.	16.2	12.4		
Mühlthalwasser eben da.	14. »	7 »	16.2	13.0		
In der Planinahöhle.						
Westlicher oder Kal-tenfelder Arm . . .	24. »	5 Ab.	9.4	?		
Koschieluka-See . . .	5. »	Mitt.	9.4	9.2	Rudolf	
Proteusgrotte.	24. »	3 Ab.	10.3	11.4		
	6. »	Mitt.	9.6	10.5	Rudolf ·	
Haidinger-Grotte. . .	22. Aug.	2 Ab.	11.5	?		
	5. Sept.	Mitt.	9.7	10.5	Rudolf	
Ende des vorderen Canals unter der Isis.	22. Aug.	Mitt.	10.0	10.0		

12 *

Ort der Beobachtung	Datum	Stunde	Temperatur		Beobachter	Anmerkung.
			der Luft	des Wassers		
In der Adelsberger Grotte.						
Das fliessende Wasser in der Seitengrotte links von St. Stefan	1852 30. Aug.	11 Fr.	7.8	6.8		
Skratouka-Höhle bei Haasberg, das letzte Bassin	1850 17. Sept.	5 Ab.	10.0	9.0		
Quelle der Laibach bei Verd nächst Oberlaibach	22. »	11 Fr.	13.4	10.3	Rudolf	Alle 3 Quellen gleich.
Quelle der Bistritza (Feistritz) bei Freudenthal	23. Sept.	4 Ab.	14.0	10.3	Rudolf	Alle 4 Quellen gleich.

Bei der von dem Herrn Director Karl K r e i l ausgeführten Bereisung der österreichischen Monarchie hat dessen Adjunct Hr. F r i t s c h am 17. Juli 1848 folgende Beobachtungen angestellt:

»Die Temperatur der Lachen von durchsickerndem Wasser (Brunnenquellen), welche man in der Adelsberger Grotte häufig findet, wurde im Bereiche der inneren Hälfte (also hinter dem Vorhange) zwischen $7,_4$ und $7,_6$ schwankend gefunden. Die Seehöhe scheint darauf keinen Einfluss zu nehmen. Im Tartarus wenigstens, einem der tiefsten Puncte der Grotte, wurde die Temperatur (des Wassers) $7,_4$, und auf dem Calvarienberge, dem höchsten Punct der Grotte, $7,_6$ gefunden, während die Lufttemperatur (siehe oben) eine regelmässige Zunahme bei abnehmender Seehöhe herausstellte.«

Wie schon erwähnt, sind mir viele meiner Aufzeichnungen, namentlich die wiederholten Messungen auf dem Calvarienberge verloren gegangen, meine oben angeführten, in der Hauptgrotte sehr sorgfältig angestellten geben ein etwas höheres, jene aus der (höher gelegenen) Johannesgrotte und aus der (tiefer gelegenen) alten Grotte dagegen eine etwas niedere Temperatur an, als die von Herrn F r i t s c h beobachtete.

4. Temperatur des Wassers der Tropfbrunnen und Lachen in den Höhlen.

Ort der Beobachtung	Datum	Stunde	Temperatur		Beobachter	Anmerkung.
			der Luft	des Wassers		
Adelsberger Grotte.	1836					
Tropfbrunnen......	14. März	1 Ab.	10	8	Freyer	
	1852 23. Aug.	4¼ »	7.9	7.8		
Die Lache unter dem Tropfbrunnen ...	23. »	4¼ »	7.9	7.7		
Johannesgrotte, Halle vor dem beschwerlichen Durchgange	27. »	5 »	7.1	6.8		
Alte Grotte. Endpunct. Lache....	28. »	7½ »	8.2	7.3	Schmidl	
Magdalenagrotte ...	1850 16. Sept.	10 Fr.	5.6	5.9	Rudolf	Oben auf dem Fahrwege v. dem Eingange war die Temperatur d. Luft. 11.1.
Lueger grosse Grotte, Tropflache bei den zwei Säulen .	1852 24. Aug.	5 Ab.	7.8	5.6		
Corgnale.						
Das Trinkwasser (acqua)	1. Sept.	12½ »	8.4	8.2		

5. Quellentemperaturen.

Ort der Beobachtung	Datum	Stunde	Temperatur der Luft	des Wassers	Beobachter	Anmerkung.
Im Mühlthal bei Planina.						
Abfluss der Obresa-Quelle	1850 13. Aug.	6 Ab.	16.8	13.0		Die Quelle entspringt offen unter einer Felswand im SO der Schlucht, welche sich gegen NO öffnet.
In dem Aufwallen der Quelle selbst	18. »	6 »	.	12.4		
	19. »	8 Fr.	11.2	12.3		Die Temperatur von acht der nächsten Quellen war dieselbe.
	27. »	5¼ Ab.	16.0	10.2		Nach starkem Gewitterregen.
	31. »	5 »	8.2	9.0		
Mühlthal, Skozier - Quellenbrunnen .	18. »	6 »	12.5	8.6		Die sehr schwache Quelle entspringt offen im SO der Schlucht, gleich bei ihrer Mündung in das Hauptthal. Das Wasser wird als Trinkwasser benützt, da es kälter ist als die übrigen stärkern Quellen.
	19. »	7 Fr.	12.6	8.6		
	27. »	4 Ab.	16.6	8.8		
Maierhof Kalische auf d. Berge östlich von Gatscharienz Quellbrunnen ...	28. Aug.	2 »	16.0	10.2		Eine starke Quelle, gefasst, mit einem Brunnenh. überbaut.
Skratouka-Quellbrunnen bei Haasberg	27. »	6 »	10.0	8.8		Das aus der Skratouka-Höhle hervorkommende Wasser, von Bäumen beschattet.

6. Seehöhen.

	Höhe in Wiener Fuss	Beobachter
Adelsberg.		
Gasthaus zur Krone, 1 Stockwerk	1706	Kreil
?	1759	Schouw
Gasthof zur Krone 1. Stock [1]) ...	1750.28	Lukas
Schlossberg	2129.46	△
Adelsberg	2218.37	Karsten
Eingang in die Grotte	1677.68	Kreil
Gipfel des Calvarienberges	1729	"
Das Ende der Seitengrotte Tartarus	1597.82	"
Der tiefste Punct an der Brücke über die Poik.............	1592.46	"
Johannesgrotte, gothische Halle ..	1789.00	
Halle vor der Pforte des Calvarienberges (Doctors Küche) [2]) ...	1654.15	
Corgnale.		
Karstboden ober dem Eingang der Grotte....................	1381	Schouw
in der untersten Halle	1008	"
Ober dem Eingange der Grotte ...	1164.14	
Unterste Halle	1072 19	
Javornik, Berg	4006	△
Anhöhe Koschieluka (neben der gleichnamigen Doline?)	2379.96	△
Haasberg, Ruine	2310.92	
Terrasse hinter dem Schlosse.....	1538.16	
Jakobowitz, vor der grossen Grotte .	1967.06	
Laibach.		
Thurmspitze des Castells	1152.18	△
Gasthof zum österreichischen Hof, 2. Stockwerk	958.54	Kreil
(Ohne nähere Angabe des Beobachtungsortes)................	844	Balbi
Laibach	1302.87	Karsten
	1195	"
	846	Schouw
	908	Eisenbahn-Nivellement (Morlot)
Loitsch	1499.74	Kreil
	1567	Schouw
Lueg, Schloss, Eckzimmer im 3. Stockwerke...............	1579.38	

[1]) Aus einjährigen Beobachtungen von Adelsberg mit Triest verglichen.
[2]) Aus den stündig-correspondirenden Beobachtungen S. 177 mit Adelsberg verglichen.

	Höhe in Wiener Fuss	Beobachter
Nanos, Berg....................	4098.60	△
Ober-Laibach...................	836	Schouw
	889.46	Kreil
	1168.28	Karsten
Poststrasse nach Loitsch, höchster Punct	1503	Kreil
Planina......	1475.24	»
	1450.83	Karsten
Gasthof zum schwarzen Adler ersten Stock....................	1493.33	
Schiessstätte am Ufer des Poikteiches vor der Höhle	1437.39	
Planina-Kuppe ....•.....	3070.62	△
Planina, Poststrasse nach Adelsberg, höchster Punct	1956.44	Kreil
Planinahöhle, Eingang	1322.86	
Steg im vordern Dome..........	1468.90	
Erster Hafen im Chorinsky-Dom..	1495.14	
Westcanal unter der Isis	1365.91	
Haidinger Grotte...............	1391.91	
Proteusgrotte........	1454.59	
Koschieluka-See	1599.56	
Poik-Arm, Rudolfshafen.........	1405.58	
Vor der Gradischniza-Grotte......	1861 70	
Am obern Rande der Uranja-Jama	1700 09	
Präwald,....................•.......	1791	Kreil
Schneeberg bei Laas	5332	△
Senosetsch.....................	1790	Welden
Sessana	1570	Suppan
Triest, Fussboden des Uhrthurmes des Castells	273.18	△
Triest ....•....•....	506.56	△
Nautische Academie............	46.24	Prof. Gallo
Wippach	238	Kreil
Zirknitz,		
Gasthaus......................	1820.48	Kreil
?	1842	Schouw
Seespiegel	1813	»

7. Besondere Erscheinungen.

Krain ist bekanntlich nebst Dalmatien jenes Land der Monarchie, welches vorzugsweise durch abnorme atmosphärische und subterrane Phänomene ausgezeichnet ist. Es sei gestattet die bedeutendsten derselben, die in den letztenDecennien in derUmgegend von Adelsberg vorgekommen sind, anzuführen.

Im Jahre 1829 fielen im September und October ausserordentliche Regengüsse, gegen Ende Decembers aber trat ein so arges Schneegestöber ein, dass die Masse des einige Tage hindurch gefallenen Schnees 5—6 Fuss betrug. Alle Strassen, Wege und Stege waren verrammelt, niedere Gebäude fast verschneit, die Zugänge zu den Wassern und in die Forste gesperrt. Dazu gesellte sich noch eine heftige Bora. Vom 23. bis 31. December war die Triesterstrasse gesperrt und kein Wagen konnte passiren. Die nachmaligen Anstalten wurden durch einen andern ungewöhnlichen Schneefall am 9. Jänner vereitelt.

Am 9., 10. und 11. Jänner sind fünf Menschen erfroren, die während des Schneesturmes am Gaberk von der Strasse abkamen. *)

Am 2. Februar 1834 Früh 9 Uhr 2 M. wurde in Adelsberg und der Umgebung (auch in Planina) eine heftige Erderschütterung verspürt. Sie begann mit einem leichten Stosse, auf welchen schnell ein stärkerer von einem unterirdischen donnerähnlichen Rollen begleitet nachfolgte, wobei Thüren und Fenster erbebten, die Meubles schwankten, die Spiegel an den Wänden sich bewegten, und Gläser und Geschirre in Wandkästen klirrten. Die Bewegung war mehr rüttelnd als schwingend, ihre Richtung von Norden nach

---

*) Laibacher Zeitung 1830. S. 17 und 36.

Süden und ihre Dauer ungefähr 20 bis 30 Secunden, der Barometer stand nach dem Erdbeben 28″ 9‴; er hatte sich während
der Erschütterung um 3‴ gehoben; der Thermometer stand 4°
(R?), der Horizont war während der Erschütterung mit einigen
leichten vorüberziehenden Wolken überdeckt, die Luft ganz windstill, nachdem seit drei Tagen voraus und noch in der unmittelbar
vorher gegangenen Nacht der Nordwind heftig geblasen hatte, und
gleichzeitig mit dem Beginn dieses Nordwindes zum ersten Male
in diesem ungewöhnlich milden Winter Schnee in der Ebene gefallen und liegen geblieben war. *)

»Die Kirche St. Peter, 1¼ Stunden von Adelsberg, war 1847
Schauplatz eines der merkwürdigsten Blitzschläge. »Nachdem sich
am 31. Januar zwischen 7 und 8 Uhr früh ein aus Südwest
emporgehobenes, mit einigen Blitzen erleuchtetes schwarzes Ge-
wölk in der Poiker Gegend ganz nieder gelagert hatte, und eine
förmliche Nacht eingetreten war, schlug ein Blitzstrahl in die Ex-
positurs-Kirche zu St. Peter. Der Blitz, welcher zuerst den
Thurm berührte, steckte solchen sogleich theilweise in Brand,
zerschmetterte gleichzeitig die ganze Bedachung desselben und
schleuderte die eine Hälfte davon in eine bedeutende Entfernung,
fuhr sodann tiefer hinab, brachte die beiden kleineren, vor fünf
Jahren neu angeschafften Glocken ganz aus ihrem Gebinde, und
beschädigte diese, so wie auch die dritte, ebenfalls neue Glocke
an den untersten Kanten. Der Blitz fuhr weiter, zertrümmerte
theilweise das Uhrwerk und dessen Zifferblatt, und gelangte sodann
in das Innere der Kirche. Hier wurden vier schwere Steinplatten,
worauf mehrere Personen standen, aus dem Boden heraus gehoben,
eine lange Kirchenbank, in welcher fünf Weiber sassen, vollkommen
zersplittert, die Scheiben von acht Fenstern gänzlich zerschmettert,
und zwei Thore aus ihren Angeln herausgerissen. Nach diesen Ver-
heerungen fuhr der Blitz zur Kirche hinaus, zertrümmerte einen
grossen Theil der Friedhofmauern und beschädigte endlich an ver-

---

*) Laibacher Zeitung 1834, S. 41.

schiedenen Stellen das 8 Klafter von der Kirche entfernte Caplanei-Gebäude.

Zur Zeit dieser Schreckensscene hielt der hochwürdige Expositus Herr Lorenz Albrecht den Gottesdienst und es waren bei 500 Menschen in der Kirche anwesend.

Durch die mündliche Tradition mehrerer glaubwürdiger Zeugen dieses Vorfalles und selbst durch eigene Ueberzeugung kann ich mit Bestimmtheit berichten, dass durch den Blitz gegen 40 Personen theilweise und auch einige gänzlich ihre Beschuhung verloren, dass der Blitz an mehreren Personen die Kleidungsstücke zerriss und doch, ausser einigen zurückgelassenen unbedeutenden Brandmerkmalen von der in der Kirche anwesend gewesenen Menschenmenge Niemanden tödtete. Viele Personen wurden unmittelbar darauf ganz besinnungslos aus der Kirche geleitet, jedoch sind glücklicher Weise alle wieder zur Besinnung gekommen.

Bemerkenswerth ist es, dass der genannte hochwürdige Herr Expositus in seiner Kanzelrede kurz vorher den Blitz erwähnte; er trug nämlich seinen Zuhörern vor, dass Gott auf verschiedene Arten, so auch durch den Blitz die Menschheit strafen könne, worauf nach kurzer Zeit einige Augenblicke vor dem Offertorium die furchtbare Scene in Wirklichkeit vor sich ging. Ungeachtet des Tumultes, ungeachtet des Wehklagens und Lärmens, in der Ungewissheit, ob nicht die ganze Kirchenbedachung schon in Flammen stehe, hat der hochwürdige Herr Expositus in Gegenwart einiger alten Männer und Weiber, welche in der Kirche zurückgeblieben waren, das heilige Messopfer verrichtet.«

»Aus demselben Jahre wird von einem Meteor berichtet? Am 26. März, einige Minuten nach 10 Uhr Früh ist gegen das Dorf Hrasche (westl. in Adelsberg) zu bei ganz heiterem Himmel, in nördlicher Richtung von der Sonne, ein hell glänzender, blitzartiger, 3 bis 4 Klafter langer, nach abwärts in schiefer Richtung sich ziehender Streifen bemerkt worden, welcher nach einigen Augenblicken wieder verschwand *).

*) Laibacher Zeitung 1847. Nr. 16 und 39.

Dass die Wippach einen längeren unterirdischen Lauf haben müsse, ehe sie beim gleichnamigen Schlosse hervorbricht, und bei ihrem Wege durch die Höhlen von allen jenen Revolutionen betroffen werde, welche in diesen unterirdischen Räumen so häufig sind: beweiset der bekannte merkwürdige Umstand des plötzlichen Ausbleibens der Quellen am 31. August 1838. Aus einem Privatschreiben theilte hierüber die Laibacher Zeitung (1838 Nr. 73) Folgendes mit: »Gestern den 31. August wurden die Bewohner dieses Thales in keine geringe Besorgniss versetzt. Der Wippachfluss, der hinter dem herrschaftlichen Schlosse am Fusse des Berges Nanos aus mehreren Quellen entspringt, fing um halb 6 Uhr Morgens plötzlich zu versiegen an. Dieses sonderbare Ereigniss, das bisher niemals Statt gefunden, selbst in jenen Jahren, wo die grösste Dürre herrschte, wurde aber bald durch ein unerklärbares Phänomen übertroffen.

Von einem donnerähnlichen Getöse begleitet, sah man die Wassermasse der Wippach, anstatt abwärts, zu ihren Quellen zurückfliessen.

In weniger als sechs Minuten waren die seichteren Stellen des Flusses trocken, die Räder beider Mühlen, welche sich im Markte Wippach befinden, standen plötzlich still, und die Bewohner des Ortes gaben der Besorgniss Raum, der Wippachfluss könnte vielleicht anderwärts einen unterirdischen Durchbruch gemacht haben, und dürfte so leicht nie mehr in sein altes Bett zurückkehren. Die Befürchtung schien um so gegründeter als auch das Wasser in den Brunnen zu sinken begann. Nach einer ängstlich durchlebten Stunde bemerkte man zu allgemeiner Freude, dass sich die Gewässer wieder hoben, und gegen 8 Uhr hatte der Wippachfluss seinen normalen Wasserstand wieder erreicht, ohne dass man bis jetzt eine weitere Veränderung an ihm bemerkte.«

ALLGEMEINES.

Obwohl die in dem Vorigen beschriebenen unterirdischen Räume nur ein kleiner Theil der ausgedehnten und zahlreichen Höhlenbildungen des Karst sind, und selbst diese noch Stoff genug zu weiteren Untersuchungen darbieten, so erlauben doch die bisherigen Forschungen schon einige allgemeinere Folgerungen. Wenn ich es versuche dieselben in einigen bestimmten Punkten zusammen zu fassen, so ist damit nicht gemeint, endgiltige Resultate aufzustellen, zu denen nur eine grosse Reihe ausgebreiteter und detaillirter Untersuchungen führen kann, sondern es sollen vielmehr nur Gesichtspuncte bezeichnet werden, die sich für weitere Forschungen als die wichtigsten herausstellen dürften *).

Im Allgemeinen zerfallen die Karsthöhlen i h r e r R i c h t u n g nach in 3 Classen:

1. Vertikale Abgründe,

2. horizontal verlaufende Höhlungen,

3. Gebilde, welche aus beiden Richtungen zusammengesetzt sind, indem am Boden eines vertikalen Abgrundes ein Gang sich horizontal einwärts zieht.

Die v e r t i k a l e n A b g r ü n d e sind die vorherrschenden, und zwar in ungezählter Menge. Wenn man von Ober-Laibach die erste Karst-Terrasse erstiegen hat, gewahrt man schon zu beiden Seiten zahlreiche Vertiefungen, die bis Optschina den Reisenden be-

_____

*) Vergleiche „der Karst« von F. G. K. (Kohl). Deutsche Vierteljahres-Schrift 1851. Heft 3. S. 1.

    H e u f l e r Ludw. R. von, Naturwissenschaftl. Bemerkungen über Istrien. (Berichte über die Mittheilungen von Freunden der Naturwissenschaften in Wien. Band VI. S. 150.)

    S c h m i d l: Ueber den unterirdischen Lauf der Recca. Sitzungsberichte der math.-naturw. Classe der k. Akademie der Wissenschaften. 1851. Mai.

gleiten, und durchwandert man die von der Poststrasse entfernteren Landschaften, so nimmt das Verhältniss eher zu als ab. Der nördliche bewaldete Theil des Karst, von Ober-Laibach bis Adelsberg, ist daran wohl eben so reich als der südliche an Vegetation so arme Theil, obschon in letzterem diese Erscheinungen viel augenfälliger zu Tage treten.

Die bei weitem grösste Anzahl dieser Vertiefungen stellt sich als Trichter von mehr weniger Durchmesser und Tiefe dar; in einzelnen Fällen beträgt die Tiefe 300 bis 500 Fuss (St. Kanzian bei Corgnale) und der obere Durchmesser nicht weniger. Die meisten dieser Trichter sind am Boden mit einer Schichte Dammerde ausgefüllt, die oft auch an den Seitenwänden ziemlich hoch empor reicht, ja selbst den schmalen Rand erreicht, und dann ist das Ganze mit Rasen überzogen; häufig wird auf dem Grunde Futter- und Getreidebau betrieben. Solche durchaus cultivirte oder mit Waldwuchs bedeckte Trichter finden sich vorzugsweise im nördlichen Karst, wo selbst an deren Rändern nur einzelne Felsen emporragen. Im südlichen Karst ist wenigstens der Rand des Trichters ein Steingeklüfte, wenn auch die inneren Wandungen schon eine Pflanzendecke tragen. Dort finden sich aber auch viele und grosse Trichter, wo gewaltige Massen von Schutt und Gerölle die inneren Seitenwände bilden und bis auf den Grund hinabreichen. Häufig ist eine oder sind auch mehrere Seiten nahezu senkrechte Wände, indess die anderen mit mehr oder weniger Böschung in die Tiefe abfallen.

Die Richtung, in welcher sich diese senkrechten Wände vorfinden, dürfte wohl Aufschluss über die Bildung von derlei Abgründen überhaupt geben, wenn aus einer hinreichend grossen Zahl von Beobachtungen sich nämlich ein Gesetz herausstellen sollte. Nach meinen Erfahrungen hat es den Anschein, als ob im nördlichen Karst die schroffen Wände vorzugsweise an der Süd- oder Südwestseite sich befinden, im südlichen Karst aber an der West- oder Nordwestseite.

Im Slowenischen heisst ein dergleichen Trichter im Allgemeinen *Dolina* (Vertiefung), und wenn der Grund bebaut ist, *Ograda* (d. i. Einzäunung oder Garten).

Auf dem Grunde dieser Dolinen hält sich der Niederschlag nur dann, wenn der Boden lehmig ist; dann bilden sich kleine Lachen (slovenisch *Lokva*; kroatisch *Kal*, *Kalin*), welche für die nächstgelegenen Häuser und Dörfer eine grosse Wohlthat sind, da der zerklüftete Karstboden nirgends Wasser hält. Ausserdem sind diese Dolinen als wahre Sauglöcher zu betrachten, in denen das Wasser alsbald versinkt. Die Spalten und Ritzen, welche sich an dem Boden und an den Wänden finden, führen immer in die Tiefe und communiciren stets, wenn auch nicht direct, mit den unterirdischen Wasserbehältern, welche eben daher ihre Zuflüsse erhalten. Wären diese Spalten nicht vorhanden, so würden sich nicht blos Lachen bilden, sondern kleine Seen, wie sonst wohl in den Kalkalpen.

Uebrigens ist dieser Wassermangel denn doch nur ein relativer. An den Rändern der Becken und Mulden dürfte nur in seltenen Fällen vergeblich nach Wasser gegraben werden. Beweis dafür liefert der Umstand, dass der Unternehmer der Eisenbahnarbeiten zwischen Maunitz und Raggek in der Tiefe von wenigen Klaftern einen ergiebigen Brunnen zu Stande gebracht hat.

Man kann nicht wohl anders als diese Dolinen als das Resultat vorgekommener Einstürze anzusehen. Die Felsblöcke, welche den Grund so vieler derselben erfüllen, weisen darauf hin, und selbst unter der Damm- oder Lehmerde des Grundes liegt eine stärkere oder schwächere Schichte von Schutt begraben, die eben von der Erde ausgefüllt und überdeckt wurde. Wird einmal der unterirdische Verlauf mehrer Höhlen auch über Tags ausgesteckt sein, so werden sich wohl unter der Erde die correspondirenden Erscheinungen dieser Einstürze nachweisen lassen. (Vergl. S. 151.)

Eben als dergleichen Trichter, nur von grosser Ausdehnung bei verhältnissmässig geringer Tiefe, kann man die Mulden betrachten, welche die eigentlichen fruchtbaren Oasen des Karstes sind, wie z. B. die Mulde von Planina, von Altenmarkt, von Creple u. s. w.

Ausser diesen Trichtern gibt es aber noch eine grosse Anzahl schachtartiger Abgründe, welche im Slovenischen allgemein *Jama* genannt werden. Von einem Durchmesser von wenigen Fuss bis zu 50 Klaftern und darüber finden sie sich allenthalben, jedoch scheint der nördliche Karst mehr der grösseren zu enthalten, indess der südliche überhaupt reicher an denselben ist, vielleicht auch die tiefsten aufzuweisen hat. Diese Abgründe haben meistens auf allen Seiten schroffe Felswände, höchstens auf einer Seite bilden die Felsen mehre Absätze, diese aber auch nur bis etwa ¹/₂ der Tiefe, um dann gleichfalls in eine Wand überzugehen, oder es reicht eine Schuttbahn hinab. Der Grund ist gewöhnlich ein Trümmer- oder Schutthaufen und mir ist kein Beispiel erinnerlich, dass ein Wasserspiegel sich daselbst vorfinde. Eine Ausnahme davon machen die Schachte, welche sich in der Nähe des Meeresufers befinden, z. B. bei Duino, und schon in geringer Tiefe zum Wasser führen. Der Rand von derlei Schachten von geringerem Durchmesser, auf die man meistens urplötzlich stösst, ohne dass eine allmäliche Senkung des Bodens oder sonst ein Zeichen darauf vorbereite, ist in der Regel umzäunt, damit das Vieh nicht verunglücke und oft ist die Mündung ganz überdeckt. Bei Briszhiak wurde durch Hrn. Rudolf ein solcher Schlund 384 Fuss tief gefunden.

Die etwas weiteren Abgründe man sind vorzugsweise der Aufenthalt der Grottentaube, und haben daher insgemein auch den Namen Taubenlöcher, *Buso dei Colombi, Golubina.*

Die grösseren Abgründe sind meistens durch die Eigenthümlichkeit ausgezeichnet, dass auf ihrem Grunde, manchmal auch etwas höher, aus ihnen selbst eine Höhle horizontal bergeinwärts führt. In der Regel befindet sich die Mündung derselben in der senkrechten oder doch der schroffesten Wand, und das oben Gesagte von der Richtung derselben gilt daher auch von diesen Höhlenmündungen. Sehr selten aber geht die Höhle wagrecht einwärts, meistens führt die Mündung über einen Schutthügel steil abwärts in die Tiefe. Das ist der Fall mit dem Teufelsloche (S. 159), der Picka Jama und selbst mit der Magdalena-Grotte, denn auch diese befindet sich in einem solchen Abgrunde, dessen gegenüberstehenden Wände aber eingestürzt sind, daher man über eine Schuttbahn zur Höhle hinabsteigt.

Eine besonders merkwürdige Classe dieser Schachte bilden diejenigen, durch welche man zu einem unterirdischen

Flusse hinab gelangt; bis jetzt sind 6 dergleichen Abgründe bekannt, die Piuka Jama, der Abgrund hinter der Maunitzer Felsenbrücke, dann die 2 Schachte bei der Selzacher Sägemühle, die Doline von St. Kanzian und endlich die Trebich-Grotte; letztere aber ist vielmehr eine künstliche Verbindung mehrer Schachte. Vielleicht gehört das Teufelsloch mit in diese Reihe.

Die Schachte finden sich oft auf verhältnissmässig kleinem Raume sehr zahlreich vor, und es ist natürlich, dass die Zwischenwände, welche dieselben von einander trennen, häufig von keiner grossen Mächtigkeit sein können. In vielen Fällen sind diese Zwischenwände in Folge von Erdbeben oder aus anderen Ursachen mehr oder weniger eingestürzt, und zwei, ja selbst mehrere Dolinen sind dann von einem gemeinschaftlichen höheren Rande umschlossen, aber im Inneren nur durch niedere Schuttkegel von einander getrennt. Derlei Schuttkegel, selbst der Verwitterung leichter zugänglich als die ursprünglichen Felswände, bieten dann auch der hinein getragenen Erde Anhaltspuncte und sind nicht selten eben so mit Vegetation bedeckt, wie der Grund der Vertiefung selbst.

Eine besondere Erscheinung bieten in dieser Beziehung die oben erwähnten Schachte, in deren Tiefe sich eine horizontale Grotte einwärts in eine der Seitenwände zieht, und Beispiele dafür sind namentlich die Magdalenagrotte und die Laaser (Kreuzberg) Höhle. Ursprünglich bestand bei diesen beiden Grotten eine schachtartige weite Doline, wie es z. B. die Piuka Jama (siehe S. 111) noch ist, an deren Grunde sich eine Höhle öffnet, die anderen Seiten aus geschlossenen Felswänden bestehen. Wären nun diese übrigen Seiten aus compacter Masse bestanden, mit dem Gebirge selbst zusammenhängend, so hätten sie sich auch als solche erhalten und beständen noch heut zu Tage, wie es eben bei der Piuka Jama der Fall ist. Aber die der Höhlenöffnung gegenüberstehende Seite war bei jenen eine weniger compacte Felsmasse, vielleicht eine dünne Wand, welche diese Schachte von einem benachbarten schied, (wie z. B. die beiden Dolinen der Recca bei Mataun und St. Kanzian durch eine derlei Felswand getrennt sind). Durch ein Erdbeben oder eine andere Katastrophe stürzte diese Scheidewand

zusammen und müsste nun nach beiden Seiten hin ihre Schutt-
massen hinabwälzen, nach aussen in die vorliegende Doline und
nach innen zu in die Mündung jener am Grunde des Schachtes sich
öffnenden Höhle. So bildete sich die schiefe Ebene von Schutt und
Gerölle, welche von der Waldung vor der Magdalenengrotte sich
gegen die Mündung derselben herabzieht, und dann im Inneren
fortsetzt, so bildete sich die gleiche Erscheinung vor der Kreuzberghöhle bei Laas. Es ist anzunehmen, dass die Mündung der
eigentlichen Höhlen in der Piuka Jama, in der Magdalenagrotte
und in der Kreuzberghöhle ursprünglich bis an den Grund hinab-
reichten, so dass man vielleicht fast ebenen Fusses vom Grunde
des ursprünglichen äusseren Schachtes in die innere Höhle hinein gelangen konnte. Durch den Einsturz der gegenüberstehenden Schacht-
wand bildeten sich die Trümmerberge, über welche man jetzt zu der
Mündung und dann noch in das Innere dieser Höhlen hinab steigt.

Aus all' dem bisher gesagten ergibt sich, dass die hier beschriebenen Gegenden des Karstes keine eigentlichen Katavotrons
enthalten, wenn man darunter Schachte versteht, in welche sich
ein strömendes Gewässer plötzlich hinabstürzt. Die Recca, die
Poik etc. verlieren sich theils unmerklich theils mit wenig oder
mehr Fall in den Mündungen der sie aufnehmenden horizontalen
Höhlen. Im Kleinen aber bieten allerdings die Sauglöcher der
Flussbette dergleichen Erscheinungen dar.

Die horizontal verlaufenden Höhlungen sind zweifacher
Art, trockene und Wasserhöhlen. Beide bieten so wesentliche Ver-
schiedenheiten, dass es räthlich ist, dieselben auch durch die Benennung zu unterscheiden. Der Sprachgebrauch kommt uns hier in
so ferne zu Hilfe, als die gangbaren trockenen Räume im Lande
allgemein »Grotten« genannt werden. Ich habe daher Grotten die
trockenen horizontalen Gänge genannt, Höhlen aber die Canäle der unterirdischen Flüsse.

Die Grotten sind insbesondere durch ihre Tropfsteinbildungen und durch ihre oft sehr zahlreichen Verzweigungen ausgezeich-

net. Häufig stehen sie in Verbindung mit Höhlen und in diesem Falle liegen sie fast immer höher als die Höhlen, mit welchen sie übrigens mehr weniger parallel verlaufen. Die Grotten nun stellen sich als die ehemaligen, jetzt verlassenen Canäle der unterirdischen Flüsse dar, welche gegenwärtig ihr Rinnsal sich tiefer gegraben haben. So ist die Adelsberger Grotte als das alte Flussbett der Poik zu betrachten; der Calvarienberg und der Loibl daselbst sind höchst wahrscheinlich Trümmerberge, welche einst den Lauf der Poik eben so hemmten, wie diess mit den Trümmerbergen in der Planinahöhle noch jetzt der Fall ist. Die mittlere Lueger Grotte ist das alte Flussbett der Lokva, welche wahrscheinlich bei dem S. 121 erwähnten Abgrunde sich einst in die Tiefe gestürzt hat. Das Tropfstein-Paradies in dem westlichen Arme der Planinahöhle ist gleichermassen ein ehemaliger Canal.

Die Höhlen sind eben der strömenden Gewässer wegen arm an Tropfsteinbildungen, und die vorkommenden befinden sich an der Decke — Stalaktiten. Stalagmiten sind beinahe ausschliessend nur den Grotten eigen.

In den Höhlen gibt es an vielen Stellen sehr starken Tropfenfall, in den Grotten ist schon eine nur etwas stärkere Traufe nicht so häufig, und bedeutenderen Tropfenfall haben die Lueger und die Adelsberger Grotte jede nur Einen aufzuweisen; letztere den bekannten schönen Tropfbrunnen (S. 91). Jedenfalls liess aber die Grottendecke in früherer Zeit den Niederschlag in viel reichlicherem Masse durch, wie diess die unzähligen Stalagmiten beweisen. Es hat übrigens beinahe den Anschein, als ob die Anzahl der Tropfsteinbildungen mit der Mächtigkeit der Grottendecke in umgekehrtem Verhältnisse stehe. Die Adelsberger Grotte ist von keiner so gewaltigen Bergmasse überlagert, wie die Lueger z. B., und ist doch bei weitem reicher an Tropfsteinen.

Die Grotten des Karstes haben eine bei weitem grössere Erstreckung als die übrigen Grotten des Continents, aber sie werden darin wieder von den Höhlen übertroffen. 200 bis 400 Klafter ist die gewöhnliche Länge der Grotten, nur die Adelsberger hält 1243 Klafter und hat überdiess Nebengänge, die selbst über 700 Klafter lang sind. Dagegen misst der Poik-Canal in der Planina-Höhle

1700 Klafter, und ist einmal die Verbindung des Adelsberger Canales mit der Piuka Jama aufgefunden, so wird dieser Canal auch nicht unter 1600 Klafter in der Länge haben. Der unterirdische Lauf der Récca von St. Canzian bis Duino beträgt 18,600 Klafter, aber von demselben sind kaum 900 Klafter im Ganzen bekannt (bei St. Kanzian und in der Trebich-Grotte). Wie schon S. 150 bemerkt wurde, sind diese Wasserhöhlen aber keine ununterbrochenen Canäle, sondern sie bestehen vielmehr aus einem Systeme längerer oder kürzerer Kammern, die von einander geschieden werden durch Felswände, die bis zum Boden herabreichen, von welchem sie nur wenige Fuss, selbst nur einige Zoll abstehen. Das Wasser findet unter diesen Vorhängen hinweg seinen Weg, ohne dass man ihm folgen könnte. Derlei Kammern wirken dann ganz wie communicirende Gefässe, und von der Mächtigkeit der Zwischenwände hängt es ab, wie lange dieser Zustand sich erhält. In einigen Fällen bricht sich das Wasser thorähnliche Durchgänge, wie die Thore des Chorinsky-Domes in der Planina-Höhle; und die Pforte des Calvarienberges in der Adelsberger Grotte war eben ein solches Thor in der Zeit, als die Poik noch diesen Canal durchfloss.

Auch in den Grotten hat man solche Zwischenwände gefunden, die bis auf wenige Fuss oder Zoll zum Boden hinabreichen, so in der Lueger Grotte (S. 119), in der Adelsberger Grotte (die niederen Durchgänge) und in der Johanns-Grotte (S. 101), die aber nach der Hand künstlich erweitert wurden.

Es ist natürlich, dass vor dergleichen Zwischenwänden die Hochwässer zu enormer Höhe sich aufstauen müssen; in der Trebich-Höhle fanden wir 1851 nicht weniger als 180 Fuss über dem mittleren Wasserspiegel den Schlamm, welchen ein Hochwasser zurückgelassen hatte. Eine solche Höhe muss eine Wassermenge von mehren Millionen Kubikfuss repräsentiren!

Die Revolutionen, welche in dem Höhlengebäude durch einen so enormen Seitendruck veranlasst werden müssen, können nicht anders als in verhältnissmässig kolossalem Maassstabe eingetreten sein. Schwächere Zwischenwände vermögen so gewaltigen Kräften nicht zu widerstehen und wo die Gewässer durchgerissen, die Scheidewände niedergeworfen haben, entstanden die grossen Riffe und manche der Trümmerberge, von denen im Vorhergehenden mehrfach die Rede war. Uebrigens sind aber nicht alle Trümmerberge, welche sich in den Grotten und Höhlen vorfinden, durch derlei Phänomene entstanden, viele rühren auch von einem vorgekommenen Einbruch der Decke her. Der Eingang in den Chorinsky-Dom der Planinahöhle ist ein Beispiel der Verbindung von beiden Erscheinungen. Der Fluss hat sich ein Thor gebrochen, und neben und über demselben hat ein Einsturz der Decke einen Trümmerberg hervorgebracht, der von Jahr zu Jahr sich vergrössert; wenigstens fanden meine Freunde aus Planina, die mich 1850 begleiteten, die ganze Physiognomie dieser Stelle durch Gesteintrümmer verändert, die seit ihrer letzten Anwesenheit herabgestürzt waren. In der Trebich-Grotte fand 1851 Hr. Rudolf in den wenigen Tagen, welche zwischen seinen beiden Besuchen verflossen, einen Felsblock von mehreren Kubikklaftern herabgestürzt. Wenn irgend in den Höhlen Gefahr eines Einsturzes droht, so ist diess wohl nur auf diesen Trümmerbergen, denn ihr Vorhandensein bürgt schon allein dafür, dass die Decke brüchiger ist als anderswo. In den Grotten hingegen, wo die Ursachen — die Hochwässer — längst verschwunden sind, ist auch diese Gefahr nicht mehr zu befürchten.

Eine besondere Erscheinung sind aber die ungewöhnlich grossen Trümmerberge, welche sich fast in allen Grotten und Höhlen finden, z. B. der Calvarienberg in der Adelsberger Grotte, jener in der Laeger grossen Grotte, der Golgata in der Planina-Höhle, jene in der Lasserhöhle u. s. w., und bin ich zu der Ueberzeugung gekommen, dass sie durch Erdbeben entstanden sind, deren bekanntlich Krain von jeher mehre zählte als die nördlicheren Länder der Monarchie. Diese Berge nämlich sind gleichermassen durch Einstürze gebildet, und zwar fast ausschliessend durch Massen, welche sich von der Decke gelöset haben. Sie unterscheiden sich sehr auffällig von Einstürzen einer Seitenwand, indem sie die ganze Breite des Höhlenraumes erfüllen und in der Regel ein konisch aufgeschichtetes Felsenchaos bilden. Einstürze einer Seitenwand liegen natürlich vor derselben und thürmen sich gegen dieselbe hinauf, wie das z. B. im Innern des Chorinsky-Domes der Fall ist. Jene Einstürze der Decke nun kann die Gewalt des Wassers nicht bewirkt haben, was aber nicht etwa aus dem Umstande folgt, dass mehre dieser Berge sich in Grotten vorfinden und nicht in Wasserhöhlen, denn die meisten reichen höchst wahrscheinlich in jene Zeit zurück, als auch diese jetzt trockenen Grotten Wasserhöhlen waren. Nehmen wir aber auch an, dass die Hochwässer in diesen Domen sich zu so enormer Höhe anstaueten, dass sie die Decke erreichten, so konnte sie doch an dieser eine solche Wirkung nicht äussern. Ein Beweis dafür ist die Trebich-Grotte, wo die Hochwässer nicht blos bis zur Decke der eigentlichen Höhle emporreichen, sondern noch in dem zu derselben hinabreichenden Schachte hinauf, und doch befindet sich unten in der Höhle kein solcher Trümmerberg, nur eine Anzahl einzelner grosser Blöcke, wohl aber ein hoher Sandberg, der alljährlich durch neue Ablagerung sich vergrössert. Dass Wassersgewalt bei diesen Ereignissen nicht thätig war, geht auch aus der Beschaffenheit der einzelnen Blöcke hervor, aus denen diese Massen bestehen, welche vollkommen scharfkantig übereinander liegen, und solche Zwischenräume haben, dass man häufig am Fusse oder in der Mitte eines derlei Chaos das Licht einer Fackel von der andern Seite durchschimmern sieht. Das Wasser aber würde sicher die Kanten der Blöcke abgeschliffen und die Zwischenräume mit Lehm u. s. w. ausgefüllt haben.

Die horizontalen Grotten also sind nach meiner Ansicht ehemalige Wasserläufe, aber nicht nur, dass die strömenden Gewässer nicht mehr durch dieselben ihren Lauf nehmen, auch der Niederschlag, welcher durch die Decke seinen Weg fand, hat grösstentheils aufgehört, und auch in dieser Beziehung sind es trockene Grotten. Die zahllosen kleinen Ritzen und Spalten, durch welche die Gewässer hereindrangen, sind durch die Sedimente von Lehm und den gebildeten Sinter selbst nach und nach verlegt worden und mit dem Tropfenfalle hat auch die Tropfsteinbildung aufgehört.

Die Wasserhöhlen sind vor den trockenen Grotten auch durch grössere Dimensionen ausgezeichnet, wenn man den Raum ausnimmt, in welchem der Calvarienberg in der Adelsberger Grotte sich erhebt, der freilich mit seinen 246 Fuss Höhe seines Gleichen nicht hat. Das Verlassen des früheren Flussbettes und das Ausbrechen eines tiefer gelegenen neuen kann nicht ohne sehr gewaltsame Erscheinungen vor sich gegangen sein, welche mächtige Durchbrüche, grosse Räume zum Erfolge gehabt haben mussten. Im Adelsberger Neptun-Dom haben wir ein solches Beispiel vor uns, und zwar finden sich überall, wo der Uebergang aus dem alten in den neuen (jetzigen) Canal muthmasslich vor sich gegangen ist, derlei grössere Räume ausgebrochen. Offenbar sind die Zwischenwände an diesen Stellen nicht stark genug gewesen, um der Stauung eines Hochgewässers zu widerstehen, und so erfolgte ursprünglich ein Durchbruch, in welchem der Fluss mit einem Wassersturze in eine tiefere Etage gelangte; führte nun in dieses Niveau aus dem alten Canale irgend eine Verbindung von Spalten und Klüften, so war das neue Bett bald gebahnt.

Dass die erwähnten Erscheinungen noch keineswegs beendet sind, bedarf wohl keines Beweises, und wo jetzt in den Höhlen ein Durchkommen unter den Wänden nicht möglich ist, wird ein folgendes Jahr vielleicht schon eine Verbindung eröffnet haben. Die trockenen »Grotten« haben freilich ihre Vergangenheit bereits abgeschlossen, wenigstens ist aus keiner derselben ein neueres Beispiel eines Einsturzes bekannt geworden. Hingegen droht ihnen eine Gefahr anderer Art, nämlich »vertropft« zu werden, wie der locale Ausdruck lautet, durch Sintermasse geschlossen zu werden. Die beschwerlichen Durchgänge in der alten Adelsberger Grotte (S. 61) sind ein Beispiel dafür.

Die Verbindungen von verticalen und horizontalen Räumen kommen nicht so häufig als die Schachte vor, aber jedenfalls häufiger als die horizontalen Grotten und Höhlen. Diese Bildungen sind meistens etwas beschwerlicher zu besuchen, und enge Durchgänge in denselben häufiger als sonst. In der Regel hat eine solche Grotte mehrere Stockwerke oder vielmehr negative Terrassen unter einander. Man steigt in einem Schachte hinab, kömmt in eine Halle mit mehr oder weniger ebenem Boden, aus dieser wieder in einen Schacht und so fort. Die Grotte von Corgnale ist das prägnanteste Beispiel für diese Form. In der Magdalena-Grotte hat man in so ferne das Beispiel der Verbindung einer Grotte mit einer tiefer gelegenen Höhle, als das unterste Stockwerk wenigstens zu Zeiten der Hochwässer zum Canale dient.

Die Trebich-Grotte ist allerdings eine noch grossartigere Erscheinung dieser Art, indem der Schacht nicht weniger als 852 Fuss hinabführt, bis man in die selbst wieder 270 Fuss hohe Höhle gelangt, in welcher 12 Fuss tief die Recca strömt. Der Grund des Flussbettes liegt daher 1034 Fuss unter der Oberfläche des Karstes. Aber die Trebich-Grotte ist kein natürlicher Schacht, sondern eine durch Sprengungen künstlich hergestellte Verbindung mehrer Schachte und Klüfte, deren einige stellenweise bis auf wenige Zolle verengt waren. Gerade dieser Umstand aber ist ein lehrreicher Fingerzeig für die innere Structur des Karstes, den man sich nach allen Richtungen hin, unter denen aber die senkrechte vorherrschend ist, von solchen weiteren und unzählbaren engen Spalten durchzogen denken muss.

Die trockenen Grotten nun sind es, welche durch ihre Tropfsteinbildungen so ausgezeichnet sind, und es ist der Umstand bemerkenswerth, dass der grösste Reichthum derselben sich immer in den entferntesten Theilen der Gänge vorfindet. Stalagmiten überwiegen an Anzahl bei weitem die Stalaktiten, und namentlich ist diess in der Adelsberger Grotte der Fall, wo der Calvarienberg und seine Umgebung ein Schauspiel dieser Art bietet, wie es vielleicht in keiner anderen Grotte in so grossartigem Massstabe der Fall ist. In einer Kluft hinter dem Calvarienberge zählte ich auf einem Raume von ungefähr 7 Quadratklaftern nicht weniger als 60 Stalagmiten, von 3 bis 20 Fuss Höhe! Die Wasserhöhlen enthalten nur ausnahmsweise Stalagmiten, welche am Rande der Rinnsale oder über demselben sich erheben, und im Allgemeinen sind sie auch weit ärmer an Stalaktiten, deren einzelne aber dafür in riesiger Grösse prangen, wie z. B. der Elephantenkopf in dem Kaltenfelder Arm der Planinahöhle, und welche bis auf, ja selbst bis unter den jetzigen mittleren Wasserspiegel herabreichen.

Ob die Untersuchungen der Karsthöhlen zu bedeutenden geognostischen Resultaten führen, dürften erst künftige Untersuchungen entscheiden. Das geologische Interesse ist mindestens das Interesse eines Räthsels, denn von allen Hypothesen über die Entstehung, über die Bildung dieser Höhlen ist bis jetzt keine über allen Zweifel hinaus anerkannt worden. Die reiche und eigenthümliche Insecten-Fauna wird in den nächst folgenden Blättern geschildert werden, und eben da wird auch die Nachweisung gegeben, dass die Flora der Höhlen, wenn auch mit den bereits bekannten in Bergwerken grösstentheils übereinstimmend, doch nicht ohne neue Erscheinungen ist.

Die geographische Wichtigkeit einer Terrainbildung aber, welche einem so grossen Theile des südöstlichen Europas eigenthümlich ist, kann wohl nicht leicht verkannt werden. Ganz abgesehen von anderen Beziehungen wollen wir hier nur versuchen, eine Andeutung des Flächenraumes dieser unterirdischen Welt zu geben.

	Klafter
Die Adelsberger Grotte mit all' ihren Verzweigungen hält in der Länge über	3080
Die Magdalenagrotte	260
Die Piuka Jama	500
Die Lueger Grotten und Höhlen	570
Die Höhlen von Planina	2980
Die Höhlen von Haasberg und Jakobowitz bei	220
Die Maunitzer Rak-Höhlen	1035
Die Laaser Kreuzberg-Höhle	600
Die Trebich-Grotte	190
Die bis jetzt gemessenen Reccahöhlen von St. Kanzian	480
Die Grotte von Corgnale	175
	10.090

Diese Grotten zusammengenommen messen daher mehr als 10,000 Klafter, das ist $2\frac{1}{2}$ Meilen in der Länge.

Nehmen wir nun im Durchschnitte die Breite eines Ganges nur zu 20 Fuss an, was sicher unter der Wirklichkeit bleibt, so erhalten wir unter einer Oberfläche von 6 ☐ Meilen (so viel wird die oben umschriebene Landschaft beiläufig enthalten) eine Ausdehnung der Höhlen und Grotten von mehr als 2 ☐ Meilen. Und das sind nur die bis jetzt bekannten Höhlenräume!

Aus allem bisher Gesagten dürfte denn auch deutlich genug hervorgehen, wie viel noch zu thun sei, um die Höhlenfrage des Karstes auch nur in etwas ihrer Lösung näher zu bringen, und einige dahin zielende Andeutungen dürften hier um so mehr an ihrem Platze sein.

Trotz all' der bisherigen Anstrengungen sind wir noch nicht dahin gelangt, auch nur einen einzigen unterirdischen Wasserlauf vollständig kennen zu lernen! Es wurde bereits auf die Schwierigkeit von Sprengungen hingewiesen, aber jedenfalls müsste denn doch die Identität des Gewässers zweifellos nachgewiesen sein, ehe auf so kostspielige und gefahrvolle Art unbekannte Höhlenräume erschlossen würden. Das einfachste Mittel, um die Identität der Gewässer nachzuweisen, scheint mir aber die Beobachtung von Hochwässern zu sein, welche nach schnell vorübergehenden Gewittern sich einstellen.

Unerlässlich ist aber ein längeres Verweilen in diesen Gegenden, wenn man zu irgend bedeutenden Resultaten gelangen will, und mit einer drei- oder vierwöchentlichen Excursion wird man kaum einen der wichtigsten Fragepuncte zur Entscheidung bringen; mir wenigstens kam jedes Jahr ein Hochwasser um so ungelegener, als die mir zugemessene Zeit nicht ausreichte, das vollständige Ablaufen desselben abzuwarten. Auf ein paar solche Erscheinungen muss man sich aber, wie natürlich, in jedem Sommer gefasst machen. In dieser Beziehung hätte man freilich im Winter nichts zu fürchten, und zur Untersuchung sehr langer Strecken (Recca-Timavo), wo man nur einen einzigen Angriffspunct, die Einmündung nämlich, vor sich hat, möchte ich dennoch dazu rathen, so lästig auch die Winterkälte des Wassers ist, mit dem man freilich fortwährend zu thun hat.

Auch die so wichtigen meteorologischen Beobachtungen, von denen die Temperatursbeobachtungen der strömenden Gewässer und der Quellen namentlich auch zur Lösung der Identitätsfrage der Gewässer entscheidend sind, erfordern öftere Wiederholungen in längeren Zeiträumen, wenn sie die erwünschten Resultate liefern sollen.

Zu all' dem ist es aber Bedingung, dass für die Zugänglichkeit der Grotten mehr geschehe. So lange es nöthig ist, Strickleitern und Kähne beizuschaffen, um nur wenige Klaftern in einer Höhle vordringen zu können, so lange die materiellen Vorkehrungen schon fast alle disponible Zeit und Kraft in Anspruch nehmen, so lange werden wissenschaftliche Untersuchungen unter diesen Umständen überhaupt nicht Jedermanns Sache sein, und nicht die gewünschten Erfolge haben.

Die Planina-Höhle bis zum ersten See zugänglich zu machen, unterliegt gar keinen Schwierigkeiten. Wäre es möglich, im Chorinsky-Dome rechts neben dem Seethore oben an der Wand einen Durchgang zu dem unteren Kanal des Kaltenfelder Armes durchzubrechen, so könnte man trockenen Fusses, oben an der Isis vorüber bis in die Haidinger Grotte gelangen, ein wesentlicher Gewinn, um verhältnissmässig rasch in das Innere vorzudringen.

Vor Allem aber verdient die Piuka Jama zugänglich gemacht zu werden. Nur über eine Strickleiter kann man jetzt in den Abgrund hinab gelangen (denn an einem Seil allein ist es zwar möglich, aber von Transport von Instrumenten u. s. w. ist natürlich dann keine Rede), und nur bei sehr kleinem Wasser unten in der Höhle über den Fluss kommen und an demselben aufwärts. Eine Holztreppe anzubringen, unterliegt gar keiner Schwierigkeit, und die ganze Scenerie ist so grossartig, so eigenthümlich und interessant, dass schon um des voraussichtlichen Fremdenbesuches willen diese Veranstaltung sich lohnen würde.

Eine der interessantesten Fragen, und auch nicht ohne practische Wichtigkeit, ist jene nach der Mächtigkeit der Decke über den Höhlenräumen. Dazu muss eine genaue Messung der Höhe der Höhlenräume selbst vorangehen, und um diese zu bewerkstelligen, hat mir Prof. Schrötter ein eben so einfaches als sinnreiches Mittel vorgeschlagen: Ballons von entsprechender Grösse mit Wasserstoffgas gefüllt an einer Schnur zur Decke emporsteigen zu lassen. Man braucht dann nur die Länge dieser Schnur zu messen, um mit der, für diesen Zweck ausreichenden Genauigkeit, die Grottenhöhe zu erfahren. Die Höhe des entsprechenden Punctes über Tags wird sodann barometrisch oder durch Nivellement gefunden werden müssen, wobei Barometermessungen allerdings verhältnissmäsig grössere Fehler ergeben werden. Ich hatte leider den Unfall zu beklagen, dass die beiden Ballons, welche ich zu dem angegebenen Zwecke mitnahm, unbrauchbar wurden.

Dass genaue markscheiderische Aufnahmen der unterirdischen Räume nöthig sind, damit die gewonnenen Resultate für die Zukunft aufbewahrt und weitere Arbeiten daran geknüpft werden können, versteht sich von selbst. Der Verlauf der Höhlen müsste aber auch über Tags ausgesteckt und in Situationspläne der Oberfläche eingetragen werden. In dieser Beziehung nun ist es sehr zu beklagen, dass die Catastralaufnahmen (1 Zoll === 40 Klaft.) kein Terrain enthalten, die Generalstabsaufnahmen aber für diesen Zweck schon in zu kleinem Massstabe entworfen sind. Die dem Buche beigegebene Karte ist ein Versuch, ein Bild von dem Terrain mit eingetragenem Verlaufe der Höhlen und Grotten zu geben. So unvollkommen dieser Versuch auch ist, so zeigt ein Blick auf diese Karte doch deutlicher, als alle Anpreisungen es vermögen, von wie hohem Interesse diese unterirdischen Verhältnisse sind.

An dem Interesse nun, welches die Karsthöhlen für die Geographie und für die Naturwissenschaften haben, zweifelt wohl niemand, aber haben sie — und damit auch die weiteren Untersuchungen derselben — wohl einige practische Wichtigkeit? Man hat die Karsthöhlen zu unterirdischen Communicationen benützen wollen, aber nach dem bisher Gesagten ergibt sich schon, dass davon kein Erfolg zu hoffen ist. Ueberhaupt könnte hier auch nur von einer Verbindung zwischen Adelsberg und Planina die Rede sein, wie denn auch nur in Bezug auf diese Gegend ein diessfälliges Project aufgetaucht ist. (Vergl. S. 23 die Note.) Strassen oder gar Eisenbahnen durch dieselben zu führen, hiesse mindestens eben so viel, als die vorhandenen Höhlen zu zweimal grösseren erweitern zu wollen, von allen anderen Schwierigkeiten nicht zu reden. Dass der Wunsch nach Realisirung einer solchen Verbindung an Ort und Stelle sich übrigens oft genug und immer wiederkehrend laut macht, ist begreiflich, wenn man hört, dass die Schneeverwehungen durch die Bora alljährlich den Verkehr zwischen Adelsberg und Planina auf ein paar Tage unterbrechen, ja es ist diess auch schon durch eine volle Woche hindurch geschehen. In dieser Beziehung wäre es nun allerdings von Interesse selbst nur einen unterirdischen Steig zur Disposition zu haben. Aber auch eine solche Verbindung würde mehr den Character einer Merkwürdigkeit an sich tragen, da mit Vollendung der Karstbahn jene Hemmnisse des Verkehrs, bei den energischen Hilfsmitteln welche durch Dampfkraft in Anwendung gebracht werden können u. s. w. auf ein Minimum schwinden werden, und damit auch die practische Wichtigkeit einer unterirdischen Verbindung.

Man würde aber sehr irren, wenn man den Karsthöhlen (und den Untersuchungen derselben) alle practische Wichtigkeit ganz absprechen wollte. Das Land hat in diesen unterirdischen Wundern einen Schatz, den zu voller Geltung zu bringen und auszubeuten erst der Zukunft vorbehalten ist, und dieser Gesichtspunct verdient ein etwas näheres Eingehen. Der Winterberg oder der Kuhstall oder die Bastei, jedes für sich allein, würde die sächsische Schweiz nicht zu dem gemacht haben, was sie ist, einem Ziel der Touristen, welches jährlich Tausende von Fremden sieht und Hunderten von Bewohnern jener sonst armen Gegenden Unterhalt, ja selbst Wohlstand verschafft. Dieselben Verhältnisse gelten von unserem Salzkammergute und so manchen anderen Landschaften. Irgend eine einzelne Naturmerkwürdigkeit vermag Einzelne anzulocken, von der Hauptstrasse abzulenken zu einem kurzen Besuche, aber den Zug der Touristen im Allgemeinen anzuhalten, oder an sich zu ziehen vermag nur eine Gegend, wo eine Reihe von Scenen es auch dem mit der Zeit Kargenden abgewinnt, seinen Eilflug zu unterbrechen, wo eine Fülle von Schönheiten jenen selbst zu längerem Aufenthalte zu verleiten vermag, der Herr seiner Stunden ist. Kömmt nun die nächste Nähe einer Hauptpulsader des Verkehres und überdiess einer Hauptstadt hinzu, so ist es leicht ein angenehmer Prophet zu sein, und solch einer Landschaft das günstigste Prognostikon zu stellen. Die wissenschaftlichen und malerischen Reize werden unter solchen Umständen zu mächtigen Hebeln der materiellen Interessen, zu einer Quelle des Wohlstandes. Alle die hier angedeuteten Umstände vereinigen sich aber zu Gunsten der Umgebungen von Adelsberg und Planina. Auf den kleinen Raum von nicht mehr als 2 Quadratmeilen sind all' die interessanten Scenerien der Grotten und Höhlen von Lueg, Adelsberg, Planina und Maunitz zusammengedrängt, und wem vielleicht, ehe er sie sah, der Reichthum unterirdischer Wunder zu monoton dünken möchte, der findet die romantischen Ruinen von Lueg und Kleinhäusel, die Felsenbrücke von Maunitz, die lieblichen Thalgründe von Adelsberg zum k. k. Gestüte Postranig, u. s. w.! Und die Karstbahn wird mitten durch diese merkwürdigen Gegenden führen, die durch dieselbe von Triest 2, von Laibach nur mehr 3 Stunden entfernt sein werden! Wenn die Adelsberger Grotte für sich allein schon — allerdings ist sie die Krone des Ganzen — jährlich ein paar tausend Reisende auf einige Stunden aufzuhalten vermochte, so wird der Verein all' der hier aufgeführten Scenen eine nicht kleine Zahl auf Tage zu fesseln im Stande sein!

Es bedarf wohl keiner weiteren Auseinandersetzung, dass ein solches Zuströmen und längerer Aufenthalt von Reisenden auf den Wohlstand der ganzen Gegend von dem belebendsten Einflusse sein muss. Wenn aus den Eintrittsgeldern der Adelsberger Grotte unter den bisherigen Verhältnissen, trotz der bedeutenden Kosten für die Instandsetzung und Erhaltung derselben, schon ein so ansehnlicher Fond hat gebildet werden können, so mag man aus diesem Umstande wie aus einem günstigen Anfange schliessen, was erst die erfreulichen Folgen sein werden, wenn für die ganze Gegend einmal so viel wird geschehen sein, wie für die Adelsberger Grotte wirklich schon geschah. Wie viel aber selbst für die Möglichkeit des Besuches, geschweige denn für Bequemlichkeit noch zu thun ist, geht aus der bisher mitgetheilten Topographie sattsam hervor. Möchte sich bald auch für die übrigen herrlichen Karsthöhlen ein Mäcenas finden, der ihnen zu dem wohlverdienten Rufe, und dem Lande dadurch zu einem nicht unbedeutenden Factor in seiner national-öconomischen Rechnung verhilft!

Einige geognostische und mineralogische

Bemerkungen über den Höhlenkalkstein

des Karst.

Von

Wilhelm Zippe.

In dem ganzen von uns besuchten Theile von Krain und Küstenland *) sind nur zwei Formationen in einer bedeutenderen Verbreitung und geognostischen Wichtigkeit vorhanden, Kalk und Sandstein.

Was den Kalk anbelangt, so ist er meistens licht und zuweilen hellgrau, ausnahmsweise dunkler gefärbt, was nach dem Geruche zu urtheilen, den er beim Zerschlagen gibt, von eingemengtem Bitumen herrührt. Er ist bald mehr, bald weniger deutlich, jedoch nie dünn geschichtet und an den meisten grössern Entblössungen von rothen Adern durchzogen, die jedoch selten scharf begränzt sind, sondern im umgebenden Gesteine verfliessen.

Den Einflüssen der Witterung gegenüber verhält er sich äusserst sonderbar. An einigen Stellen ist das Gestein ganz zerfressen, durchlöchert, mit fusslangen und zolldicken Kanälen durchbohrt, der ganze Boden mit einem Haufwerk von derlei angegriffenen grössern und kleinern Steinen bedeckt, während nicht weit davon nur wenig lose Steine den Boden bedecken, und dieser von allem Pflanzenwuchs (nur Wacholder scheint am besten zu gedeihen) entblösst, die nackte Gebirgsmasse zeigt, an welcher man nun am schönsten die sogenannte Karrenbildung beobachten kann, welche schon oft aus den Jurakalken der Alpen beschrieben wurde. Auch hier bemerkt man, dass die Hauptrichtung der Karren am öftesten senkrecht auf die Linie des Streichens der Schichten, also dem grössten Falle nach gehe, wodurch aber das Gestein oft derart zerklüftet ist, dass man Mühe hat, die Schichtung zu erkennen und von der Zerklüftung zu unterscheiden.

---

*) Die Bemerkungen beziehen sich nämlich nicht blos auf die in dem früheren Abschnitte beschriebene Landschaft, sondern auch auf die Gegenden von Adelsberg über Senosetsch nach St. Kanzian und das Reccathal aufwärts, Corgnale u. s. w.　　　　　Schmidl.

14 *

An einigen Stellen (z. B. bei St. Canzian an der Strasse nach Corgnale) wird der Kalkstein schiefrig, und lässt sich in mehrere Fuss grosse dünne Platten spalten, mitunter ohne dass man früher eine Spur der Spaltungsfläche bemerkte, auch schneidet die Schieferung häufig die Schichtung in einem Winkel von 60—70°. Der Kalk ist hier vorzüglich schwarz und bituminös, und es sind auch in diesen Gegenden Kohlen entdeckt worden.

Dieser schwarze Kalk zeigt nicht die Karrenbildung und verwittert nicht so stark wie der lichte, an dem die schiefrige Struktur auch nicht beobachtet wurde, ausser an der Gränze des Sandsteines, worauf ich später zurück kommen werde.

Häufig sind in diesem Kalksteine trichterartige Vertiefungen, Jamen oder Dolinen genannt, deren Grund mit fruchtbarer Erde bedeckt ist. Die Dammerde in diesem Kalksteingebirge ist durch eine rothe Färbung ausgezeichnet, an der man das darunter und in der Nähe liegende Gestein schon von weitem errathen kann; auch ist dieser Kalkstein durch häufige Höhlen ausgezeichnet. — Streichen des Kalkes von NW. nach SO. unter 50 Grade kaum übersteigenden Winkeln.

Versteinerungen in dem Kalksteine sind sehr selten und ich habe an einem einzigen Ort, nördlich von Corgnale, ziemlich gut auslösbare Hippuriten gefunden. Sonst bemerkt man sehr häufig auch auf ausgewittertem Gesteine Korallen und Nerineen(?), welche sich erhaben und mit rother und gelber Farbe auf der Oberfläche zeigen.

Es wäre nun noch ein Kalkstein zu betrachten, der über dem jetzt abgehandelten liegt, häufig Versteinerungen enthält, und dem Nummuliten-Kalk zugezählt wird. Ich habe jedoch nur Gelegenheit gehabt ihn an einem einzigen Puncte eines beschränkten Vorkommens zu sehen, und will, da er hier von geringerer Bedeutung ist, ihn ausser Acht lassen *).

---

*) In weiterer Erstreckung gegen Süden sind durch Herrn Professor Kner Hippuriten verschiedener Arten und ganze Massen mit Nummuliten beobachtet worden, worüber eine Mittheilung in den Vorträgen der k. k. geologischen Reichsanstalt gemacht wurde. Es wäre

Das zweite Gebilde von grösserer Verbreitung ist ein Sand-stein, von meistens sehr dunkler, grünlich und bräunlicher Farbe. durch Verwitterung lichter-gelblich gefärbt. Sehr oft wird er durch einen Schiefer ersetzt, welchen Uebergang man gut beobachten kann. Dieser Schiefer ist dann dünner geschichtet als der Sand, parallel der Schichtung geschiefert und lichter gefärbt. An einigen Orten wird er dem böhmischen Grauwackenschiefer äusserst ähnlich durch eingemengte stärkere Schichten von dichtem feinkörnigem Sandstein, z. B. im Reccathale oberhalb Vrem.

Dieses Gestein ist sehr versteinerungsarm, und Hacquet's Angabe, dass östlich von Corgnale in den Schiefern Farrenkräuterabdrücke vorkommen, dürfte sich auf die dort häufigen Kalkschiefer beziehen, in denen ich aber auch nichts finden konnte.

Was nun das Verhältniss des Sandsteins und Schiefers zum Kalkstein anbelangt, so habe ich an der Gränze häufig Wechsellagerungen angetroffen und öfter den Sandstein über dem Kalkstein; am häufigsten findet man aber ein horizontales Abstossen der Schichten und Uebergehen einer Felsart in die andere. Der Kalkstein wird kurz, schiefrig, der Schiefer körniger und man findet Stellen, wo nicht zu entscheiden ist, wo der Kalk aufhört und der Schiefer anfängt (bei Rodokendorf an der Adelsberg-Fiumanerstrasse u. a. a. O.). Die Wechsellagerungen sind am schönsten an der Adelsberg-Triesterstrasse zu beobachten, die zwischen Präwald bis weit hinter Senosetsch der Gränze zwischen beiden Formationen folgt.

Ueberdiess treten bei den Schiefern in der Nähe der Kalkgränze meist Schichtenwindungen und Krümmungen ein, so z. B.

zu erforschen, ob dieser Kalkstein durch seinen paläontologischen Inhalt und durch Lagerungsverhältnisse als dasselbe Gebilde nachgewiesen werden kann, was nicht ganz unwahrscheinlich sein dürfte; doch gehört dazu ein längerer Aufenthalt und eine sorgfältige Untersuchung des ganzen Karstgebirges in seinem Zusammenhange bis an die Küste der Adria.

am Abhang an den Strassen von Optschina und Bassowitza nach Triest, bei Präwald.

Zwischen Präwald und Senosetsch habe ich eine merkwürdige Schichtenkrümmung beobachtet. Ein elliptischer Cylinder, der aus concentrischen Schalen, die radial gestreift sind, zusammengesetzt ist, durchsetzt mehrere Schichten des Schiefers, in dem er unter einem Winkel von etwa 60° auf der Verflächungslinie steht.

Der Kalkstein ist durch seinen Reichthum an Höhlen ausgezeichnet, in welchen wieder eine ungemein reiche Tropfsteinbildung zu beobachten ist. Diese Höhlenbildung des Karst gibt Anlass zu den sonderbarsten orographischen Verhältnissen. Bekanntlich ist die Höhlen- und Tropfsteinbildung durch die Auflöslichkeit des kohlensauren Kalkes in kohlensäurehaltendem Wasser bedingt. Da nun in andern Kalkgebirgen die Höhlen nicht so häufig, und in dieser Gegend kein Grund vorhanden ist, einen grössern Gehalt von Kohlensäure in der Atmosphäre und folglich im Wasser anzunehmen, so muss die Ursache im Gestein liegen.

Wie schon oben bemerkt, zeichnet sich die Kalkregion durch rothe Färbung der Dammerde, durch Ablagerungen von rothem Lehm aus, und das Gestein selbst ist mit rothen Adern durchzogen, jedoch nur an der Verwitterung ausgesetzten Stellen. Diese rothe Färbung rührt von Eisenoxyd her. Nun ist aber das Gestein selbst sehr licht gefärbt, und in ihm kann kein Eisenoxyd sein. Ich glaube daher, das Eisen ist im Karstkalke als kohlensaures Oxydul vorhanden, welches bei Zutritt der Atmosphäre verwittert und in Oxyd umgewandelt wird. Hiebei entwickelt sich Kohlensäure, welche an das die Verwitterung bedingende Wasser tritt und so die Auflösung des Kalkes bewirkt. An einigen Stellen mag der Kalk reicher an solchem kohlensauren Eisenoxydul sein, welches sich in Adern concentrirt hat; hier werden mit der Zeit Höhlungen entstehen, Einstürze erfolgen und so grössere unterirdische Räume gebildet.

An der Decke und den Wänden dieser Höhlungen tropft nun

das zusetzende Tagwasser herab, welches sich mit doppelt koh-
lenraurem Kalk auf seinem Wege durch das Gestein gesättigt hat,
hier in Berührung mit der Luft einen Theil Kohlensäure fahren
lässt, wodurch der nun unlöslich gewordene einfach kohlensaure
Kalk sich niederschlagen muss und so Tropfstein bildet.

Der Anfang eines jeden Stalaktiten ist ein dünnes hohles
Röhrchen, dessen Entstehung ebenfalls nicht schwer zu erklären
ist. Auf den an der Decke hängenden Tropfen wirken zwei Kräfte,
die Schwerkraft und die Adhäsion. Nimmt durch immer mehr zu-
fliessendes Wasser die Masse zu, so überwiegt die Schwerkraft,
und der Tropfen fällt herab. Während dem aber hat ein Theil
Kalk Zeit gehabt, sich anzusetzen. Durch das Herabfallen aber
wird der in der Richtung der Schwere abgesetzte Theil wieder mit-
gerissen, wodurch ein kurzer Ring entsteht und mit der Zeit, da
sich dieser Vorgang bei jedem Tropfen wiederholt, ein Röhrchen.

Mit der Zeit füllt sich dieses Röhrchen mit Kalkspath aus
und das Wasser läuft nun an der Peripherie herunter, diese immer
mehr vergrössernd. Der Boden der Höhlen ist stellenweise festes
Gestein mit oder ohne Tropfsteinabsatz, stellenweise mit einer
mehr oder weniger mächtigen Schichte Lehm überzogen, oft auch
mit ungeheuren herabgestürzten Blöcken bedeckt.

Der herabfallende Tropfen hält noch Kalk, welcher unten sich
niederschlagend, den Stalagmiten bildet. Fällt der Tropfen von
einer grössern Höhe herab, so bewirkt er sogenannte Tropfbrunnen, Massen die abgestutzten Kegeln gleichen, und oben in einer Vertiefung Wasser enthalten; sie sind meist wie aus zusammengeknete-
ten Kugeln gebildet, und in der Vertiefung setzt sich ein feiner
Lehm ab. In einem solchen Tropfbrunnen in der Grotte von Lueg fand
ich auch ein Kügelchen von der Grösse einer Erbse, den Erbsensteinen
ähnlich, nur ist die strahlige und schalige Structur dieser nicht so
deutlich vorhanden. In einem von diesen Kügelchen bemerkte ich
als Kern ein Stückchen Holzkohle. Der Lehm, den man in den
Tropfbrunnen und auch anderwärts zwischen den vorhangförmigen
Stalaktitenmassen abgelagert findet, ist offenbar der unlösliche
Rückstand des Gesteins (Kieselerde, Thonerde, Eisenoxyd).

Das abfliessende Tropfwasser sammelt sich in stehenden Tüm-

peln, aus welchen sich auf darin liegende Steine schöne Kalkspath-
krystalle absetzen. Sie sind klein, haben fast stets die Krystall-
form R als einfache Gestalt; durch ihre Zusammenhäufung zu zierlichen Drusen, welche sich leicht von ihrer Unterlage trennen lassen, sind sie unvollständig ausgebildet. Mitunter finden sich die
Drusen als blosse Krystallrinde auf faserigem Kalksinter festge-
wachsen. Die Farbe ist vorherrschend weiss, ins Gelbliche geneigt,
mitunter graulich, gelb und fast ockergelb; sie sind nur durchscheinend.

Tropfsteingestalten bilden sich noch fortwährend und die be-
reits vorhandenen vergrössern sich allmälig an solchen Stellen der
Höhlen, wo noch gegenwärtig Kalk enthaltendes Wasser durch
Decken und Wände sickert; in andern Theilen scheint die Sinterbildung geschlossen. Bei der noch dauernden Sinterbildung sind die
Tropfsteine mit Flüssigkeit überzogen, aus welcher sich durch den
Krystallisationsact der kohlensaure Kalk niederschlägt. Merkwürdig aber ist es, dass die Structurverhältnisse bei den wenigsten
Stalaktiten dieser Entstehungsweise entsprechen. Die der Adelsberger Grotte zeigen nämlich nicht die sonst gewöhnliche radial-
stänglische oder Faserstructur, sie sind grösstentheils körnig, und
zwar meist gross- und grobkörnig zusammengesetzt; aus manchen
Stalaktiten kann man zollgrosse Theilungsgestalten herausschla-
gen. Die kleinen röhrenförmigen oder sogenannten pfeifenröhrigen
Gestalten, welche, wie schon erwähnt, den Anfang eines Stalakti-
ten bilden, sind auch hier, wie in anderen Kalksteinhöhlen, vollkommen theilbar, sie erreichen mitunter die Stärke eines kleinen
Fingers, ohne dass sich die Höhlung schliesst. Bei zunehmender
Stärke zeigt sich auch wohl dann noch die Höhlung, aber der Stalaktit hat dann eine radial-dünnstänglische Structur mit nach dem
Innern gekehrten Spitzen der Stängel. Mitunter kommen auch
Stalaktiten von einigen Zoll im Durchmesser vor, welche gleich
Kalkspathkrystallen vollkommen theilbar und daher eben so wie
solche als Individuen zu betrachten sind. Uebrigens zeigen
sich die mannigfaltigsten Stalaktitengestalten, als Zapfen, Wal-
zen, Keulen, birnförmige halbkuglige Gestalten; die abweichendsten, und wie es scheint in der Adelsberger Grotte allein in so

grossartiger Schönheit zur Ausbildung gelangten, sind die vorhangförmigen oder Draperiegestalten; auch diese sind körnig zusammengesetzt. Die Farbe der meisten Stalaktiten ist die weisse, mitunter sind sie schneeweiss und selbst bei beträchtlicher Stärke
noch durchscheinend.

   Anders in Structur und Farbe verhalten sich die Stalaktiten
der Grotte von Corgnale; sie sind stets radial und etwas dick-
stänglich, die concentrisch krummschalige, welche die radialstäng-
liche bei den Sinterbildungen stets zu begleiten pflegt, ist hier ver-
mög der Stärke der stänglichen Zusammensetzungsstücke mehr
zurückgedrängt und erscheint nur durch ringförmige Farbenstrei-
fung angedeutet; die Farben selbst sind lichtgelblich und röthlich-
braun ins Graue geneigt. Auch hier kommen hohle röhrenförmige
Stalaktiten vor.

   Die bereits erwähnten, die Gebirgsoberfläche auf eine eigenthümliche Weise auszeichnenden Dolinen dürften wohl als Höhlen
zu betrachten sein, deren Decke eingebrochen ist. Mitunter ist die
Höhle noch in horizontaler Richtung zu verfolgen. So die Piuka
Jama bei Adelsberg, in der Mitte des unterirdischen Wasserlaufes
der Poik; die Doline bei St. Canzian am Anfange des unterirdischen
Wasserlaufes der Recca.

   Die Kenntniss der paläontologischen Vorkommnisse, durch
welche sonst Kalksteinhöhlen ausgezeichnet sind, beschränkt sich
auf das, was Volpi im Jahr 1821 darüber bekannt gemacht
hat *), an neueren Beobachtungen darüber fehlt es. Sie dürften
bei dem Umstande, dass ein Theil der Höhlensohle mit Sinterbildung, ein anderer mit Lehmablagerung überdeckt ist, nicht wohl
zu machen sein, ausser durch absichtliche Nachgrabungen. Diese
wird aber wohl nicht so leicht Jemand unternehmen, da sie im
Kalksinter selbst nur schwierig durchzuführen, in der Lehmablagerung aber, bei dem Mangel an Spuren von dergleichen Vorkomm-
nissen aufs Gerathewohl unternommen werden müssten.

---

*) Ueber ein bei Adelsberg neu entdecktes Paläotherium von einem
Freunde der Natur. Triest 1821.

Nachtrag.

Der um Krains Naturkunde so sehr verdiente Custos Herr Heinrich **Freyer** hat mehrfach Nachgrabungen nach fossilen Knochen in den Krainer Höhlen veranstaltet. Ich ersuchte ihn um nähere Angaben hierüber und erhielt mit gewohnter Bereitwilligkeit von meinem verehrten Freunde ein ausführliches Schreiben, aus welchem ich die nachfolgenden Zeilen mittheile. **Schmidl.**

»Im October des Jahres 1819 besuchte ich die Adelsberger Grotte, und fand ein inkrustirtes Fragment eines Schulterknochens und ein Vorderbein eines jungen Bären. Franz Graf v. **Hochenwart** [*]) erwähnt meiner Knochennachgrabungen. Ich fand solche in der Adelsberger Kaiser Ferdinands-Grotte im sogenannten Turnier oder Tanzsaal rechts nächst der Wand, an der der Grottengang fortsetzt. Ich musste da die Aufschüttung Löwengreif's klaftertief aufgraben, um zu der Sinterkruste, die den Boden deckt, zu gelangen, und unter dieser circa schuhtief liegen die Knochen in rothbrauner Erde, sowohl von erwachsenen als jungen Höhlenbären; aber auch eine Kinnlade und Mittelbeinknochen der *Felis spelaea* fand ich untermischt [**]).

In der Mitte des Tanzsaales, wo die Aufschüttung mehrere Klafter tief den Boden deckt, dürfte die grössere Menge von Knochen zu finden sein; ich wählte früher erwähnte Stelle nur der leichteren Zukömmlichkeit wegen, und gelangte erst bei der fünften Aufgrabung an eine Knochenstelle. Graf **Hochenwart** und R. von **Löwengreif** stellten gleichfalls Nachgrabungen an, letzterer arbeitete acht Tage fruchtlos [***]).

---

[*]) Beiträge zur Naturgeschichte, Landwirthschaft und Topographie des Herzogthums Krain 1839, 5. Heft, pag. 112—118.

[**]) **Freyer's** Fauna der in Krain bekannten Säugethiere, Vögel, Reptilien und Fische 1841, pag. 3, 4 und 91.

[***]) Graf **Hochenwart** äussert sich über die von ihm auf dem Calvarienberge angestellten Nachgrabungen (Wegweiser S. 44) folgendermassen: »Auf diesem Berge sind vor zwei Jahren, und jetzt dort, wo man den Weg arbeitete, Thierknochen gefunden worden. Bei der ersten Ent-

In der Mokrica-Höhle auf der Kreuzeralpe in Oberkrain, am
Ende derselben unter Steingeschieben, waren eine solche Menge

deckung war ich persönlich anwesend. Zwischen zwei Steinblöcken
war eine, einen Schuh tiefe und eben so breite Vertiefung, die oben
blos mit der erwähnten Kalkspathkruste überzogen war, zufällig eröffnet worden. In dieser Vertiefung lag der Kopf eines Höhlenbäres
in drei Theile gebrochen, mit sechs Zähnen, drei Wirbelbeinen und
ein Stück eines hinteren Fussgelenksknochens.

Eine Spanne davon entfernt fand ich eine ähnliche Vertiefung,
in welcher viele bis auf Zoll Länge zerbrochene Rippen, drei Stück
Fussgelenkbeine, ein zersplitterter Hüftknochen und zwei Wirbelbeine
lagen. Alle diese Knochen waren die Ueberreste der nämlichen Thier-
art, hatten noch ihr inneres Zellengewebe, und waren in einem weichen, zerreiblichen Zustande und nirgends erhärtet. Jene Stücke,
welche der Oberfläche am nächsten lagen, hatten die Tropfsteinkruste
fest auf sich sitzen. Ich bewahre alle diese Stücke in meiner Sammlung. Auf diesen Fund baute ich sogleich meine Hypothese über das
Entstehen des Calvarienberges. Die Betrachtung, dass diese Knochen
so splitterartig gebrochen waren, bestimmte mich zu der Vorausset-
zung, dass der Einsturz der Decke zu einer Zeit erfolgt sein müsse,
in der die Höhlenbären lebten, und dass diese Thiere durch das Fallen
der Steine zermalmt in kleinen Grübchen Platz finden konnten. Ich
war davon innig überzeugt, und hätte meine Hypothese gegen Jedermann mit Muth vertheidigt. Ich bedurfte jedoch noch einige Localbe-
sichtigungen, ob ich nicht so glücklich wäre, andere wohlerhaltene
Knochen zu finden, und ging wenige Tage darauf wieder auf meinen
Lieblingsplatz, den Calvarienberg, war aber nicht so glücklich, neue
Knochen zu entdecken. Ich räumte zwar aus den zwei erwähnten
Grübchen vollends alle Knochensplitter heraus, um meine Hypothese
von Zersplitterung der Knochen mit neuen Gründen unterstützen zu
können. Aber wie erstaunte ich, als ich beide Vertiefungen oder Löcher
von dem Kalkspathüberzuge ganz vertropft und schön glänzend, folglich den klaren Beweis fand, dass die Kruste, als diese Knochen
dahin kamen, wo sie dermalen lagen, längst schon den ganzen Berg
umhüllet hatte, und dass daher die Entstehung dieses Berges in eine
noch entferntere Periode, als in jene der Existenz der Höhlenbären
gesetzt werden müsse. Auch lagen die Knochen in dem Loche ganz
frei, wie in einem glasirten Topfe, und nur jene, welche sich auf der
Oberfläche befanden, waren von dem Kalkspathüberzuge so fest umschlossen, dass die Knochen eher brachen, als sich von der Kruste

von Höhlenbärenknochen (die nun schon ziemlich verschleppt sind), dass der Raum beinahe gefüllt war, welches daher kam, dass diese Thiere derlei Höhlen zu ihrer Wohnung wählten, bis zum Absterben, und so machte eines dem andern Platz, und so häuften sich nach und nach die Knochen. Eine Einschwemmung von Cadavern oder Knochen ist absolut unmöglich, wie man sich an Ort und Stelle überzeugen kann.

Eine dritte reichhaltige Knochenhöhle ist unter dem Heiligenkreuz-Berge nächst Laas in Innerkrain *). In einem Eisenbergwerke des seligen Herrn Urbančič, ob Eisnern in Oberkrain, ist ebenfalls eine Höhle oder Kluft, wo Höhlenbären- und fossile Hirschenknochen gefunden worden sind. Derlei Funde werden von den Bergleuten šacenkove kosti genannt, und sie hegen den Aberglauben, dass man diese Erzschatzknochen wieder vergraben lassen muss, damit das Bergmandel nicht den Erzreichthum verringere.

Das Laibacher Museum bewahrt Knochen aus allen obgenannten Grotten und Höhlen. Die Mokrica lieferte mir in zweimaligem Besuche so viel Stoff, dass ich beinahe ein vollständiges Höhlenbärenskelet im Laibacher Museum zusammengefügt und aufgestellt habe. Später hat Herr Moulin jun. die Höhle besucht, und eine bedeutende Menge Knochen nach London geschickt. «

---

trennen liessen. Da meine Hypothese so schnell zusammen stürzte, so wage ich keine zweite aufzustellen, sondern führe das Beobachtete nur an, damit kenntnissreiche Naturforscher uns hierüber ihre Ansichten mitzutheilen die Gefälligkeit haben mögen.

Die Grottenbesucher dürften es vielleicht sonderbar finden, dass ich hier keine weitere Erwähnung von den übrigen Thierknochen mache, welche sonst noch in dieser Grotte gefunden worden sind: allein zu meiner Entschuldigung muss ich bemerken, dass ich die verschiedenen Knochen, welche aus der Grotte heimlich heraus geschleppt wurden, nicht sah, und dass der Vandalism zur Zeit als die Grotten-Verwaltungs-Commission noch nicht bestand, manches zerstörte, was jetzt geschont wird. Damals war es Gewohnheit, jederzeit den Fremden für ein kleines Geschenk manches Merkwürdige aus der Grotte zu überlassen, was ich aus Liebe zu meinem Vaterlande gerne theuer bezahlt hätte, wenn man mir es gebracht haben würde. «

*) Hohenwarth's Beiträge etc. pag. 66—88.

Zur Flora subterranea der Karsthöhlen.

Von

Dr. A. Pokorny.

Die Höhlen des Karstes, welche oberflächlich betrachtet, kaum für die Existenz organischer Wesen geeignet erscheinen, bieten nichtsdestoweniger auch in dieser Beziehung viele Eigenthümlichkeiten dar. Bereits zu wiederholten Malen hat die Thierwelt, welche diese unterirdischen Räume bevölkert, Gelegenheit zu eben so mannigfaltigen als interessanten Beobachtungen gegeben. Minder auffallend und daher auch bisher weit weniger beachtet ist die Vegetation daselbst. Doch ist auch diese sehr eigenthümlich und wenn gleich noch nicht erschöpfend, doch bereits so hinreichend bekannt, um hier ihrem allgemeinen Charakter nach geschildert werden zu können.

Das Verdienst, die unterirdischen Vegetabilien zuerst einer besondern Aufmerksamkeit gewürdigt zu haben, hat der vielseitig gebildete österreichische Naturforscher Joh. Ant. Scopoli, der schon in seiner *Flora Carniolica (Ed. I. Viennae 1760, ed. II. 1772)* die ihm in den Bergwerken von Idria und auch in andern unterirdischen Localitäten Krains vorgekommenen Pflanzenformen beschrieb. Später lieferte derselbe in den *Dissertationes ad historiam naturalem pertinentes (pars I. Pragae 1772)* in einer eigenen Abhandlung *(Plantae subterraneae descriptae et delineatae)*, die erste genauere Beschreibung und Abbildung von mehr als 70 unterirdischen Pflanzenformen, welche grösstentheils den Bergwerken von Schemnitz und Idria angehörten. Erst 20 Jahre später (1793) erschien über denselben Gegenstand A. von Humboldt's berühmte *Flora Fribergensis, plantas cryptogamicas, praesertim subterraneas exhibens* und seit G. F. Hoffmann's *Vegetabilia in Hercyniae subterraneis collecta (Norimbergae 1811)* weist die botanische Literatur kein grösseres, den in unterirdischen Räumen vorkommenden Pflanzenformen gewidmetes Werk auf.

Aus Scopoli's Werken ist leider nicht genau ersichtlich, ob und welche der beschriebenen Formen er auch in den eigentlichen Karsthöhlen beobachtet hat. Da nun seine Werke so ziemlich die einzigen Literaturquellen über diesen Gegenstand sind, so können nur in neuerer Zeit unternommene Untersuchungen jener Localitäten in Bezug auf ihre Flora nähere Aufschlüsse verschaffen. Unter den österreichischen Botanikern hat besonders Fr. Welwitsch im October 1836 die Adelsberger Grotte einer genauen Durchforschung unterzogen, wie seine im Herbarium des kaiserl. botanischen Museums aufbewahrte Sammlung, welche ich durch die bekannte Liberalität des Herrn Directors Dr. E. Fenzl benützen konnte, beweist. Ich selbst habe in Gesellschaft des Herrn Dr. A. Schmidl im August 1852 die Adelsberger Grotte in ihrer ganzen Ausdehnung so wie das Höhlenlabyrinth von Lueg nach organischen Wesen, besonders nach Vegetabilien, durchsucht. Hiedurch wurde ein nicht unbeträchtliches Material zusammengebracht, auf welches sich gegenwärtige Mittheilung gründet.

Es ist eine merkwürdige, durch das übereinstimmende Zeugniss aller Beobachter constatirte Thatsache, dass die unterirdische Flora nur aus niedern Formen des Pflanzenreiches und zwar ausschliesslich nur aus Pilzen besteht, während die unterirdische Fauna Repräsentanten aus fast allen Classen und selbst noch von Wirbelthieren besitzt. Man sieht hieraus, dass die Pflanzen im Allgemeinen von dem belebenden Einfluss des Lichtes ungleich abhängiger sind, als die Thiere. Dafür spricht auch der Umstand, dass selbst viele der in unterirdischen Räumen vorkommenden Pilze nicht zur normalen, vollkommenen Entwicklung gelangen, sondern häufig in ihren ersten Ständen verharren und bisweilen sogar die abweichendsten, monströsen Bildungen annehmen. Noch ist es den Mykologen nicht in jedem Falle gelungen, dergleichen monströse Formen auf ihre eigentliche Stammart zurückzuführen. Viele derselben, darunter sogar einige der verbreitetsten Formen müssen desshalb noch mit selbstständigen, systematischen Namen bezeichnet werden, bis eine glückliche Beobachtung sie mit Sicherheit zu bestimmen gestattet.

Das Vorkommen der Pilze ist hier, wie überall, an das Vorhandensein einer organischen Unterlage gebunden. In der That ist es gewöhnlich das absichtlich oder durch die Gewalt des Wassers eingeführte Holzwerk, besonders im Zustande der Zersetzung, auf welchem die unterirdische Vegetation ihre geeignetsten Bedingungen findet. Seltener verbreiten sich üppig wuchernde Formen dann auch noch über das benachbarte Gestein, oder kommen scheinbar aus dem Boden zwischen Steinen hervor, wo man aber bei näherer Untersuchung stets noch Spuren von verwesten organischen Stoffen findet. Im Allgemeinen ist desshalb eine unterirdische Localität um so reicher an Pilzen, je mehr faulendes Holz daselbst vorhanden ist. Man findet sodann die Pilze im vollkommensten Dunkel, selbst im entferntesten Hintergrunde der Höhlen. So sieht man in der Adelsberger-Grotte nicht blos in der Nähe des Eingangs in dem von der Poik durchrauschten Neptunsdome die Geländer der Stufen mit Pilzen überzogen, sondern mehrere der auffallendsten Formen wurden erst in der Nähe des Vorhangs, in den Schluchten des Calvarienberges und sogar an dem äussersten, in die schneeweisse Stalaktitenwand der Johannsgrotte eingetriebenen Vermessungspflock, also selbst in einer Entfernung von mehr als 1000 Klafter vom Haupteingange, bemerkt. In dem Höhlenlabyrinth von Lueg zeigte sich besonders die grosse Grotte sehr reich. An dem Stege über die erste Kluft daselbst, 90 Klafter vom Eingange, auf der Leiter, welche von dem hierauf folgenden Trümmerberge in die obere Grotte führt, so wie in der Nähe an herumliegenden, vom Hochwasser hereingeschwemmten, im Schlamme halbvergrabenen Baumstrünken, fanden sich die zierlichsten Formen einer Vegetation, deren Anblick bei der tiefen Stille und dem geheimnissvollen Dunkel der grossartigen Umgebung, in welcher sie unbemerkt und fröhlich gedeiht, einen eigenthümlichen Eindruck auf den Beschauer zu machen geeignet ist.

Die in den Karsthöhlen bisher aufgefundenen Pilzformen sind meistens solche, die schon in andern unterirdischen Localitäten, namentlich in Bergwerken und in tiefen Kellern, bereits beobachtet wurden. Viele von ihnen, besonders die vollkommen entwickelten, gedeihen auch auf der Erdoberfläche, unter dem Einflusse des Lichtes auf faulenden Bäumen; oder sie stehen wenigstens solchen

oberirdischen Arten sehr nahe. Es liegt desshalb der Gedanke
nicht ferne, dass die unterirdische Vegetation zum grössten Theile
aus Keimen entstehe, welche mit dem Holze von aussen in die
Höhlen gelangen und sich daselbst bald zu vollkommenen, bald
aber nur zu in ihrer Entwicklung gehemmten oder missbildeten
Formen gestalten. Immerhin wird aber das Auftreten mancher den
unterirdischen Räumen ausschliesslich eigenen Pilzform noch lange
räthselhaft bleiben, insbesondere wenn die unvollkommene Entwicklung die genaue Bestimmung derselben hindert und leicht
dürften genauere und umfassendere Untersuchungen die blos von
aussen eingeschleppten Pflanzenbildungen von jenen, welche eigentlich nur in unterirdischen Localitäten die Bedingungen zu ihrem
Gedeihen finden, schärfer zu unterscheiden lehren, als es gegenwärtig möglich ist.

Es folgt nun eine systematische Aufzählung der von Welwitsch und von mir in der Adelsberger-Grotte und dem Lueger
Höhlenlabyrinth aufgefundenen Pflanzen, welche sämmtlich in dem
reichhaltigen Herbar des k. k. botanischen Museums aufbewahrt
werden.

1. Vollkommen entwickelte Pflanzenformen der Karsthöhlen.

a) Hymenomycetes.

1. *Agaricus (Mycena) myurus* Hoffmann's *Veg. subt.
Herc. p. 5 et t. 3.* Ein höchst eigenthümlich gestalteter Pilz, welcher von *Fries syst. myc. I. p. 144* zu *A. galericulatus Scop.*
als eine den Bergwerksschachten eigenthümliche monströse Form
gezogen wird, von welchem er sich durch den oft winzig-kleinen
Hut und den schlanken, langen, stark behaarten Stiel leicht unterscheidet. Ich fand ihn auf einem halb im Schlamme vergrabe-
nen Baumstrunk in der grossen Grotte von Lueg, Welwitsch in
der Adelsberger-Grotte. Der Stiel ist bei unsern Exemplaren aufsteigend, nicht hängend, wie ihn Hoffmann abgebildet hat; bei
jungen Individuen kaum einen Zoll, später bis über einen Fuss
lang; wobei der kegelförmige Hut kaum 2—3 Linien im Durchmesser hat.

2. *Agaricus (Coprinus) petasiformis Corda icon. fung. I. p. 27 t. 7 f. 300.* — Ein sehr hinfälliger, bisher blos in Bergwerken (in Přibram und Freiburg) beobachteter Pilz, der hier truppweise in der grossen Grotte von Lueg in der Nähe der zur oberen Grotte führenden Leiter und von Dr. Schmidl auch in der Adelsberger-Grotte beim Vorhang im Steingerölle, unter welchem faules Holz lag, gefunden wurde.

3. *Polyporus velutinus Fr.* — In der Adelsberger-Grotte (Welwitsch).

4. *? Polyporus abietinus Fr.* — Von Welwitsch in der Adelsberger-Grotte gesammelt, wegen Unvollständigkeit der durch Insekten fast ganz zerstörten Exemplare nicht mit Sicherheit zu bestimmen. Auch mit *Polyporus violaceus, incarnatus* und *purpureus Fr.* vergleichbar.

5. *Thelephora rubiginosa Schrad.* und

6. *Thelephora sanguinolenta Alb.* und *Schw.* Beide in sehr grossen, schön entwickelten Exemplaren in der Adelsberger-Grotte (Welwitsch).

7. *Typhula erythropus Fr.* — Auf Balken in der Adelsberger-Grotte (Welwitsch).

b) Gasteromycetes.

8. *Diderma nigripes Fr.* — Ein kleiner, äusserst zierlicher Pilz, welcher ein fast verfaultes Holzstück in der Lueger grossen Grotte überzog.

9. *Perichaena incarnata P.* — Auf Balken in der Mitte der Adelsberger-Grotte, sehr selten.

c) Dermatomycetes.

10. *Hypoxylon vulgare Link.* — An alten Balken am Eingange der Adelsberger-Grotte (Welwitsch). Hieher rechne ich eine merkwürdige 6 Zoll hohe, dichotome, fast einer Rhizomorpha ähnliche Form aus der Lueger grossen Grotte, von der Leiter, welche in die obere Grotte führt.

II. Unvollkommene Pflanzenformen der Karsthöhlen.

a) Hymenomycetes.

1. *Ceratophora fribergensis* A. von Humboldt. — Bekanntlich beschrieb unter diesem Namen A. von Humboldt den *Boletus Ceratophora* Hoffmann's als neue Gattung, welche Fries für eine monströse Form seines *Polyporus odoratus* erklärt. Dieser unterirdische Pilz findet sich auch in den Karsthöhlen nicht selten vor. Nach den Exemplaren, welche ich auf dem Stege über die Kluft in der grossen Lueger Grotte und Welwitsch in der Adelsberger Grotte in verschiedenen Stadien der Entwicklung sammelte, gehören wenigstens unsere Exemplare nicht zu einem *Polyporus*, sondern vielmehr einem *Lenzites* an. Besonders nahe stehen die bestentwickelten Individuen dem *Lenzites sepiaria Fr.*

2. Ein weisses, zähes, Rhizomorphen ähnliches Pilzgeflecht, welches dem von Persoon als *Xylostroma candidum* beschriebenen Pilz gleicht und wahrscheinlich das monströs entwickelte *Mycelium* des *Polyporus Vaillantii Fr.* ist. In der Adelsberger-Grotte (Welwitsch).

3. Verschiedene *Mycelien* von unbestimmbaren *Agaricus*- und *Polyporus*-Arten. In der Lueger- und Adelsberger-Grotte.

b) Gasteromycetes.

4. Das gelbe *Mycelium* von *Stemonitis fusca Pers.* Auf dürren Blättern in der Adelsberger-Grotte (Welwitsch).

c) Hyphomycetes.

5. *Hypha argentea Pers.* — Auf Balken und gezimmertem feuchten Holz in allen Grotten häufig und wahrscheinlich das *Mycelium* eines *Agaricus.*

6. *Ozonium auricomum Link* und *stuposum Pers.* — Beide wenig verschiedene Formen gehören zu den gewöhnlichsten Höhlenpilzen und bilden lockere, gelbe Rasen auf herumliegenden Holzstücken. Unter diesen findet man auch häufig verschiedene Thiere versteckt, besonders Asseln.

7. *Fibrillaria subterranea Pers.* — In der Adelsberger-Grotte (Welwitsch).

8. *Rhizomorpha polymorpha.* — Unter diesen Namen lassen sich am bequemsten die zahlreichen, räthselhaften, wurzelartigen Gebilde zusammenfassen, welche man bisher fast nur nach dem Standorte oder nach einzelnen Merkmalen, aber nach keinem einheitlichen Principe in mehrere Arten zersplitterte. In den unterirdischen Lokalitäten des Karstes sind fast alle Formen und zwar in Menge zu finden. Insbesondere kommen vor *a)* nach dem Durchschnitte Formen mit den plattgedrückten Fäden der *Rh. subcorticalis,* den stielrunden der *Rh. subterranea* und zahlreiche Uebergangsformen mit eckigen Faden, *b)* nach der Verästelung bald ganz einfache Formen, bald solche mit dichotomischer, quirlständiger und gefiederter Verzweigung. Auch die Farbe und Grösse ist äusserst wandelbar. Doch ist es nicht geglückt besonders lehrreiche, das eigentliche Wesen dieser Gebilde aufklärende Exemplare aufzufinden.

FAUNA

der

Adelsberger-, Lueger- und Magdalenen-Grotte.

Von

Dr. J. Rud. Schiner.

Vorwort.

Mein hochverehrter Freund, Dr. Adolf Schmidl, war so gütig, mir die Bearbeitung des faunistischen Theiles seines Grotten-
werkes anzuvertrauen.

Ich habe in dem nachfolgenden Fragmente versucht, Alles
zusammenzutragen, was über die Fauna der genannten Grotten
bisher bekannt geworden ist.

Möge meine Arbeit freundlich beurtheilt, und hiebei von dem
Standpuncte ausgegangen werden, dass ich bestrebt war, das bekannte Materiale so vollständig als möglich zu sammeln, dass
aber eine streng wissenschaftliche und kritische Bearbeitung und
Sichtung dieses Materiales ausser dem Plane derselben lag.

Den H. H. Director Vincenz Kollar, Custosadjuncten Dr.
L. Redtenbacher und G. Frauenfeld, so wie meinen lieben
Freunden Ferd. Schmidt in Laibach und L. Miller sage ich hier
für den freundlichen Rath, mit dem sie mich bereitwilligst unter-
stützten, meinen verbindlichsten Dank.

Ebenso fühle ich mich Sr. Durchlaucht dem Herrn Richard Fürsten zu Khevenhüller-Metsch, in dessen Begleitung ich noch vor der Vollendung dieser Fauna die obigen Grotten besuchen und genau durchforschen konnte, zu grossem Danke verpflichtet.

Wien, im Juni 1853.

Dr. J. Rud. Schiner.

Die Entdeckung, dass auch in den unterirdischen Grotten ein eigenthümliches organisches Leben zu treffen sei, gehört der neuesten Zeit an.

Das erste Grottenthier, welches die Aufmerksamkeit der Naturforscher auf sich zog, war der sonderbar gebildete Olm (Proteus der Autoren). Anfänglich fand man denselben ausserhalb der Grotten und es waren lange nur der Zirknitzer See, die Quellen bei Vir oder Verch, zwischen Sittich und St. Veit, die Rupniza-Quelle und andere Tageswässer als Standorte des Olms bekannt.

v. Löwengreif's Auffindung desselben in der Magdalenen-Grotte blieb bis zum Jahre 1814, wo Graf Franz v. Hochenwart dieselbe Entdeckung wiederholte, vergessen. Seitdem erscheint es als eine sichere Annahme, dass der Olm nur in den unterirdischen Wässern lebe, und dass sein Vorkommen ausserhalb derselben nur als ein zufälliges, durch Hochwässer veranlasstes zu betrachten sei. Dr. Schmidl hat der Erste einen eigentlichen Standort des Olms im Jahre 1850 aufgefunden, und zwar in der Planina-Höhle, im westlichen (Kaltenfelder-) Arme 1750 Klafter vom Eingange entfernt, wo er unter einem kleinen Wasserfalle von 3 Fuss Höhe eine grosse Zahl dieser Thiere, pfeilschnell in dem klaren Wasser sich herumtummelnd, beobachten konnte. Der daselbst häufig vorkommende weichere und stark durchfressene Kalktuff scheint für diese zarten Geschöpfe als eigentliche Heimat besonders geeignet [1]).

Die unermüdlichen Forschungen des Grafen Franz v. Hochenwart, Ferd. Schmidt's aus Schischka bei Laibach, Sr. Durch-

---

[1]) Dr. Schmidl: Ein neuer Fundort von Proteen; in den Sitzungsberichten der k. k. Akademie der Wiss. Mathem.-naturw. Classe. October 1850.

laucht des Herrn Fürsten Richard zu Khevenhüller und Anderer bereicherten die unterirdische Fauna seither mit vielfältigen und interessanten Entdeckungen.

Der Däne J. C. Schiödte, welcher diese Grotten im Jahre 1845 besuchte, sah sich bereits veranlasst, die bis dahin bekannt gewordenen Entdeckungen zusammenzufassen und so einen »Beitrag zur unterirdischen Fauna« [1]) zu liefern, der in den folgenden Zeilen ergänzt und theilweise berichtiget werden soll.

Während diese Entdeckungen in den Krainer-Grotten gemacht wurden, gelang es auch den Naturforschern Nordamerikas auf der westlichen Hemisphäre unseres Erdballs ähnliche Entdeckungen zu machen.

Die Mammuthhöhle (*Mammoth cave, Kentuky, Edmonson-County*), welche südöstlich von Louisville und $^3/_4$ englische Meilen von dem Green river entfernt ist, bot hiezu die Gelegenheit dar.

Ein Deutscher, Dr. Tellkampf, besuchte dieselbe im Jahre 1842. Nebst ihm[2]) haben Wyman[3]), Thompson[4]), De-Kay[5])

---

[1]) Schiödte: *Oversigt over det kongelige danske Videnskabernes Selskabs Forhandlinger.* 1847.

Schiödte: *(Specimen faunae subterraneae.) Bidrag til den underjordiske Fauna.* Separatabdruck aus: *Det kong. danske Vidensk. Selskabs Skrifter.* 5 Räkke. Kjöbenhavn. 1851. 4°.

[2]) Tellkampf, Dr. Th. G.: Ueber den blinden Fisch der Mammuthhöhle in Kentuky mit Bemerkungen über einige andere, in diesen Höhlen lebende Thiere (im Archiv für Anatomie, Physiologie und wissensch. Medicin von Joh. Müller. Jhg. 1844. pag. 384).

Tellkampf: Beschreibung einiger neuer in der Mammuthhöhle in Kentuky aufgefundener Gattungen von Gliederthieren (im Archiv f. Naturgeschichte, gegründet von F. A. Wiegmann. Jhg. 10. 1844. pag. 318).

[3]) Wymann, Jeffries: *Description of a blind fish from a cave of Kentuky* (in Silliman's *American journal.* Juli 1843 und in den *Annals and magazine of natural history vol. XII.* 1843).

[4]) Thompson: *Notice of a blind fish, crayfish and insects from the Mammoth-Cave Kentuky* (in den *Annals of natural history vol. XIII.* 1844).

[5]) De-Kay, James E.: *Natural-history of New-York.* Albany 1842. 4°.

und Andere die daselbst aufgefundenen Thiere näher untersucht und bekannt gegeben.

Bei dem Vergleiche der unterirdischen Fauna der Mammuth-höhle mit der unserer Grotten ist eine gewisse Uebereinstimmung der in beiden angetroffenen thierischen Organismen auffallend.

Von Insecten wurden dort wie hier dieselben Geschlechter aus den Familien der Carabicinen und Silphalen aufgefunden.

Dr. Tellkampf's *Anophthalmus,* den derselbe mit unserem *Anophthalmus Schmidtii-St.* für identisch hielt, unterscheidet sich nur durch geringe Merkmale von diesem, und sein *Genus Adelops* zeigt auch in den Krainer Grotten mehrere Repräsen-tanten.

Ebenso sind es wieder augenlose Spinnen und Crustaceen, die in beiden Grotten aufgefunden wurden und die, obwohl sie zu an-deren Gattungen gehören, doch immerhin in naher Verwandtschaft zu einander stehen. Die von Dr. Tellkampf erwähnte *Phalan-gopsis* ist auch in unseren Grotten durch *Phalangopsis cavicola Kollar* vertreten, und wenn auch nicht identisch mit dieser, doch gewiss als vikarirende Form derselben zu betrachten.

Findet unser Olm in den amerikanischen Grotten keinen Re-präsentanten, so bietet doch seine eigenthümliche Organisation und insbesondere die scheinbare Augenlosigkeit desselben, mit dem blinden Fische der Mammuthhöhle Anhaltspuncte genug, um über-haupt ein analoges Auftreten der Formen in solchen Grotten an-nehmen zu lassen. Frägt man aber bei aller Analogie der Formen um gewisse bestimmte Merkmale, wodurch sich die Grottenfaunen von anderen charakteristisch unterscheiden, so wird es, trotz dieser Uebereinstimmung der in den bedeutendsten Grotten der alten und neuen Welt bisher aufgefundenen thierischen Organismen, kaum gelingen, einen durchgreifenden Charakter hierfür aufzufinden.

Wenn man die Augenlosigkeit als einen solchen Charakter aussprechen wollte, so müsste darunter jedenfalls nur eine geringere Ausbildung des Sehorganes verstanden werden, denn rudimentäre, unter der Haut liegende Augen wurden bei dem Fische der Mam-muthshöhle *(Amblyopsis spelaeus Dk.)* so wie bei unserem Olme entdeckt. Auch wäre dieser Charakter nicht ausschliesslich den Grottenthieren beizulegen, denn es gibt auch ausserhalb den Höhlen Thiere, bei welchen ähnliche Verhältnisse statt finden. *Langellandia anophthalma Aubé, Aglenus brunneus Gyll., Braula coeca Nitzsch* und andere Insecten geben hiefür hinreichende Belege, nicht zu gedenken der scheinbaren Augenlosigkeit des Maulwurfs *(Talpa europaea* und *coeca Savi)* und der in Ungarn und Polen vorkommenden Blindmaus *(Spalax typhlus Schr.)*.

Die Verkümmerung des Sehorganes, so wie die wenig intensiven, meistens fahlen Farben der Grottenthiere sind Eigenschaften, welche sich leicht durch den Standort derselben und die beständige Finsterniss veranlasst, erklären lassen.

Ebensowenig bietet die Rücksichtsnahme auf die Classen und Ordnungen, aus welchen Arten in den Grotten gefunden wurden, einen ausreichenden Anhaltspunct zu einer Charakteristik der Grottenfauna dar. Von Insecten wurden bisher nur Coleopteren, Orthopteren und Dipteren, von anderen Kerfthieren einige Arten von Spinnen und Tausendfüssen, dann Crustaceen, von Vertebraten der lurchartige Olm und der Höhlenfisch *Amblyopsis* in unterirdischen Grotten gefunden. Während aus der Ordnung der Coleopteren wieder nur einige Familien, die der Carabicinen und Silphalen in der Unterwelt vertreten sind, haben die Ordnungen der Hymenopteren, Neuropteren, Hemipteren und die durch viele im Finsteren lebenden Arten ausgezeichnete Ordnung der Lepidopteren daselbst noch keinen Repräsentanten aufzuweisen. Die meisten der Grottenthiere leben wahrscheinlich von faulenden organischen Stoffen, viele unter ihnen sind Raubthiere; ja die Natur hat ihre überall verbreiteten Kämpfe bis in die kleinsten Aushöhlungen spiegelklarer Stalaktitsäulen verlegt, wo, wie wir später hören werden, der langbeinige *Blothrus spelaeus* dem waffenlosen *Leptodirus Hohenwarti* seine Schlachten liefert.

Vielleicht gelingt es den späteren Zeiten, wenn die fast täglich sich mehrenden neuen Entdeckungen in den unterirdischen Grotten ein vollständigeres Bild des daselbst auftretenden organischen Lebens geboten haben werden, irgend ein Gesetz aufzufinden, nach welchem der Charakter der unterirdischen Faunen wird näher bezeichnet werden können; vorläufig wäre jeder Versuch in dieser

Richtung ohne Erfolg, und es ist ein solcher, um das Feld der Forschung durch ungegründete Conjecturen nicht zu beirren, besser ganz zu unterlassen.

Schiödte hat in seiner oben erwähnten Schrift[1]) eine Eintheilung gegeben, nach welcher die in den unterirdischen Grotten bisher aufgefundenen Thiere in natürliche Gruppen gereihet sind.

Die vier Classen, welche er annimmt, sind folgende:

Schattenthiere (*Skygge-Dyr*), d. i. solche, welche sich am Eingange von Höhlen finden, die aber überhaupt auch an schattigen, kühlen und feuchten Orten angetroffen werden. Die mit Flügeln versehenen gehen zuweilen tief in das Innere der Höhlen (*Antliata*, Zweiflügler).

Dämmerungsthiere (*Tusmörke-Dyr*), wozu einige den Grotten eigenthümliche Thiere aus weit verbreiteten Geschlechtern gehören, die, obwohl sie flügellos sind, dennoch tiefer in die Höhlen dringen als die vorigen und sich durch kleinere Augen vor anderen auszeichnen (*Pristonychus elegans Dej.* (*Sphodrus Schmidtii Mill.*) und *Homalota spelaea Er.*).

Höhlenthiere (*Hule-Dyr*), eigenthümliche, flügellose, blassfarbige Arten, die im völligen Dunkel leben. Die Landthiere sind blind, die im Wasser lebenden haben hingegen Lichtempfindung (*Anophthalmus, Bathyscia* (*Adelops*)*, Hypochthon*).

Tropfsteinhöhlenthiere (*Drypsteenhule-Dyr*), besondere Gattungen, die flügellos, blind und hellgefärbt sind und nur in Tropfsteinhöhlen gefunden wurden *Stagobius* (*Leptodirus*), *Stalita, Blothrus, Niphargus, Titan ethes*).

Da diese Eintheilung wesentliche Mängel an sich trägt und auch keine streng geschiedenen Gruppen nachweiset, so scheint eine neue Anordnung des Materiales nicht überflüssig und es solen daher die Thiere in den folgenden Zeilen in drei Gruppen gereihet werden.

In die erste derselben werden alle jene Thiere zu zählen sein, die allerdings in Grotten gefunden wurden, die aber auch

---

[1]) Schiödte: *Bidrag* .... pag 35.

ausserhalb derselben, und zwar überall vorkommen, wo sich die ihrer Lebensart entsprechenden Bedingungen vorfinden; ihr Vorkommen in den Grotten ist daher ein nur ganz zufälliges.

Die zweite Gruppe umfasst jene Thiere, die in der Regel an jenen Stellen der Grotten getroffen werden, wohin noch Tageslicht dringen kann, die aber auch sonst ausserhalb der Grotten, wenn auch höchst selten vorkommen, oder wenigstens Gattungsrepräsentanten daselbst nachweisen; ihr Vorkommen in den Grotten ist daher ein allerdings normales, und es scheint dass sie ausserhalb derselben nur zufällig getroffen werden. Wir werden diese Thiere der Kürze wegen Troglophilen (Grottenliebende) nennen.

Die dritte Gruppe endlich enthält jene Thiere, die ausschliessend nur in unterirdischen Grotten leben und die ausserhalb derselben bisher noch nirgendwo, oder nur dann getroffen werden, wenn ausserordentliche Umstände (wie z. B. Hochwässer bei dem Olme) deren Vorkommen am Tageslichte rechtfertiget. Wir werden diese mit dem Ausdrucke Troglobien (in Grotten lebende) bezeichnen.

Die Troglobien sind es zunächst, welche für eine Grottenfauna von besonderem Interesse sein müssen. Diese sollen auch nach dem Zwecke dieses Buches umständlicher abgehandelt werden und es sollen von allen die vollständigen wissenschaftlichen Diagnosen und von den meisten Abbildungen gebracht werden. Die Troglophilen werden nur in der Art und Weise ihres Vorkommens berücksichtigt, die der ersten Gruppe hingegen nur nebenbei erwähnt werden.

Von Säugethieren finden sich in den genannten Grotten nur wenige Arten, die mit Ausnahme einer einzigen, sämmtlich in die erste Gruppe fallen.

Professor Pokorny*) beobachtete in der Lueger Grotte einen Fuchs *(Canis vulpes L.)*, der sich bei dessen Annäherung ins Freie flüchtete.

---

*) Verhandlungen des zoologisch-botanischen Vereins. 3. Bnd. pag. 27.

Fürst **Khevenhüller**[9]) zeigte in einer Versammlung des zoologisch-botanischen Vereins Knochenreste aus der Adelsberger Grotte vor, welche offenbar einem Säugethiere, und zwar einem Nager von Rattengrösse angehört haben mochten, und die der hohen Lage nach, wo sie gefunden wurden, den Gedanken an ein Hereinschwemmen durch Wasser ausschlossen, die im Gegentheile durch ihre Unversehrtheit nothwendig ein Absterben des Thieres an Ort und Stelle vermuthen liessen.

Dr. **Schmidl** fand in dem hintersten Seitengange des westlichen Arms der Planina-Höhle, in dem sogenannten Tropfstein-Paradiese, das Skelett eines Wiesels *(Mustella)*; Custos **Freyer** dessgleichen in der Nähe des sogenannten Tartarus in der Adelsberger Grotte ein Häufchen Knochen, die einem Billiche *(Myoxus)* angehörten.

Bei meinem letzten Besuche der Adelsberger Grotte wurde gleichfalls ein Häufchen Knochenreste aufgefunden, die einem Wiesel angehört haben mochten, und an einer sehr erhöhten Stelle des »Calvarienberges« neben einer Stalaktitsäule beisammen lagen.

Wenn über das Vorkommen aller dieser Knochenreste an diesen von aussen schwer zugänglichen, weit in dem Inneren der Grotten gelegenen Orten einer Vermuthung Raum zu geben gestattet ist, so möchte ich glauben, dass sie Thieren angehört haben, welche von aussen in irgend einer Felsenspalte einen Schlupfwinkel aufsuchten, in dieser aber durch eine Oeffnung, die unerwartet auf ihrem Wege lag und mit der Grotte communicirte, in dieselbe hinabfielen und so verunglückten.

Endlich finden sich in den Grotten auch Fledermäuse, deren Excremente von dem Fürsten **Khevenhüller**, so wie von dem Prof. **Pokorny** und anderen Grottenbesuchern in grossen Massen beobachtet wurden, und von denen die von dem Hrn. Professor **Pokorny**[10]) in der Adelsberger Grotte und zwar gleich am Anfange erlegte kleine Hufeisennase *(Rhinolophus Hippocrepis Herm., Vespertilio Hipposideros Bechst., Vesp. ferrum equi-*

---

[9]) *Ibidem.* 2. Band. pag. 43.
[10]) *Ibidem.* 3. Band. pag. 25.

num Schreb.) ganz sicher nur zufällig die Grotte zu ihrem Schutze aufsucht.

In die Gruppe der Troglophilen hingegen dürfte die zweite von dem Herrn Prof. Pokorny [11]) in der Lueger Grotte in grosser Menge beobachtete Chiropteren-Art, die sich nach der durch die Güte des Hrn. Custosadjuncten Dr. Fitzinger vorgenommenen Bestimmung als *Miniopterus Schreibersii,* Natterer bei Kuhl, auswies, zu zählen sein.

Dieses Thier, welches von Hrn. v. Schreibers zuerst in der Columbaczer-Höhle entdeckt wurde, findet sich auch in der Veteranen-Höhle bei Mehadia, dann bei Ascoli im Kirchenstaate und in Algier. Nach einer Mittheilung des Herrn Doctor Fitzinger wurde dieselbe auch vom Hrn. Custos Freyer aus den Krainerhöhlen an das k. k. Hof- und Naturaliencabinet eingesendet.

Aus der Classe der Vögel sind hier die vielen Tauben zu erwähnen, welche die meisten Karsthöhlen als Versteck aufsuchen und von Dr. Schmidl namentlich in der St. Kanzian-Grotte in grosser Menge getroffen wurden. Ihr Aufenthalt in den äusseren Räumen der Grotten kann jedoch, wie der vieler daselbst vorkommenden Schwalben und Segler, nur als ein ganz zufälliger betrachtet werden.

Von Amphibien beherbergen unsere Grotten den interessanten Olm, der in jeder Beziehung zu den echten Troglobien zu zählen sein wird.

Schon bei Valvasor [12]) findet sich die Notiz, dass eine Stunde von Oberlaibach, am Ursprunge des Bela-Baches, nach starkem Regen ein paar junge »Lindwürmer« gefunden wurden, die Hoffmann nach Hause brachte und die Valvasor, der sie zu sehen bekam, für eidechsenartige Thiere erklärte.

Steinberg erzählt in seiner Nachricht vom Zirknitzersee, [13]) dass im Jahre 1751 bei einer Ueberschwemmung des Mühlthales

---

[11]) *Ibid.* 3. Band, pag. 26.
[12]) Valvasor: Ehre des Herzogthums Krain.
[13]) Steinberg: Nachricht von dem Zirknitzersee. 1761.

und der Gegend von Kleinhäusl fünf Exemplare eines unbekannten
Fisches in der Unz gefangen wurden, der spannenlang und von
weisser Hautfarbe war, vier Füsse hatte und dessen Schwanz
dem einer Flussruthe glich.

Diese beiden Notizen, so wie eine dritte in Schönlebens
»Beschreibung des Zirknitzersees« [14]) enthaltene, die von weissen
Fischen mit vier Füssen spricht, beziehen sich aller Wahrscheinlichkeit nach auf unseren Olm, obwohl Michahelles die Vermuthung ausspricht, als habe Steinberg nur unausgebildete Mäuse
oder Ratten vor sich gehabt.

Dr. Laurenti [15]) aus Wien gab (1768) die erste einiger-
massen richtige Beschreibung dieses Thieres.

Scopoli [16]) folgte (1772) mit einer genaueren Beschreibung; eine vollständige Abhandlung über den Olm lieferte erst der
selige Carl Ritter v. Schreibers, [17]) durch dessen classische Bearbeitung dieses Gegenstandes, in den Londoner philosophischen Ab-
handlungen, das wunderbare Grottenthier in der ganzen Welt bekannt wurde und die volle Aufmerksamkeit der Naturforscher auf
sich zog. Die ersten Exemplare des Olms kamen, wie bereits erwähnt wurde, aus Gewässern ausserhalb der Grotten. Die Entdeckung desselben in der Magdalenen-Grotte (1814) gab den Forschungen über denselben eine ganz andere Richtung. Hunderte von
Exemplaren wanderten von diesem Standorte zur Beobachtung und
Zerlegung in die Studierzimmer und an die Secirtische der Ge-
lehrten; die reiche Literatur, in welcher die Resultate dieser Un-

---

[14]) Schönleben: Beschreibung des Zirknitzersees.
[15]) Laurenti, Jos. Nicol.: *Synopsis reptilium emendata. Cum tabb. 5. aen.
Viennae* 1768. Trattnern. 8'.
[16]) Scopoli, Joann. Ant.: *Annus quintus historico-naturalis. Lipsiae.*
1772. 8°.
[17]) Schreibers, Carl v.: *A historical and anatomical description of a doubt-
full amphibious animal of Germany called by* Laurenti *Proteus anguinus: communicated by Sir Jos.* Bankt *(Philosophical transactions.
Vol.* 91. *pt.* 2. *pag.* 241. *tab.* 16. 17.) *London.* 1801.
Schreibers: *Proteus anguinus. Viennae.* 1818. Heubner. 4°.

tersuchungen kund gegeben wurde[18]), liefert einen Beleg für das grosse Interesse, welches der Olm allenthalben einzuflössen vermochte.

Linné hielt den Olm für die Larve irgend eines Amphibiums, ebenso Lacépède, Daubenton u. A. Blumenbach führte ihn erst in der 10. Auflage seiner Naturgeschichte (1821) als selbstständiges Thier auf und Dr. Fitzinger konnte in seiner in der Note erwähnten Abhandlung bereits sieben gut unterschiedene Arten desselben aufstellen.

Der Olm gehört in die Classe der Reptilien und zwar in die achte Ordnung derselben oder in die der Fischlinge *(Ichthyodea)*, wo er wieder in die zweite Familie der Kiemenfischlinge *(Phanerobranchia)* einzureihen ist.

Dr. Laurenti nannte ihn *Proteus;* gegenwärtig wird Merrem's Gattungsname *Hypochthon* allgemein dafür angewendet.

Die Kiemenfischlinge zeigen an jeder Seite des Halses drei

---

[18]) Wir führen hier die wichtigeren Schriften über den Olm an:

Dr. Shaw: *in General-zoology. London. 1800—1819. 8'. Vol. III.*

Cuvier: in Humboldt et Bonplands: *Observations zoologiques. Paris. 1805—1811. 4°. I. 187. t. 13.*

Rusconi Maur. et Pietro Configliacchi: *Monografia del proteo anguino di Laurenti. Con tavv. Pavia. 1818. 4'.*

Treviranus, Gttf. Rnhld.: *De Proteo anguino encephalo et organis sensuum disquisitiones anatomicae. Cum tabb. aen. II. Goettingae. 1819. 4°.*

Rusconi, Maur.: *Sopra un Proteo femineo. Con tavv. Pavia. 1828. 4°.*

Hochenwarth, Fz. Gf. v.: Beiträge zur Naturgeschichte, Landwirthschaft etc. des Herzogthums Krain. Laibach. 1838. 8'. 2. Heft. pag. 37. u. ff.

Chiaje, Steffano delle: *Ricerche anatomico-biologiche sul Proteo serpentino. Con tavv. 5. Napoli. 1840.*

Freyer: in Haidingers Mittheilungen. V. Bd. pag. 56.

Fitzinger, Dr.: Ueber den *Proteus anguinus* der Autoren (im Octoberhefte des J. 1850 der Sitzungsb. der mathematisch-naturw. Classe der k. k. Academie der Wissenschaften).

Michahelles, Dr.: in der Isis 1830. pag. 180 und 1831. pag. 505. ferners Isis von 1817. 1820. pag. 560. etc. 1821. pag. 263.

Dalton, J. C.: *Some account of the proteus anguinus in Silliman's american journal. vol. XV. pag. 387. Th. III.*

heraushängende Kiemenbüschel, welche lebenslänglich bleiben. Sie athmen daher durch Kiemen und Lungen zugleich.

Die Gattung *Hypochthon* hat einen langgestreckten aalförmigen Körper mit verlängertem Kopfe und zusammengedrücktem Flossenschwanze; die Augen sind undeutlich, die Gaumenzähne stehen in zwei Reihen; die Beine sind sehr kurz und dünne; die Vorderfüsse haben drei, die Hinterfüsse zwei Zehen.

Die sieben, aus 31 Standorten bisher bekannten Arten dieser Gattung sind: *Hypochthon Zoysii Fitz.* von Ruppa; — *H. Schreibersii Fitz.* von Vir; — *H. Carrarae Fitz.* von Sign in Dalmatien und Narenta; — *H. Haidingeri Fitz.* aus der Neuhäusler-Grotte; — *H. Laurenti,* aus der Magdalenen-Grotte; — *H. Freyeri Fitz.* von Kumpole u. Postikavz; — *H. xanthostictus Fitz. (chrysostictus Freyer)* von Bedén.

Die Olme leben in unterirdischen Wasserbehältern und werden nur zeitweise auch ausserhalb der Grotten getroffen, was insbesondere nach Hochwässern zu geschehen pflegt, wesshalb die letzteren Standorte mit Recht nur als secundäre, ganz zufällige zu betrachten sind.

Trotz der vielfältigen und genauen Beobachtungen der Naturforscher, wie eines Baron v. Zoys, C. v. Schreibers, Dr. Fitzinger's und Anderer ist es bisher noch nicht gelungen, über die Lebensweise der Olme verlässliche Aufschlüsse zu erhalten, ja die Untersuchungen an tausend Exemplaren hellten das Dunkel nicht auf, welches noch heute über die Fortpflanzung der Olme herrscht. Prof. Dr. Hyrtl hat an einem von Dr. Schmidl aus der Planina-Höhle mitgebrachten Exemplare, welches sehr entwickelte Ovarien hatte, am Ende des Eileiters eine Drüse aufgefunden, welche nur bei eilegenden Nacktlurchen und einigen Fischen vorkömmt, und wodurch mit grosser Wahrscheinlichkeit anzunehmen ist, dass der Olm ein eilegendes und kein lebendig gebärendes Thier sei.

In der Gefangenschaft leben die Olme jahrelang ohne Nahrung, doch fressen sie auch nach den Zeugnissen des Herrn v. Schreibers und Custos Freyer Frosch- und Krötenlaich, Kaulquappen, Regenwürmer, kleine Schnecken u. d. g.

Hr. Türck, der seit vielen Jahren eine beträchtliche Anzahl lebender Olme hält, machte dieselbe Beobachtung und ihm verdanke ich den Anblick eines Proteïnen-Mahles, das in seiner Art recht eigenthümlich und interessant ist. Hr. Türck befestigte an der Spitze eines Stäbchens einen Regenwurm von mittlerer Grösse und hielt ihn unter dem Wasser ganz nahezu an den Kopf des ruhig sich verhaltenden Olms. In wenigen Sekunden hatte dieser die Annäherung des Wurmes bemerkt, schoss pfeilschnell nach demselben und verschluckte ihn eben so schnell, spie ihn wieder aus, verschluckte ihn dann wieder und wiederholte dieses Manöver einige Male, bis er endlich seine Beute gänzlich verschluckte und bei sich behielt.

Einige Olme, welche Hr. Türck dem Lichte ausgesetzt in einem Glase hält, sind eben so frisch und munter, wie die im Finstern gehaltenen, nur zeigen sie eine dunklere Hautfarbe.

Die Art, welche in unserem Faunengebiete getroffen wird, ist *H. Laurentii Fitz.*, deren wissenschaftliche Diagnose ich aus Dr. Fitzinger's Monographie hier anfüge:

Hypochthon Laurentii Fitz. (Proteus anguinus Laur. ex. p. — Siren anguinea Schr.)

Kopf lang, dreieckig, an den Seiten nicht eingebuchtet, mit langer, breiter, abgestutzter Schnauze. Augen wenig sichtbar, vor der hinteren Gränzlinie des ersten Drittels des Kopfes liegend. Kiemen kurz astförmig, nach rückwärts gerichtet, lang gestielt, über dem Stiele stark verästelt und grob verzweigt. Schwanz mit niederer, am Ende zugespitzt gerundeter Saumflosse. Schmutzigfleischfarb, mit sehr kleinen graulichen Puncten dicht übersäet. Von der Schnauzenspitze bis ans Auge jederseits eine undeutliche schwärzlichgraue Binde, in der Mitte über der Schnauze ein verloschener weisslicher Fleck. Ganze Länge des Thieres 9″; Länge des Kopfes 1′ 2‴, des Schwanzes 2″ 8‴, Durchmesser des Leibes 5‴, Breite des Hinterhauptes 7¹/₂‴, der Schnauzenspitze 4‴, Abstand der Füsse 4″ 6‴.

Aus der Classe der Fische wurden in den Grotten bisher noch keine eigenthümlichen Arten aufgefunden.

Von Insecten beherbergen die unterirdischen Grotten meh-

rere Arten von Coleopteren, Orthopteren, Dipteren und eine einzige
Art aus der Latreille'schen Ordnung der Thysanüren, welche
sämmtlich in unsere zweite und dritte Gruppe eingereiht werden
müssen.

Der Vollständigkeit wegen will ich jedoch auch jene Insecten
anführen, welche, wenn auch nur ganz zufällig, immerhin in
diesen Grotten gefunden wurden und daher in unsere erste Gruppe
zu stellen sind.

Schiödte [19]) fand nahe am Eingange der Grotten, doch bereits innerhalb derselben unter Steinen, Brettern oder Erde in ab-
gestorbenen vegetabilischen Stoffen und Mulm einzelne Arten aus
den Gattungen *Pterostichus, Pristonychus, Amara, Quedius,
Homalota, Omalium* [20]), *Hister, Trichopteryx, Cryptophagus,
Otomaria, Ptinus, Ceraphron, Belyta,* ein *Orthopteron* aus der
Familie der Locustarien [21]), *Trichoptera, Sciara, Psychoda,
Phora* [22]), *Heteromyza (flavipes Zttst.)* und *Sapromyza (chry-
sophthalma Zttst.).*

Da er die einzelnen Arten nicht bezeichnet, so kann über
deren Vorkommen in diesen Localitäten nur im Allgemeinen ein
Schluss gefasst werden. Die genannten Gattungen enthalten überhaupt Arten, welche schattige, feuchte und kühle Orte lieben und
auch in Kellern und anderen unterirdischen Räumen getroffen werden. Sie stehen zu den Grotten gewiss in keiner näheren Beziehung und können eben sowenig als Grottenbewohner gelten, als jener *Procrustes corriaceus,* den mein verehrter Freund Miller in

---

[19]) Schiödte: *l. c. pag.* 7.
[20]) Wahrscheinlich *O. concinnum.* Mrsch., welches unterirdisch lebt und
dessen Artrechte Erichson bezweifelte. Miller hält diess Thier für
eine gute Art, die sich von *O. deplanatum* Gyll. durch die der Länge
nach feingestrichelten Flügeldecken, durch die weniger feine Punctirung
des Kopfes und Halsschildes und durch das eigenthümliche Vorkommen
in unterirdischen Räumen hinlänglich unterscheidet. Miller fand es in
Kellern mit *Cryptophagus signatus et pilosus* und *Atomaria munda,* die
ebenfalls unterirdische Orte lieben.
[21]) Wahrscheinlich *Phalangopsis cavicola* Kollar.
[22]) *V.* weiter unten.

der Lueger Grotte fand, oder eine *Coccinella septempunctata*, die irgend ein Grottenbesucher an seinen Kleidern mit in die Grotten trug.

In die gleiche Categorie werden auch die vom Hrn. Prof. Pokorny [13]) in diesen Grotten beobachteten Insecten: *Larentia dubitata Treitschke* und *Anthomyia mitis Mg.*, so wie die von Sr. Durchl. Fürsten Khevenhüller [14]) in der Adelsberger Grotte gesammelten: *Chironomus viridulus Mg.* und *Baetis bioculata Pz.* zu reihen sein.

Von Troglophilen sind aus der Ordnung der Coleopteren als in unserem Faunengebiete vorkommend, folgende anzuführen:

Pristonychus elongatus Dej. — Familie der Carabicinen. Findet sich in den vorderen Räumen der Grotten [15]). Prof. Pokorny [16]) sammelte ihn in der Lueger Grotte, gleich am Anfange derselben, wohin noch Tageslicht hindringen kann, unter Steinen. Ebendaselbst und unter denselben Verhältnissen fand ich denselben bei meinem jüngsten Besuche der Lueger Grotte ziemlich häufig. Schmidt [17]) erhielt ein einzelnes Exemplar aus der ³/₄ Stunden von Gottschee entfernten Seleer Grotte.

Homalota spelaea Erichs. — Familie der Staphylinen. Kommt in der Adelsberger Grotte [18]) und in grosser Menge auch in der Lueger Grotte [19]), in dem überall häufig angesammelten Fledermausdünger oder unter Steinen oder Erde vor. Einzelne Exemplare fand Schiödte selbst bis in die tiefsten Räume der Grotten.

Quedius fulgidus Erichs. (Staphylinus variabilis Gyll.

---

[13]) Verhandlungen des zool.-bot. Vereins. III. Bd. pag. 26.

[14]) *Ibid.* I. Bd. pag. 106.

[15]) Schmidt: in der Laibacher Zeitung 1852. Nr. 146.

[16]) Verhandl. des zool.-bot. Vereins. III. Bd. pag. 26. — Graf Dejean sammelte seine Exemplare bei Fiume. Parreyss brachte ihn aus Dalmatien mit.

[17]) Schmidt: Besuch der Seleer Grotte etc. etc.

[18]) Erichson: Monographie der Staphylinen *(Genera et species staphylinorum)* pag. 107. Nr. 51.

[19]) Schiödte: *l. c.* pag. 7.

— *St. nitidus Grav.)* — Familie der Staphylinen. Einzeln in allen Grotten und immer nur in der Abänderung mit schwarzen Flügeldecken, in welcher Färbung er sich auch zuweilen in Kellern vorfindet. Ferd. Schmidt erhielt ihn aus der Seleer Grotte, wo ihn auch L. Miller häufig auffand.

Aus der Ordnung der Orthopteren ist als Troglophile anzuführen:

Phalangopsis cavicola Kollar in litt. — Familie der Locusten.

In allen unterirdischen Grotten und Höhlen von H. Schmidt[30]), von Sr. Durchl. Fürsten Khevenhüller[31]), Prof. Pokorny[32]), Dr. Schmidl und von mir sehr häufig in der Lueger Grotte aufgefunden. Sitzt ganz ruhig an den Wänden und springt bei Annäherung des Lichtes schnell weg. Dieses noch unbeschriebene Thier wurde vor einigen Jahren von H. Zellebor auch in dem sogenannten »Schelmenloche« bei Baden entdeckt.

Aus der Ordnung der Dipteren muss hier eine *Phora* erwähnt werden, welche auch Schiödte[33]) in der Adelsberger Grotte beobachtete und von der er sagt, dass sie der *Phora maculata Mg.* nahe stehe. Ueber eine Anfrage ertheilte mir der verdienstvolle Naturforscher Krains, Herr Ferdinand Schmidt, die briefliche Auskunft, dass diese Fliege auf feuchten Tropfsteinsäulen in der Adelsberger Grotte, besonders am Calvarienberge ziemlich selten zu treffen sei, dass sie sehr schnell laufe und bei anhaltender Verfolgung wegspringe; er habe niemals beobachtet, dass sie sich bei dieser Gelegenheit ihrer Flügel bediente. Es gelang ihm in fünf Stunden nur zwei Exemplare einzufangen, wovon er so gefällig war mir eines einzusenden. Bei meinem jüngsten mittlerweile erfolgten Besuche der Adelsberger Grotte gelang es mir, 12 Exemplare dieser Fliege zu erhalten und ich war auch in der Lage, das Benehmen des Thieres genau und erschöpfend zu beobachten.

---

[30]) Laibacher Ztg. 1852. Nr. 146.
[31]) Verhandl. des zool.-bot. Vereins. II. Bnd. pag. 43.
[32]) *Ibidem.* III. Bd. pag. 26.
[33]) Schiödte: *l. c.* pag. 7.

Das Thier läuft nach Phora- Art sehr schnell, ich konnte aber kein einziges Exemplar dahin bringen, sich ihrer Flügel zu bedienen, obwohl ich alles anwendete und es lange versuchte, sie durch meine Verfolgungen zur Flucht zu bewegen. Die Beobachtung Schmidt's ist daher ganz richtig und zeigt eine Eigenschaft dieser Art, welche sie vor allen anderen mir bekannten grösseren Phora-Arten wesentlich unterscheidet.

Die genaue wissenschaftliche Untersuchung der Fliege ergab als Resultat, dass sie eine ganz neue, noch unbeschriebene Art sei, welche ich im Vereine mit meinem verehrten Freunde Dr. Joh. Egger *Phora aptina* nenne, und die wir in Folgendem beschreiben:

Phora aptina. Nobis. Familie der *Trineurides Zetterst. Nigra, thorace brunneo-nigro, antennis obscure brunneis, seta flava; palpis pedibusque lividis, alis dilute fuscanis, nervo costali dense ciliato; halteribus obscuris; tibiis spinosis.* ♂ *et* ♀ *long.* 2—2¼ *lin.*

Schwarz, Brustschild bräunlich, etwas glänzend. Die dunkelbraunen Fühler mit einer langen gelben Borste. Taster vorstehend, blassgelb, mit schwarzen Borstenhaaren dicht besetzt. Rüssel ziegelfarbig, kurz. Hinterleib seidenartig. Flügelgeäder wie bei Meigen Fig. 6 (Gruppe von *Phora maculata*), gelblich, der Randnerv sehr stark gewimpert. Schwinger dunkel mit lichterer Wurzel. Füsse blassgelb, die Schenkel und die Schienen obenauf schwärzlich. Schienen: die vorderen auf der Mitte mit einem einzelnen Dorne; die mittleren auf dem ersten, oberen Drittel mit zwei Dornen; die hinteren auf der Mitte mit einem einzelnen Dorne; alle, mit Ausnahme des ersten Paares, mit je zwei Spornen. Das erste Tarsenglied am längsten, jedes folgende um ein Drittel kürzer als das frühere, das Klauenglied sehr klein. Länge 2—2¼ Linien.

Als wahre Troglobien sind aus der Ordnung der Coleopteren folgende Arten hier anzuführen:

Sphodrus Schmidtii Miller (Pristonychus elegans Dej. Pr. Schreibersii Schmidt in litt.). Familie der Carabicinen.

Ferdinand Schmidt entdeckte denselben am 10. Juni 1832 in der Adelsberger Grotte und 1833 fand er ebendaselbst auch

dessen Larve in menschlichen Excrementen [36]). Sein gewöhnlicher
Standort ist der sogenannte Turnir- oder Tanzsaal, wo er unter
Tropfsteintrümmern oder altem Holze oder auch ganz einfach in
den Winkeln oder an den Wänden ruhig zu sitzen pflegt [35]). Er
ist ziemlich häufig in der Lueger Grotte, und kömmt auch in der
Magdalenen-Grotte und in der Grotte *V gradah* bei Seetz [36]) vor.

Bei meinem letzten Besuche der beschriebenen Grotten war
ich in der Lage, eine ziemliche Anzahl dieses Käfers zu sammeln,
was mich veranlasste, denselben einer genaueren Prüfung zu unter-
ziehen. Ein schon früher angeregter Zweifel meines Freundes
Miller, ob denn der seit seinem Auffinden als *Pristonychus
elegans Dej.* bekannte Grotten-Käfer mit der Dejean'schen aus
den Krainer Bergen stammenden Art auch wirklich identisch sei,
bewog mich Hrn. Miller meine frisch gesammelten Stücke mit der
Bitte zu übergeben, dieselben einer strengen Revision zu unter-
ziehen.

Herr Miller beantwortete meine Bitte mit den folgenden
freundlichen Zeilen:

»Eine genauere Untersuchung der in Krain vorkommenden
»*Pristonychus*-Arten hat mich belehrt, dass der in den Grotten
»lebende, allgemein für *Prystonychus elegans Dejean* gehal-
»tene Käfer nicht nur dieser Art fremd sei, sondern auch der Gat-
»tung *Pristonychus* nicht angehöre.«

»Die Dejean'sche Beschreibung des *Pristonychus elegans*
»ist nach einem Exemplare entworfen, welches aus den Krainer
»Alpen stammt; es ist die kleinste Art dieser Gattung, 5 Linien
»lang, rostroth, die Oberseite etwas dunkler, der Halsschild län-
»ger als breit, leicht herzförmig; die Flügeldecken etwas breiter
»als der Halsschild, fast nur doppelt so lang als dieser, schwach
»gewölbt.«

»Ich besitze zwei Stücke von dieser, wie es scheeint, höchs
»seltenen Art, welche von den HH. Schaschl und Kokeil auf

[34]) Laibacher Zeitung 1852. Nr. 146.
[35]) Verhandl. des zool.-bot. Vereins. I. Bd. pag. 106.
[36]) Laibacher Zeitung 1852. Nr. 146.

»den Nebenalpen des Loibl, an der Gränze zwischen Kärnthen und
»Krain, im Freien unter Steinen aufgefunden wurden.«

»Sie sind dem Grottenthiere in der That so ähnlich, dass bei
»oberflächlicher Betrachtung eine Verwechslung leicht möglich
»wäre, ein sicheres Kennzeichen aber bietet die Bildung der Klauen,
»die bei den Pristonychen an der Wurzel gesägt, beim Grotten-
»käfer hingegen ungesägt, länger und sehr schmal sind.«

»Diese Merkmale weisen das Thier zu *Sphodrus*, welche
»Gattung sich von *Pristonychus* in den eben angegebenen Punc-
»ten unterscheidet.«

»Die Diagnose wäre:

»*Sphodrus Schmidtii Miller.*«

»*Apterus elongatus, ferrugineus; thorace angustato, sub-
»cordato; elytris elongato-ovalibus, subconvexis, striatis. Long.*
»*5½—7 lin.*«

»Kleiner und schmäler als die übrigen Arten dieser Gattung;
»rostroth, der Kopf dunkler pechbraun, zwischen den Fühlern mit
»den gewöhnlichen Eindrücken. Die Palpen und Fühler gelblich,
»letztere sehr lang und dünn. Das Halsschild länger als breit, ge-
»gen die Basis verschmälert, vorne ausgerandet, die Vorderecken
»spitz und vortretend, die Hinterwinkel, da der Seitenrand gegen
»die Basis ausgebuchtet ist, etwas kleiner als rechte; die Ein-
»drücke in den Hinterecken ziemlich tief, unpunctirt. Die Flügel-
»decken sehr schwach gewölbt, fast dreimal so lang als der Hals-
»schild, länglich eiförmig, an der Basis von der Breite des Hals-
»schildes, ziemlich tief gestreift, die Zwischenräume äusserst fein,
»lederartig gerunzelt. Die Stücke aus der Lueger Grotte sind
»grösser und dunkler gefärbt, ich stehe jedoch an, sie für specifisch
»verschieden von denen der Adelsberger Grotte zu halten.«

Die Larve des Käfers, welche, wie erwähnt wurde, Herr
Schmidt schon im Jahre 1833 entdeckt hatte, fand Se. Durchlaucht Fürst Richard zu Khevenhüller bei unserem jüngsten
Besuche der Adelsberger Grotte in der Nähe des Calvarienberges
an einer Tropfsteinsäule. Da sie noch unbeschrieben ist, so folgt
hier deren Beschreibung:

Beinweiss; Kopf rostroth, hornartig; Prothorax von derselben Farbe und Beschaffenheit, doppelt so gross als die lichteren, beinahe beinweissen Meso- und Metathorax.

Kopfschild auf der Mitte herzförmig eingedrückt, an den Enden der beiden erhabeneren, verschmälert zulaufenden Seiten stehen die viergliedrigen Fühler, von denen das erste Glied am längsten, das zweite und dritte gleichgross, das vierte aber sehr klein und dünne ist und an der oberen breiteren Seite des dritten Gliedes wie eine Borste seitlich aufsitzt. Augen sehr klein. Oberlippe wenig gerandet. Die starken Mandibeln mit einem deutlichen Zahne in der Mitte. Maxillen ziemlich gerade, deren äussere Taster drei-, die inneren zweigliedrig. Die Unterlippe trapezförmig mit 2gliedrigen Tastern. Unterseite des Kopfes in der Gegend des Schlundes mit einem tiefen Eindrucke. Die 9 Hinterleibsriegel häutig, gleichgross, seitlich mit einzelnen Borsten besetzt, der letzte stark nach abwärts gebogene und verschmälerte Ring trägt auf seiner Oberseite zwei lange gabelförmig nach aufwärts gerichtete Fortsätze, die durch Einschnürungen wie geringelt erscheinen. Die Coxen sehr deutlich, Schenkel und Schienen mit Borsten besetzt, Klauen sehr klein. Länge 5‴.

Dass diese Larve dem beschriebenen *Sphodrus* angehört, kann mit aller Wahrscheinlichkeit behauptet werden, da sie Schmidt an demselben Standorte mit dem vollkommenen Thiere fand und in der Grotte bei der sorgfältigsten Untersuchung bisher kein anderer *Carabicine* angetroffen wurde, dem sie angehören könnte.

Ein zweiter echter Grottenkäfer wurde von Hrn. Ferdinand Schmidt im Mai des Jahres 1842 in der Lueger Grotte entdeckt[37]). Es ist diess der augenlose *Anophthalmus Schmidtii Sturm.* (*A. stomoides Schmidt in litt.*) aus der Familie der Carabicinen.

Seitdem sind mehrere Standorte dieses Käfers bekannt geworden. Im Jahre 1845 fand Schmidt drei Exemplare desselben in einer Grotte auf dem Krimberge bei Ober-Iggdorf; 1846 dess-

---

[37]) Laibacher Zeitung 1852. Nr. 146.

gleichen Hr. Dominik Billimek in einer Grotte bei Laas [38]), wo ihn auch Schmidt im Jahre 1847 in zwei Exemplaren einsammelte [39]); 1848 entdeckte Hr. Custos Freyer Ein Exemplar desselben in der Grotte Bratniza, das Hr. Schmidt für eine Localvarietät hielt [40]); in demselben Jahre wurde er auch von Schmidt in der Podlaaser- und von Hrn. Freyer in der Laschitzer Grotte aufgefunden.

Schiödte [41]) brachte aus der Lueger Grotte zwei Exemplare mit, die er in dem innersten Theile derselben unter Holztrümmern sammelte. Prof. Pokorny und Dr. Schmidl fanden denselben ebenfalls nicht selten in der Lueger Grotte, gleich unmittelbar hinter dem bewohnten Schlosse in einer Aushöhlung der Felswand, die nicht einmal ganz dunkel ist und bisweilen als Holzkammer benützt worden zu sein scheint [42]). Ebendaselbst fand ihn auch Hr. Lud. Miller in beträchtlicher Anzahl.

Der glückliche Entdecker berichtete über den Aufenthalt des nach ihm benannten Käfers, »dass er ihn tief in der Lueger »Grotte, unter Steinen gefunden habe. Er laufe ausserordentlich »schnell und sei daher sehr schwer zu erhaschen, daher er bei »dem Fange zwischen den Steinen leicht beschädiget werde [43]).«

Wenn alle diese Angaben über das Vorkommen des Thieres zusammengehalten werden, so ergibt sich daraus, dass es einen sehr weiten Verbreitungsbezirk in den Grotten überhaupt habe und dass es daselbst wieder sowohl nahe am Eingange, als auch tief in denselben getroffen werde.

Die wissenschaftliche Diagnose Sturm's, der den Käfer zuerst beschrieb und abbildete [44]), lautet:

---

[38]) Illirisches Blatt 1846. Nr. 98.
[39]) Laibacher Zeitung 1852. Nr. 146.
[40]) *Ibid. id.*
[41]) Schiödte: *l. c.* pag. 8.
[42]) Verhandl. des zool.-bot. Vereins. III. pag. 25.
[43]) u. [44]) Sturm, Jac.: Deutschlands Fauna V. Abth. 15. Bd. pag. 131 u. ff. Tf. CCCIII.
    Sturm, Jac.: *Anophthalmus Schmidtii*, eine neue Gattung der Caraben. Nürnberg. 1844. 12'. (Separat-Abdruck.)

Anophthalmus Schmidtii St. Gelblich-rostroth, glatt, die Beine etwas heller, der Kopf länglich mit zwei nahe beisammenstehenden Schwielen; das Halsschild länglich-herzförmig, die Flügeldecken schwach gestreift, jede mit zwei seichten Grübchen und einem halbmondförmigen Eindrucke an der Spitze. Länge 3 Linien; Breite 1 Linie.

In einer Grotte bei Setz, zwischen Adelsberg und Lueg, fand Herr Ferdinand Schmidt am 21. Mai 1850 abermals eine neue Art aus der Gattung *Anophthalmus*, die er unter dem Namen *A. Scopolii* beschrieb und bekannt machte [45]). Seine Beschreibung lautet:

Anophthalmus Scopolii ist um ³/₈ kleiner als *A. Schmidtii*, der Kopf etwas länger, die Fühler um weniges dicker und mehr behaart. Das herzförmige, gegen hinten stark eingeschnürte Halsschild hat aufgeworfene Ränder und über die Mitte eine tiefe Längsfurche, die an dem oberen Rande aus einem dreiwinkligen Quereindrucke entspringt und das Halsschild bis an den ziemlich tief eingedrückten Hinterrand in zwei Hälften theilt. An jeder Seite des Hinterrandes befindet sich an den Seitenrand aufsteigend ein kurzes, längliches Gräbchen. Das Schildchen ist sehr klein, länglich dreieckig. Die Flügeldecken sind ziemlich flach, gegen die Naht etwas eingedrückt, mit je sechs Streifen, wovon die drei an der Naht etwas tiefer sind. Die Flügeleindrücke und Füsse wie *A. Schmidtii*, doch sind die gegen aussen verdickten Schienen der Vorderfüsse und ihre Ausrandung im Verhältniss stärker und etwas dichter behaart. Länge ¹/₄‴, Breite ¹/₂″ [46]).

---

[45]) Illirisches Blatt Nr. 154 vom Jahre 1850. — Abgebildet und beschrieben in Sturm's Deutschlands Fauna. V. Abth. 21. Bd. pag. 111 u. ff. Tf. CCCXCII.

[46]) Hr. Ludw. Miller theilte mir mit, dass er im Jahre 1849 diesen Käfer bei Oberburg in Untersteier und zwar hoch oben in der Nähe der Baumgrenze ober der Capelle unter Holzstücken gefunden habe und vermuthe, dass sich in der Nähe Ausgänge von unterirdischen Grotten finden möchten.

Ausserhalb unserem Faunengebiete wurden noch mehrere Arten der Gattung *Anophthalmus* entdeckt, die ich der Vollständigkeit wegen hier kurz anführe:

A. Tellkampfii Erichs. Von Dr. Tellkampf in der Mammuthhöhle in Kentuky 1842 aufgefunden und von Erichson in Müller's Archiv für Anatomie, Physiologie etc. [47]) beschrieben;

A. Bilimekii Schmidt. Von Hrn. Dominik Bilimek in in der ³/₄ Stunden von Gottschee entfernten Seleer Grotte im Jahre 1846 entdeckt und von Schmidt zuerst beschrieben [48]).

A. hirtus Schmidt in litt. und

A. Hacquetii Schmidt in litt.

Die beiden letzteren Arten wurden vom Hrn. Schmidt und zwar die erstere in der Podlaser- und Krimberger Grotte, die zweite in der Krimberger Grotte in neuester Zeit entdeckt, bisher aber noch nirgends bekannt gemacht. Der Herr Entdecker war so freundlich mir dieselben bei meiner Durchreise in Laibach zu zeigen und zu gestatten, von deren Auffinden hier einstweilen Erwähnung zu machen.

Den merkwürdigsten Fund in den unterirdischen Grotten Krains machte wohl der um die Durchforschung dieses Landes hochverdiente Graf Franz v. Hochenwart. Im Jahre 1831 entdeckte er nemlich in der Adelsberger Grotte, am sogenannten Calvarienberge den von Hrn. Ferd. Schmidt im Illirischen Blatte [49]) zuerst beschriebenen *Leptodirus* [50]) *Hochenwarti.*

Das erste und einzige Exemplar dieses, durch seinen sonderbaren Körperbau ausgezeichneten Käfers ging durch einen unglück-

---

[47]) Archiv für Anatomie, Physiologie und wissenschaftliche Medicin vom Jg. 1844. pag. 384. (Note.)

[48]) Illirisches Blatt Nr. 2 vom Jahre 1848. Beschrieben und abgebildet in Sturm, Jac.: Deutschlands Fauna. V. Abtheil. Bd. 21. Tf. CCCKCII.

[49]) Illirisches Blatt Nr. 3 vom 21. Jänner 1832, pag. 9.

[50]) Ich restaurire den ursprünglichen Namen Schmidts, der in neuerer Zeit in *Leptoderus* umgeändert wurde, weil nach den angenommenen Regeln der Namenbildung, das griechische Wort δυρν, ή (Hals) allerdings in das lateinische mit langem *i* zu schreibende *dirus* verwandelt werden kann.

lichen Zufall zu Grunde und es konnte, ungeachtet aller angewand-
ten Mühe, und obwohl Herr Schmidt den Grottendienern für
einen solchen Käfer fünfundzwanzig Gulden versprochen hatte,
kein weiteres Exemplar aufgefunden werden. Erst im Jahre 1845,
somit nach einem Zeitraume von 14 Jahren, wurde das Thier von
den HH. Kiesewetter und Schiödte an derselben Stelle wieder
aufgefunden. Seitdem gelang es mehreren Besuchern der Adelsberger Grotte den *Leptodirus* zu erhalten, unter denen Se. Durchl.
Fürst Richard zu Khevenhüller, der bei mehrmaligen Besuchen der
Grotte allein 20 Exemplare desselben erhielt, wohl am meisten fand.

Den freundlichen Mittheilungen des Letzteren verdanke ich
die näheren Details über das Benehmen des Thieres. Der Leptodirus kriecht langsam und vorsichtig, den Weg früher mit den
Fühlern genau abtastend, an den reinsten, etwas feuchten Stalaktitsäulen aufwärts. Bei der Annäherung des Lichtscheines be-
schleunigt er seine Schritte, was Herr Schiödte [51]) geradezu
läugnet und behauptet, dass der Käfer bei dieser Veranlassung
plötzlich anhalte und oft stundenlange unbeweglich sitzen bleibe.
Jedenfalls dürfte die Mittheilung des Fürsten, der so viele Käfer
zu beobachten Gelegenheit hatte, während Schiödte nur drei
derselben einsammelte, die richtigere sein.

Ein in einem Glase aufbewahrtes Stück lebte ausserhalb der
Grotte noch am zweiten Tage.

Der Fürst, welcher die Grotte zu verschiedenen Jahres- und
Tageszeiten besucht hatte, fand denselben sowohl im Winter als
im Sommer immer in gleicher Anzahl, doch gab der Abend reich-
lichere Ausbeute, als frühere Tageszeit, woraus er mit vollem
Rechte schliesst, dass der Leptodirus ein Nachtthier sein möchte.
Dass das riesenhafte Obisium (*Blothrus spelaeus Schiödte*) und
die augenlose Spinne (*Stalita taenaria Schiödte*) Feinde des
Leptodirus seien, bestätigte er gleichfalls durch seine genauen
mehrfältigen Beobachtungen [52]).

---

[51]) Schiödte: *l. c.* pag. 16.
[52]) Verhandlungen des zoologisch-botanischen Vereins. Bd. I. pag. 105 u. ff.

Schiödte gibt an [53]), dass von seinen drei Exemplaren zwei aus der Adelsberger- und eines aus der Magdalenen-Grotte stammten. Wenn diese Angabe nicht auf einer Verwechslung beruht, so ist auch letztere Grotte als Standort des Leptodirus zu betrachten. Prof. Pokorny [54]) brachte drei Exemplare desselben aus der Johannsgrotte, einer Zweiggrotte der Adelsberger Grotte mit, welcher Standort von Hrn. Dr. Schmidl zuerst entdeckt wurde. Letzterer fand den Käfer auch auf dem sogenannten Loibl, dem Calvarienberge gegenüber, wo an einer nahe am Wege liegenden Säule auch zahlreiche Bruchstücke desselben zu treffen waren. Alle übrigen Exemplare stammen von dem Calvarienberge der Adelsberger Grotte.

Schiödte, der ganz nach Anleitung seines Begleiters Hrn. Schmidt, seine Exemplare aufgefunden hatte, ignorirte nichts destoweniger alles Frühere und beschrieb das Thier im J. 1847 [55]) unter dem neuen Namen *Stagobius troglodytes*. Im Jahre 1850 [56]) gab er hievon eine sehr genaue wissenschaftliche Diagnose nebst Abbildung.

Nach dem bestehenden Gebrauche muss der ältere Name *Leptodirus Hochenwarti Schmidt* (Fam. d. Silphalen) beibehalten werden. Sturm's [57]) Beschreibung desselben lautet:

Kopf und Halsschild schmal, pechbraun, glatt und stark-glänzend, letzteres walzenförmig, unter der Mitte etwas eingeschnürt, die Deckschilde gross, breit, eiförmig, aufgeblasen, hellkastanienbraun, glasartig, durchscheinend glatt, aber etwas weniger glänzend als Kopf und Halsschild. Die Fühler und Beine lang und zart und wie die Taster hell gelblichkastanienbraun, glänzend. Die Behaarung der ersteren ist röthich gelb. Länge $3^1/_2$, Breite $1^3/_4$ Linien.

---

[53]) Schiödte: *l. c.* pag. 15.

[54]) Verhandlungen des zool.-bot. Vereins. Bd. III. p. 26.

[55]) in der *Oversigt ov. d. danske Vidensk. Selsk. Forh.* 1847 p. 78.

[56]) in seinem *Specimen faunae subterr. (Det kong. danske Videnskabernes Skrifter. Kjöbenh.)* 1850. pag. 16. Tf. I. F. 1.

[57]) Sturm, Jacob: Deutschlands Fauna. V. Abth. 20. B. Nürnberg. 1849. pag. 93 u. ff. Tf. CCCLXXVI.

Ausser unserem Faunengebiete sind in neuester Zeit zwei neue Arten von Leptodirus bekannt geworden: *Leptodirus angustatus Schmidt* und *L. sericeus Schmidt*. Beide wurden von Hrn. Ferd. Schmidt und zwar der erstere in den Tiefen der Volcja jama in Innerkrain, der zweite in der Grotte Goba dal in Unterkrain entdeckt und beschrieben [58]).

Bei meinem jüngsten Ausfluge nach den Krainer-Grotten sah ich bei Hrn. Schmidt eine wahrscheinlich neue vierte Art, die durch Grösse und Farbe sich vor allen anderen Arten auszeichnet und demnächst von dem glücklichen Entdecker bekannt gemacht werden wird. Herr Custos Freyer fand eine der kleineren Arten (wahrscheinlich *angustatus Schm.)* auch in einer unterirdischen Grotte bei Triest.

Aus der Familie der Silphalen dürften als wahre Troglobien noch einige Arten anzuführen sein, welche sämmtlich der Gattung *Adelops Tellk.* [59]) angehören. Schiödte, der auch hier das Prioritätsrecht nicht respectirte und sehr unwesentlicher Unterschiede wegen seine neue Gattung *Bathyscia* aufstellte, entdeckte zwei Arten von *Adelops* in der Adelsberger und Lueger Grotte und nannte sie [60]) *Bathyscia (Adelops) byssinus* und *montanus*.

Die letztere Art, wozu auch der von Hrn. Schmidt in der Lueger Grotte beobachtete und von ihm *Adelops Tellkampfi* benannte [61]) Käfer zu rechnen ist, fand Hr. Schiödte in der sogenannten »unteren« Grotte von Lueg unter Steinen. Sie wird von ihm als sehr schnell bezeichnet und soll nach Art der Ptilien stossweise laufen. Die Beschreibung Schiödte's [62]) lautet:

Adelops (Bathyscia) montanus.

Eiförmig convex, rostbraun, gelbbraun feinhaarig; zweites Tasterglied sehr kurz, das neunte Fühlerglied um die Hälfte grösser als das achte; Länge $\frac{5}{12}$ Linien.

---

[58]) Laibacher Zeitung Nr. 146 vom J. 1852.
[59]) Archiv für Naturgeschichte von Wiegmann. 10. Jg. 1844. pag. 318.
[60]) Schiödte: *l. c.* p. 11.
[61]) Laibacher Zeitung Nr. 146 v. J. 1852.
[62]) Schiödte: *l. c.* pag. 11. Tab. II. Fig. 1. b—i.

17 *

Diese Art wurde von Hrn. Schiödte auch ausserhalb der Grotten, im Walde des Schlossberges von Veldes in Krain unter abgefallenen Blättern gefunden.

Von der anderen Art sammelte Hr. Schiödte mehrere Exemplare in der Adelsberger Grotte, am sogenannten Calvarienberge, wo sie in einer daselbst wachsenden Byssusart vorkommt.

Wahrscheinlich ist hieher auch der von Hrn. Schmidt im Illirischen Blatte [83]) erwähnte und von ihm in der Adelsberger Grotte (1847) aufgefundene, leider aber nicht beschriebene *Catops troglodytes* zu rechnen.

Schiödte beschreibt [84]) diese Art folgendermassen:

Adelops (Bathyscia) byssinus.

Kurz-eiförmig, sehr convex, dunkelrostbraun, gelbbraun-feinhaarig; alle Tasterglieder fast gleich lang. Das neunte Fühlerglied dreimal grösser als das achte. Länge $^3/_5$ Linien.

Eine dritte Art dieser Gattung wurde von Sr. Durchl. dem Fürsten Richard zu Khevenhüller im November 1851 in der Adelsberger Grotte entdeckt und von Hrn. Ludwig Miller in den Verhandlungen des zoologisch-botanischen Vereines [85]) unter dem Namen *Adelops Khevenhülleri,* wie folgt, beschrieben:

Elliptisch, convex, rostbraun, gelbbraun feinhaarig, die Flügeldecken sehr fein und dicht quernadelrissig. Länge $1^1/_4$ Linien.

Ausser den genannten sind noch folgende Arten von *Adelops* bekannt: *Adelops hirtus Tellk.* aus der Mammuthhöhle von Kentuky [86]); *A. Schiödtei Kiesenw.* aus den Pyrenäen [87]); *A. Aubei Kiesenw.* aus der Provence [88]); und *A. ovata Kiesenw.* aus Bagnères de Luchon [89]).

---

[83]) Illirisches Blatt Nr. 3 vom Jahre 1848. pag. 10.
[84]) Schiödte: *l. c.* pag. 10. Tab. II. Fig. 1. a.
[85]) Verhandlungen des zoologisch-botanischen Vereins. Bd. I. pag. 131. Tf. I.
[86]) Archiv für Naturgeschichte von Wiegmann. 10. Jg. Berlin. 1844. 8°. pag. 318. Tafel VIII. Fig. 1—6.
[87]) Entomologische Zeitung. Jg. 1850. pag. 223.
[88]) *Ibidem.*
[89]) *Ibidem.*

Anurophorus stillicidii Schiödte, ein Insect aus der Ordnung der Thysanuren, Familie der Podurellen, ist gleichfalls den Troglobien anzureihen.

Auch dieses Thier entdeckte Hr. Ferdinand Schmidt schon im Jahre 1832 in der Adelsberger Grotte [70]), wo es auch Herr Schiödte, und zwar tief im Inneren derselben auf feuchtem Byssus fand.

Letzterer beschrieb dasselbe [71]) unter obigem Namen, wie folgt:

Anurophorus. Schneeweiss, mit 28 Ocellen; Fühler doppelt so lang als der Kopf; Brustsegmente zweilappig.

A. stillicidii. Länglich, etwas convex, mit einer blendend weissen, feinen Behaarung bedeckt. Länge 1¼ Linien.

Hr. Schiödte fand drei verschiedene Formen dieses Thieres, die er für jüngere Exemplare und für Larven desselben hielt. Letztere leben mitten unter den Ausgewachsenen.

Die jüngeren Exemplare unterscheiden sich von den Ausgewachsenen ausser der minderen Grösse durch kürzere, mit einem eiförmigen letzten Gliede versehene Fühler und durch die weniger tief zweigetheilten fast gleich breiten Brustsegmente; die Larven sind noch kleiner, haben sehr kurze Fühler mit fast kugelrundem Endgliede und tragen am letzten Hinterleibssegmente zwei Endborsten.

Aus der Classe der Arachniden und zwar aus der Ordnung der Araninen, Familie der *Cellicolae,* ist die von Hrn. Schiödte zuerst beschriebene und abgebildete [72]) *Stalita taenaria* zu den echten Troglobien zu rechnen.

Hr. Schmidt hatte dieselbe bereits früher in der Adelsberger Grotte gefunden, bei einer Wochenversammlung der Wissenschaftsfreunde im Museum zu Laibach in beiden Geschlechtern vorgezeigt und mit dem Namen *Cavicularia anophthalma* benannt, leider aber gleichfalls nicht beschrieben oder sonst weiter bekannt gemacht.

---

[70]) Laibacher Zeitung Nr. 146 vom J. 1852.
[71]) Schiödte: *l. c.* pag. 20 u. 21. Tf. II. Fig. 2. a—d.
[72]) Schiödte: *l. c.* pag. 21—23. Tab. II. Fig. 3. a—e.

Hr. Schiödte sammelte seine Exemplare in der Adelsberger und Magdalenen-Grotte, wo sie nicht selten in den Aushöhlungen der Stalaktitwände vorkommen. Se. Durchl. Fürst Khevenhüller erzählt in seinen Mittheilungen über die Adelsberger Grotte [78]), dass er die augenlose Spinne unter Brettstücken fand, wo sie mitten in einem sie umgebenden Gewebe sass, bei dem Umwenden des Brettes aber mit Blitzesschnelle auf die entgegengesetzte Seite entfloh, wesshalb er ihr eine starke Lichtempfindung zuschreibt.

Die Beschreibung Schiödte's [74]) lautet:

Stalita. Augenlos; die fühlerartigen Oberkiefer etwas vorgestreckt, kegelförmig, mit einer seitlich eingebogenen Klaue. Unterkiefer verlängert, vorne schief abgestutzt, am Innenrande dicht gebartet; Unterlippe verlängert, schmal, an der Spitze etwas abgerundet; Füsse verlängert, fast gleich lang, nur das dritte Paar etwas kürzer als die übrigen; Hinterleib nackt.

Stalita taenarta. Blass-rostbraun, mit bräunlichen Fühlern und Tastern und schneeweissem Hinterleibe; glänzend, fast nackt, an den Tastern und Füssen dichter behaart. Länge 3 Linien.

Im Systeme ist sie zwischen den Gattungen *Dysdera Walk.* und *Clubiona Ltr.* einzureihen.

Aus derselben Ordnung und zwar aus der Familie der Epeiriden ist als Troglophile *Epeira fusca Walk.* hier anzuführen.

Sie findet sich besonders häufig in der Lueger Grotte, wo sie an den Wänden in ihrem aus wenigen Fäden gesponnenen Netze hängt und bei der Annäherung des Lichtes schnell davon eilt. Herr Prof. Pokorny fand sie eben daselbst [75]). Vor wenigen Jahren wurde sie auch bei Baden in dem sogenannten »Schelmenloche« entdeckt.

Aus der Ordnung der Phalangiden wurde von Sr. Durchl. dem Fürsten Khevenhüller, *Lejobunum rotundatum Koch* in der

---

[78]) Verhandlungen des zoologisch-botanischen Vereins. II. pag. 42.

[74]) Schiödte: *l. c. ibidem.*

[75]) Verhandlungen des zoolog.-botanischen Vereins. III. Bd. pag. 26.

Adelsberger Grotte gesammelt [76]). Da dieses Thier auch ausser den Grotten allenthalben ziemlich gemein ist [77]), so kann dessen Vorkommen in den unterirdischen Grotten nur als ein ganz zufälliges betrachtet werden.

Die Ordnung der Scorpioniden weiset in unserem Faunengebiete zwei Arten auf, welche beide als echte Troglobien bezeichnet werden müssen.

Die eine derselben gehört in die Familie der Obisien und wurde von Hrn. Ferd. Schmidt im Jahre 1833 in der Adelsberger Grotte entdeckt [78]). Im Jahre 1847 fand er sie ebendaselbst und beschrieb sie (1848) im »Illirischen Blatte« (Nr. 3 pag. 10) unter dem Namen *Obisium troglodytes.*

Mittlerweile (1847) hatte jedoch Herr Schiödte das Thier unter dem Namen *Blothrus spelaeus* beschrieben und abgebildet [79]).

Se. Durchl. Fürst Khevenhüller hatte Gelegenheit diese Art recht genau zu beobachten. Schmidt's bereits früher ausgesprochene Ansicht, dass der schöne *Leptodirus Hochenwarti* oft ein Opfer dieses riesenhaften Obisiums werden dürfte, wurde durch denselben vollkommen bestätiget. Er erzählt in seinem Berichte über die Adelsberger Grotte [80]) Folgendes: »Das Thier kroch bald rechts »bald links, tastete nach allen Seiten herum und schien offenbar »irgend etwas auffinden zu wollen. Ich vermuthete, dass diese Jagd »einem Leptodirus gelte, und hatte mich hierin nicht getäuscht. Un- »gefähr vier Schuh höher an der entgegengesetzten Wand derselben »Säule kroch ein herrlicher Leptodirus. Lange Zeit liess ich beide »Thiere ungestört, bis ich mit Bestimmtheit erkannt hatte, dass »die Bewegungen des Obisium offenbar von denen des Leptodirus

[76]) *Ibidem.* II. Bd. pag. 43.

[77]) Doleschall: System. Verzeichniss der im Kaiserth. Oesterreich vorkommenden Spinnen. pag. 19. (Aus den Sitzungsber. der k. Academie der Wissenschaften. October 1852.)

[78]) Laibacher Zeitung Nr. 146. J. 1852.

[79]) Schiödte: *Overs. ov. det k. danske Vidensk. Selskal. Forh.* 1847.

[80]) Verhandl. des zoolog.-botanischen Vereins. Band I. pag. 108.

»geleitet waren und dass es somit dem Höhlenkäfer wirklich nach-
»stelle.« Einer seiner Führer hatte ein schönes, frisches Exemplar
eines Leptodirus mit einem Obisium in ein Fläschchen geworfen,
wo er es bald vom Letzteren in Stücke zerlegt vorfand. Der Fürst
fügt bei [81]): »Dieser letztere ganz zufällige Umstand hatte für
»mich, obwohl mir dadurch ein Exemplar von Leptodirus verloren
»ging, doch viel Belehrendes und bestätigte mich in meiner schon
»ausgesprochenen Ansicht, dass dieses Obisium dem Höhlenkäfer
»nachstelle und denselben aufzehre. Die Stückchen des verun-
»glückten Käfers waren so regelmässig und gliedweise abgetrennt,
»dass man alle leicht erkennen konnte und es den Anschein hatte,
»als habe das Thier nur ein Pröbchen seiner Zergliederungskunst
»ablegen wollen.«

Im Mai 1852 traf der Fürst das Obisium wieder, und wie er
sich ausdrückte, in der unermüdlichen Verfolgung des Leptodirus.

Schiödte gibt die Adelsberger und die Magdalenen-Grotte
als Fundort des Obisium an und fügt bei, dass dasselbe nicht selten sei und sich nach Art der Obisien ganz geschickt rückwärts
und seitwärts bewege. Es lauert, nach dessen Beobachtungen, in
den Aushöhlungen der feuchten Säulen auf die Beute.

Seine Diagnose desselben lautet [82]):

Blothrus. Augenlos, die Daumen der fühlerartigen Oberkiefer ohne Anhängsel; der Cephalothorax ganz; die Füsse verlängert, sehr zart, die vorderen Schienen zweigliedrig; die hinteren
Schenkel vor der Mitte durch eine undeutliche Naht getheilt; alle
Tarsen zweigliedrig; der Hinterleib häutig mit undeutlichen Horn-
schildern bedeckt; der Leib borstlich, die Borsten einfach.

*Blothrus spelaeus. (Obisium troglodytes Schmidt. —
Obisium longimanum Kollar in litt.)* Blass-rostbraun, mit
dunkleren Fangarmen, die an der Spitze braun werden. Der Hinterleib im Leben von Elfenbeinfarbe. Länge $2^{1}/_{2}$—$2^{2}/_{3}$ Linien.

Eine der neuesten Entdeckungen in der Adelsberger Grotte

---

[81]) Verhandl. des zool.-botanischen Vereins. I. Bd. pag. 108.
[82]) Schiödte: *l. c.* pag. 23—25. Taf. I. Fig. 2. a—f.

verdanken wir Sr. Durchl. dem Fürsten Richard zu Khevenhüller, der im Jahre 1852 daselbst eine höcht auffallende Zeckenart
auffand. Das einzige Exemplar kroch tief in den Abgründen der
Calvarien-Grotte an einer Stalaktitsäule, mit der den Ixoden eigenthümlichen Schwerfälligkeit empor [82]).

Frauenfeld, der das Thier wissenschaftlich untersuchte und
beschrieb, fand, dass es streng genommen weder zu den Argasiden
noch zu den Ixodiden gestellt werden könne und seiner Zeit vielleicht
eine eigene Gruppe, als Bindeglied zwischen beiden bilden dürfte.

Seine Diagnose desselben lautet [84]):

Eschatocephalus. Glatt, glänzend; die Ocellen fehlen; der
Kopf vertical; die Taster birnförmig, so lange als der Rüssel, borstig; die Füsse verlängert, sehr zart, borstig.

Eschatocephalus gracilipes. Oval, flach, glatt, glänzend
wie polirt; der Körperrand im Tode stark nach aufwärts gekrümmt,
schön rostbraun mit schwarzen Zeichnungen; Kopf, Taster und
Füsse ebenfalls rostbraun; die beiden letzteren dicht steifhaarig.
Länge 2 Linien.

Freiherr von Osten-Sacken hatte im heurigen Jahre tief
in der Adelsberger Grotte gleichfalls ein Stück dieses Thieres gefunden, und machte die Mittheilung, dass auch Hr. Schmidt in
Laibach dasselbe dortselbst gefunden und unter dem Namen *Ixo-
des troglodytes* in seiner Sammlung aufbewahrt habe.

Ueber die Lebensweise dieses einer parasitischen Ordnung
angehörenden Thieres ist leider nichts bekannt, und es muss dessen Vorkommen in den innersten Räumen der Adelsberger Grotte
um so mehr Staunen erregen, da daselbst bisher kein warmblüti-
tiges Thier aufgefunden wurde, das als Wohnort dieser Zecke
angenommen werden könnte [85]).

---

[82]) Verhandl. des zool.-botan. Vereins. II. Bd. pag. 43.
[84]) *Ibidem.* III. Bd. pag. 57. Tafel.
[85]) Bei meinem jüngsten Besuche der Adelsberger Grotte wurden tief in
dem Inneren derselben zwei Spinnen aufgefunden, die nach einer wissenschaftlichen Untersuchung den Gattungen *Clubiona* und *Lycosa* angehören. Da es nicht möglich war die Species genauer zu determiniren,

Aus der Classe der Myriapoden sind hier der Vollständigkeit wegen einige Arten zu erwähnen, die aus Mangel vollständig
entwickelter Exemplare bisher nicht genau bestimmt werden konnten und von denen die erste mit aller Wahrscheinlichkeit zu den
wahren Troglobien zu rechnen sein wird.

Hr. Ferdinand Schmidt entdeckte in der Adelsberger-Grotte
eine Art der Gattung *Polydesmus,* welche er für neu hielt und
mit dem Namen *P. subterraneus* belegte [88]). Ueber eine Anfrage war der Herr Entdecker so gütig, ein frischgefangenes Stück
einzusenden, das er in einem Winkel des sogenannten Turnier-
oder Tanzsaales gesammelt hatte, das aber ebenfalls nicht vollständig entwickelt war.

Ich sammelte bei meinem jüngsten Besuche der Adelsberger
Grotte eine grosse Anzahl dieses Thieres, welches an kleinen Lachen und feuchten Orten bis in das Innerste nicht selten getroffen
wurde. Leider fand sich aber, nach dem Urtheile des Hrn. Directors Vincenz Kollar kein einziges Exemplar darunter, welches
eine bestimmte Determinirung der Art möglich gemacht hätte.

Eine zweite Art dieser Classe, welche eben so häufig unter
Holzstücken und losen Tropfsteintrümmern die Adelsberger und
Lueger Grotte bewohnt, erwies sich als der, auch ausser den Grot-
ten allenthalben und weitverbreitete *Lithobius forficatus Latr.*

Eine dritte Art, die jedoch seltener scheint, konnte nur der
Gattung nach als *Lithobius* bestimmt werden.

---

so kann über deren Verhältniss zur unterirdischen Fauna nichts weiter
angeführt werden.

Stalita taenaria fand ich ziemlich selten. Ihr Erscheinen auf den
blendend weissen Tropfsteinsäulen, an denen sie erst sichtbar wird, wenn
sie der volle Lichtschein trifft, hat etwas wunderbar Ueberraschendes.
Wie ein zarter Hauch schwebt sie in ihrem elfenbeinernen Kleide vorüber, begleitet von dem immer grösser werdenden Schatten, den sie zu-
rückwirft.

Epeira fusca war in der Lueger Grotte in allen Grössen häufig
vorhanden. Sie sitzt in einem aus wenigen Fäden gewobenen Neste; ihr
dunkelbrauner glänzender Hinterleib reflectirt den Lampenschein, bei
· dessen Annäherung sie schnell sich ins Dunkle flüchtet.   A. d. V.

[88]) Laibacher Zeitung vom Jahre 1852 Nr. 146.

Die Classe der Crustaceen liefert für die Grottenfauna zwei Arten, welche als echte Troglobien zu betrachten sein werden.

Die erste derselben *Niphargus stygius Schiödte* gehöret in die Ordnung der Amphipoden und in die Familie der Gamaren.

Herr Ferd. Schmidt entdeckte sie im Jahre 1833 in der Adelsberger Grotte[87]), wo sie im Jahre 1845 von Hrn. Schiödte gefunden wurde, welcher von ihr erzählt [88]), dass sie sich in Stalaktithöhlungen, die mit Wasser angefüllet sind, gerne aufhalte, äusserst behende springe, und schwer zu fangen sei, weil sie verfolgt mit grosser Schnelligkeit die Finsterniss sucht.

Hr. Pokorny fand sie gleichfalls daselbst [89]), eben so Se. Durchlaucht Fürst Khevenhüller bei unserem jüngsten Besuche dieser Grotte. Nach Herrn Schiödte lebt sie auch in der Lueger Grotte.

In der *Oversigt over det kongl. danske Vidensk. Selskabs forhand.* 1847. Nr. 6 nannte sie Hr. Schiödte *Gammarus stygius*, welchen Namen er in dem späteren *Specimen faunae subterraneae* in *Niphargus stygius* umänderte und auf folgende Weise beschrieb [90]):

Niphargus. Augenlos, die oberen Fühler länger als die unteren, mit einer kleinen, zweigliedrigen Geissel versehen. Das letzte Fusspaar innen mit einem sehr kürzen, aussen mit einem zweigliedrigen sehr verlängerten Griffel.

Nyphargus stygius. Schneeweiss; verlängert; fünfmal länger als die Höhe des dritten Segmentes, von dessen Rücken bis zum Unterrande gerechnet, und nirgends dicker als diese Höhe; etwas zusammengedrückt, glatt, ungekielt und ohne Zähne. Länge 5—7 Linien.

Die zweite Art, welche mit Koch's *Pherusa alba* [91]) zu-

---

[87]) Laibacher Zeitung vom Jahre 1852 Nr. 146.
[88]) Schiödte: *l. c.* pag. 28.
[89]) Verhandl. des zool.-botan. Vereins. III. Bd. pag. 25.
[90]) Schiödte: *l. c.* pag. 26. u. ff. Tf. III.
[91]) Koch: Deutschlands Crustaceen, Myriapoden und Arachniden. Hft. 34. 1840.

sammenfällt, und die Hr. Schiödte[91]) *Titanethes albus* nennt, ist häufig in allen Grotten, die Wasser enthalten.

Herr Schmidt beobachtete sie zuerst im Jahre 1833 in der Adelsberger Grotte[92]). Herr Prof. Pokorny brachte sie aus der Johanns-Grotte mit[93]) und Herr Dr. Ad. Schmidl fand sie in allen Grotten, besonders häufig aber in dem feuchten Sandboden der Planina-Höhle.

Herr Schiödte, der das Thier in allen Krainer Grotten vorfand, erhielt es auch aus der Grotte Corgnale bei Lippiza auf dem Karste.

Es gehört in die Ordnung der Isopoden und in die Familie der Oniscen.

Schiödte's Beschreibung lautet[95]):

Titanethes. Augenlos; die Geissel der äusseren Fühler borstenförmig, vielgliedrig; die Oberkiefer mit vier Anhängseln, wovon das vordere nackt und gezähnt, die hinteren gleichlang und fadenförmig sind; der innere Ast der Unterkiefer mit drei verlängerten und gefiederten Anhängseln, das verlängerte Grundstück mit einem Anhängsel. Die Brustfüsse zart und paarweise an Länge zunehmend, mit zweigliedrigen Klauen und je zwei geisselartigen Anhängseln versehen; das hintere Stück des Hinterleibes frei und verlängert; das letzte Paar der Bauchfüsse mit einem äusseren griffelartigen und verlängerten Gliede.

Titanethes albus. Länglich-eiförmig, nach hinten verschmälert, etwas gewölbt, schneeweiss, mit glatten, gegen die Spitze zu braunröthlichen Klauen. Der Kopf, der Brustschild und die Abschnitte des vorderen Hinterleibsstückes an der Oberseite seitlich und am Hinterrande mit kleinen, rundlichen, ungleichen Höckerchen besäet. Länge 4—7 Linien.

Aus der Classe der Mollusken wurden von Sr. Durchl. dem Fürsten Khevenhüller aus der Adelsberger Grotte einige

---

[91]) Schiödte: *l. c.* pag. 31. Tf. IV.

[92]) Laibacher Zeitung v. Jahre 1852. Nr. 146.

[93]) Verhandl. des zool.-bot. Vereins. III. Bnd. pag. 26.

[95]) Schiödte: *l. c.* pag. 31. Tf. IV.

Schnecken aus den Geschlechtern *Helix* und *Clausilia* mitgebracht, welche offenbar nur ganz zufällig in die unterirdischen
Räume hineingeschwemmt worden sein mochten.

Herr Freyer gibt an [96]), dass sich der Olm von kleinen
Schnecken *(Paludina viridis)* nähre, was deren Vorkommen in
den Grotten voraussetzt, ohne dass sie als Grottenthiere zu betrachten sein würden.

Als Troglobius dürfte hier nur das *Carychium spelaeum*
Rossm. anzuführen sein, das Herr Rossmässler im Jahre 1835
in der Adelsberger Grotte durch einen Zufall entdeckte. Er sammelte nämlich daselbst mehrere Tropfsteintrümmer, die er nach
Hause brachte und an denen er erst nachträglich die winzig kleinen Schnecken auffand und beobachtete.

Seitdem wurde diese Schnecke auch von Hrn. Ferdinand
Schmidt, und nach einer mündlichen Mittheilung des Hrn. Parreyss vom Herrn Pfarrer Schmid aus Böhmen, doch nie sehr
häufig, in der Adelsberger Grotte gesammelt.

Sonderbarer Weise fand sich in keinem Exemplare derselben
das lebende Thier, wesshalb es noch nicht ausgemacht ist, ob dasselbe der gegenwärtigen Erdperiode angehöre oder ob es vorweltlich
sei, doch spricht die Vermuthung für die erstere Meinung.

Die wissenschaftliche Diagnose Rossmässler's lautet [97]):

Carychium spelaeum. Gehäuse winzig klein, mit einem
deutlichen aber sehr kleinen Nabelloche, eiförmig mit kegelförmi-
gem Gewinde, weiss, sehr zart, durchsichtig, gröber gestreift; die
sechs Umgänge sehr gewölbt, daher die Naht stark vertieft; Mündung mondförmig; Mundsaum zurückgebogen, etwas bogig, mit
einer feinen Lippe belegt, Aussenrand fast gar nicht eingedrückt,
auf dem Mündungsrand mit Zähnchen, von denen das obere oft
sehr klein und undeutlich ist, aber nie ganz fehlt; auf dem Spin-

---

[96]) Haidinger: Mittheilungen aus den Berichten der Freunde der Natur-
wiss. V. Bd. pag. 56 u. ff.

[97]) Rossmässler: Iconographie der Land- und Süsswasser-Mollusken. Dres-
den und Leipzig. 1839. gr. 8°. II. Bd. 3. u. 4. (9. u. 10.) Heft. pag.
36 u. 37. Tf. 49. Fig. 661.

delrande ein Zähnchen. Das Thier unbekannt. Höhe ⁴/₄ Linien, Breite ¹/₂ Linie. 6 Windungen.

Zum Schlusse sehe ich mich veranlasst noch zwei Thiere aus der Ordnung der Dipteren anzuführen, welche oben nicht berücksichtiget wurden, weil ihre Lebensart als Parasiten an Fledermäusen nicht gestattet, sie in eine nähere Beziehung zu den unterirdischen Grotten zu bringen.

Sie hängen von den Thieren ab, auf denen sie leben, und wandern mit ihnen wohl auch in die Grotten, ohne dass sie als bestimmungslose Creaturen streng genommen weder zu den Troglophilen noch zu den Troglobien gezählt werden könnten.

Da jedoch, namentlich die zweite Art, von einer Chiropterenart herstammt, welche als Troglophile angeführt wurde, so kann sie bei einer Aufzählung der in den Grotten aufgefundenen thierischen Organismen nicht leicht mit Stillschweigen übergangen werden.

Auf einer, aus der Adelsberger Grotte stammenden Fledermaus *(Rhinolophus Hippocrepis Herm.)* fand sich ein Weibchen von *Nycteribia biarticulata Herm.*

Eine neue Art derselben Gattung lebte auf dem Balge der von Hrn. Prof. Pokorny aus der Lueger Grotte mitgebrachten Art: *Miniopterus Schreibersii Natterer.*

Die Beschreibung dieses neuen Dipteron, welches ich im Vereine mit meinem verehrten Freunde Hrn. Dr. Johann Egger *Nycteribia Schmidlii* nannte, ist bereits im Monate April d. J. in einer Sitzung des zoologisch-botanischen Vereins bekannt gemacht worden °°).

Sie lautet:

Nyteribia Schmidlii. Blass-rostbraun, mit sehr deutlichen Seitenkämmen; Brustschild mit einer schwärzlichen Längslinie, die vor dem Schildchen in einem Grübchen endet, die Schenkel und Schienen stark erweitert, letztere beinahe dreieckig, mit Borsten besetzt; das erste Tarsenglied etwas kürzer als die übrigen vier

---

°°) Verhandl. des zool.-botan. Vereins. III. Bd. Abhandl. pag. 12 u. ff.

zusammengenommen; die einzelne Pulville sehr breit. Länge ²/₄ Linien.

Den Artnamen wählten wir nach dem Namen des um die Er-forschung der Krainer Grotten so sehr verdienten Herrn Dr. Adolf Schmidl, dem hiermit von Seite der Dipterologen ein kleiner Tribut gebracht werden wollte.

Uebersicht der in den beschriebenen Grotten bisher aufgefundenen Thiere.

Classe.		Adelsberger Grotte.	Lueger Grotte.	Magdalenen-Grotte.	Troglo-biae.	Troglo-philae.
Mammalia.		—	—	—	—	—
Reptilia.		—	—	—	—	—
Insecta.	Coleoptera.	Nphodrus Schmidtii *Mill.*	Mintopterus Schreibersii *Natt.*	Hypochthon Laurenti *Wag.*	—	1
		Trichonychus elongatus *Def.*	Anophthalmus Schmidtii. ...	Nphodrus Schmidtii *Mill.*	—	1
		Homalota spelaeus *Kriche.*	Nphodr. Schmidtii *Mill.*	Trichonychus elongatus *Def.*	—	1
		Quedius fulgidus *Kriche.*	Trichonychus elongatus *Def.*	Homalota spelaea *Kriche.*	—	1
		Leptoderus Hohenwartii *Schm.*	Homalota spelaea *Kriche.*	Quedius fulgidus *Kriche.*	—	1
		Adelops bysatinus *Schiödte.*	Quedius fulgidus *Kriche.*	Leptoderus Hohenwartii *Schm.*	—	1
		Adelops Khevenhülleri *Mill.*	Adelops montanus *Schiödte.*	—	—	1
	Orthoptera.	Phalangopsis cavicola *Kll.*	Phalangopsis cavicola *Kll.*	Phalangopsis cavicola *Kll.*	—	1
	Diptera.	Phora spelaea *Sch. et Mgg.*	Nyeteribia Schmidtii *Sch. et Mgg.*	—	—	1
Arachnidae.		Anuropharus Schiödtei. *Schiödte.*	—	—	—	1
Physapoda.		Nelima taennaria *Schiödte.*	Egeira fusca *Walk.*	Nelima taennaria *Schiödte.*	—	1
Myriopoda.		Blothrus spelaeus. *Schiödte.*	—	Blothrus spelaeus. *Schiödte.*	1	—
		Scolutecephal. pusillus *Myld.*	—	—	1	—
		Polydesmus subterraneus *Schm.*	—	—	1	—
Crustacea.		Niphargus stygius *Schiödte.*	Niphargus stygius *Schiödte.*	Niphargus stygius *Schiödte.*	1	—
		Titanethes albus *Schiödte.*	Titanethes albus *Schiödte.*	Titanethes albus *Schiödte.*	1	—
Mollusca.		Carychium spelaeum *Rssm.*	—	—	—	1
Zusammen:		17 Arten.	12 Arten.	10 Arten.	10 Art.	8 Arten.

ANHANG.

Ergebnisse der Untersuchungen im Herbste des Jahres 1853.

Die Kreuzberghöhle bei Laas. *)

Der Leser wurde bereits (Seite 162) von Planina nach Maunitz geführt, einem Dörfchen an der Commerzialstrasse welche nach
Zirknitz und weiter nach Kroatien führt. Auf dieser Strasse wandert
man nun weiter, über eine Höhe, welche den Thalkessel von Planina
von einem ähnlichen trennt, in welchem das mit gleichem Wassermangel kämpfende Dörfchen Raggeck liegt, und ersteigt einen
zweiten Bergrücken. Auf demselben wird man durch den Ueberblick
des Zirknitzerthales angenehm überrascht, von dem Zirknitzer-
See aber erblickt man nur bei höherem Wasserstande etwas mehr
als einen schmalen Silberfaden. **) Jenseits des Thales ragt in der
Ferne von einem dunklen Waldberge ein lichtes Kirchlein hoch
empor, es ist die Wallfahrtskirche Heiligenkreuz und am jenseitigen Fusse dieses Berges liegt das Ziel der Wanderung. Auf
einer ziemlich guten Bezirksstrasse gelangt man durch den Markt
Zirknitz, dann die Dörfer Martensbach und Scheraunitz an

---

*) Beschreibung einer Berghöhle bei heiligen Kreuz unweit Laas im
   Adelsberger Kreise nebst dem Grundrisse und Situation des Planes.
   (Von Jos. Zörrer, k. k. Distriktsförster.) In »Beiträge zur Naturgeschichte, Landwirthschaft und Topographie des Herzogthums Krain.«
   Herausgegeben von Franz Grafen v. Hochenwart. Heft I. Laibach 1838; S. 76—88.
   Reisebilder eines Touristen von Alex. Skofitz. Zwei wenig besuchte Grotten in Krain. Illyrisches Blatt, 1847. Nr. 51 u. s. f.
**) Der Zirknitzer See mit seinen Abzugshöhlen ist Gegenstand meiner
   nächstjährigen Untersuchungen und wird mit den Höhlen der Recca
   in einem folgenden Bande beschrieben werden, daher hier desselben
   nicht weiter gedacht wird. Die interessante Kreuzberghöhle gehört nun
   allerdings auch zum Zirknitzer Höhlensysteme, ich schalte ihre Beschreibung aber dennoch hier ein, um dieselbe nicht auf ein paar Jahre
   zurücklegen zu müssen.

den Fuss des Kreuzberges, den die Strasse mit sehr starkem Ge-
fälle ersteigt. Dicht unter dem Gipfel, der die Kirche trägt, liegt
der Weiler St. Anna, von dem die Strasse etwas weniger steil
jenseits hinabführt. Gerade unter sich hat man eine der vielen wasserlosen Thalmulden des Karstes, an deren oberem Ende die wenigen
Häuser von Podlaas liegen. Am Ausgange dieses schmalen
Thales öffnet sich links der Kessel, in welchem das Städtchen
Laas gelegen ist; man fährt aber gewöhnlich noch eine Viertelstunde weiter, rechts hinaus gegen das Schneebergerthal, nach
Altenmarkt, wo man ein ganz gutes Gasthaus findet. Von Planina
oder Adelsberg erreicht man mit guten Pferden Altenmarkt in vier
Stunden. Zwischen Maunitz und Raggeck wird die Eisenbahn quer-
über führen und in der Nähe von Raggeck einen Stationsplatz er-
halten, von welchem aus die Fahrt nach Altenmarkt kaum drei
Stunden in Anspruch nehmen dürfte.

Die Kreuzberghöhle selbst liegt an dem nordöstlichen Abhange des Kreuzberges und von St. Anna könnte man mit einem
Führer dieselbe durch den Wald in einer halben Stunde erreichen,
wegen der mitzunehmenden Requisiten ist es aber nöthig nach
Altenmarkt zu pilgern, denn in St. Anna sind die Leute auf Höh-
lengäste nicht vorbereitet; eher könnte man in Podlaas Führer und
Holzfackeln bekommen.

Die Thalmulde von Podlaas gewährt einen eigenthümlichen
Anblick, es ist die Karstnatur, wie sie statt anderwärts am nackten Felsen auch an etwas freundlicheren Mulden sich charakteri-
sirt. Wenn man in den Alpen irgend eine Höhe erstiegen hat, und
in ein neues Thal hinabblickt, so wird man auf dessen Grunde
einen See oder ein fliessendes Gewässer erblicken, das munter dahin
schäumt, und diese Spiegel, diese Silberbänder, welche die grünen
Thalgewände durchziehen, sind nicht der kleinste Reiz der Alpen-
gegenden. Wie anders ist das am Karst! weite Kesselthäler und
Mulden blicken aus der Tiefe herauf, aber das belebende Element
fehlt ihnen, und den herrlichen Schmelz der Matten in den nördlicheren Alpenthälern sucht man vergeblich in ihnen. Diese wenn
auch grünen, doch wasserlosen, und meistens auf den Anhöhen von
nackten Kalkfelsen umsäumten Kessel und Mulden liegen wie

landschaftliche Räthsel vor dem Wanderer und nicht unwahr ist
der Ausspruch: es seien vorzüglich »unheimliche Reize,« welche
den Karst charakterisiren. Aber nach starkem Regen oder Thauwetter ändert sich die Scene; dann spielen die zahllosen, kaum
bemerkbaren Ritzen und Spalten ihre Rolle, überall dringt das
Wasser hervor und erfüllt den ganzen Grund, der dann sogar vor-
übergehend von einem Wasserspiegel bedeckt ist.

Durch einen Bergrücken ist die Podlaaser Mulde von dem
Becken getrennt, in welchem das Städtchen Laas liegt, auf dessen Platze eine starke Quelle entspringt, deren Abfluss sich auch
erhält und gegen Altenmarkt herabzieht.

Altenmarkt ist ein freundlicher Marktflecken am Rande des
weiten Schneeberger Beckens gelegen, zum Theil die Anhöhe hin-
angebaut. Der Ort erwartet von der Vollendung der Eisenbahn
und der Anlage einer guten Strasse von Zirknitz nach Bucodez
lebhafteren Verkehr wegen der Durchführ nach Kroatien, und mit
Rücksicht auf diese erfreuliche Zukunft werden sogar schon ein
paar Neubauten geführt. *)

Wie schon erwähnt, muss man von Altenmarkt wieder zurück auf der Zirknitzer Strasse, um zur Kreuzberghöhle zu kommen, und hat zwei Wege vor sich, entweder über Podlaas oder
über Laas. Im ersteren Falle verlange man aber von dort gleichfalls auf den Laaser Weg geführt zu werden; der allerdings um
etwas nähere Podlaaser Fusssteig ist viel beschwerlicher.

Den Eingang in das Laaser Thal beherrschte die feste Burg
Laas (slov. Losch), deren weitläufige Ruine noch immer imposant
genug in das Thal herabschaut von ihrer felsigen Hügelkuppe.
Sie ist übrigens ohne weitere Merkwürdigkeit und die noch immer
festen Ringmauern haben jetzt die friedliche Bestimmung üppige
Krautgärten zu umschliessen und gegen die rauhen Nordwinde zu
schützen. Das Städtchen Laas wurde offenbar nur um des Schu-

---

*) Man findet gute und billige Unterkunft in dem Gasthause der Witwe
Tomincz, wo man auch Fahrgelegenheit und Führer bekommen
kann. Der beste Führer in die Höhle ist übrigens Michael Sterle
in Podlaas.

tzes dieser Burg willen in den Kessel hineingebaut, wo es sich in so
ungünstiger Lage befindet, dass am 15. September um 8 Uhr
Morgens noch kein Sonnenstrahl die Häuser erreicht. Ausserdem
mochte die starke und vorzügliche Quelle auf dem Hauptplatze
auch Grund genug zu einer Ansiedlung sein.

Die Burg lag schon zu Valvasor's Zeit in Ruinen und wurde
von ihm auch in diesem Zustande abgebildet; die Stadt erscheint
auf seiner Abbildung mit einer Ringmauer, von der nur an einigen
Gärten noch Bruchstücke erhalten sind. Von den Herren von Laas,
dem Geschlechte der Laaser (1282 erscheint zuerst ein Rosco La-
ser), kam die Herrschaft in mehre Hände, endlich an die Grafen
von Cilly. Laas hielt sich 14. 6 tapfer gegen Herzog Friedrich,
dessen Feldhauptmann Christoph Fladnitzer sogar von der Hand
eines Laaser Bürgers fiel. 1477 erhob Kaiser Friedrich den
Markt Laas zur Stadt und dieselbe war nachmals stets landesfürstlich. — Uebrigens gilt Laas für die älteste Stadt im Lande
nächst Laibach, und soll auf der Stelle des alten Terpo stehen. *)

Im Hintergrunde des Laaser Thalbeckens befindet sich eine
Felsenkluft, Jama genannt, welche eine Hauptmündung der unterirdischen Hochwässer ist; aus ihr bricht nach anhaltendem Regen
das Wasser mit besonderer Gewalt hervor, auch sollen dort Proteen hervorgekommen sein. Der Weg zur Höhle folgt dem (schlechten) Fahrwege gegen Oblak, die linke Thalwand gleich ausser
dem Städtchen hinauf, und in einer halben Stunde erreicht man
den Wald, wo auch der Weg von Podlaas herauf kommt. Man
verfolgt diesen Weg etwa eine Viertelstunde lang und wendet
sich dann durch den Wald links abwärts, ohne eigentlichen Pfad,
erreicht aber auch in wenig Minuten den Wiesengrund eines Kessels; ein allerliebstes Plätzchen, rings von Waldhöhen geschlossen,
am Fusse des Kreuzberges, dessen Kirche man beim Herabsteigen
auch erblickt hatte. Links in der Ecke dieses Kessels gewahrt man
einen Hügel von bemoosten Felstrümmern, hinter welchem eine

*) Ich darf nicht unerwähnt lassen, dass gegen Altenmarkt und ander-
  seits gegen Oblak Strecken einer gepflasterten Strasse vorkommen,
  welche für Reste einer Römerstrasse ausgegeben werden.

dunkle Felswand sich erhebt, und diesen Hügel erstiegen, steht man vor

der Kreuzberghöhle. *)

Die Mündung derselben ist sehr verschieden von der so vieler anderer Karsthöhlen; sie bildet nämlich eine Spalte in der fast senkrechten Felswand, die von oben nach unten sich bis zu 25 Fuss erweitert. Die Felswand selbst fällt 64 Fuss hoch bis auf den Boden herab, dieser ist aber hier unter dem Eingange nicht ebener Grund, sondern der erwähnte Trümmerhügel bildet einen Wall vor dem Eingange, der sich mit einer Böschung von etwa 45 Klaftern herabzieht, bis er die Senkrechte der Felswand erreicht, und dann gleich steil als Boden der Höhle in das Innere fortsetzt, eben auch aus einzelnen Felsblöcken bestehend, die aber mit Schutt, Dammerde und Laub eine Strecke weit bedeckt sind.

So erreicht man den Grund eines Kessels im Innern, der mit dem Wiesengrunde ausserhalb so ziemlich in gleichem Niveau sich befindet. Man steigt jedoch nicht ganz hinab, sondern etwa auf halber Höhe des Schuttberges im Inneren angelangt, hält man sich längs der Wand zur Rechten, wo man am besten fortkommt. Beiderseits bemerkt man schon hier Klüfte, welche in Seitengänge führen.

Aus diesem ersten Kessel steigt man über zwei Trümmerberge, welche Alles übertreffen, was ich bis jetzt in den Karsthöhlen von ähnlichen Erscheinungen gesehen habe. Blöcke von 10 bis 20 Fuss Länge, 5 bis 8 Fuss Breite und gleicher Dicke liegen im wildesten Chaos über einander geworfen. Nur mit grosser Vorsicht und nicht ohne Anstrengung arbeitet man sich über dieselben hinweg, immer noch am besten an der Wand zur Rechten. Die Blöcke sind durchaus roh, scharfkantig, fast ohne Spur von Sinter; die Seitenwände

---

*) Mehr als bei irgend einer Höhle ist es hier nöthig sich abzukühlen, ehe man den Hügel ersteigt. Der Marsch von einer Stunde von Laas bis hieher wird ohnediss warm gemacht haben, und ich fand im September 1853 immer eine Differenz von 5 bis 6 Grad R. zwischen der äussern Luft und der der Höhle entströmenden.

der Höhle sind etwas mehr mit diesem überzogen und sparsam zeigen sich auch oben am Rande der Decke einige Stalaktiten.

Wenn an irgend einer Höhle, so ist es an dieser klar, dass diese Massen nur durch Einsturz von der Decke entstanden sind, und zweifelsohne sind es die Wirkungen von Erdbeben. Die scharfen Kanten der Blöcke lassen dem Gedanken an Wassergewalt keinen Raum, und die Hochwässer können auch die obersten Kuppen dieser Trümmerberge nicht erreicht haben. Der Lehm jedoch, mit welchem der Boden der zwischen ihren liegenden kesselartigen Dolinen und die unteren Felsenetagen überzogen ist, beweiset, dass unter und durch die Blöcke hinweg das Hochwasser seinen Abzug findet, und diese Vertiefungen ausfüllt, bis es dann bei dem Falle der Gewässer sich wieder zurück zieht. So ist es denn auch zu verstehen, wenn man hört, dass die Kreuzberghöhle in nassen Jahren fast unzugänglich ist, weil in der That in den beiden vorderen Kesseln sich dann Wasser ansammelt, welches man übersetzen müsste.

Von dem Umstande aber, dass aus der Grotte selbst Wasser hervorbreche, konnte ich nichts in Erfahrung bringen; jedenfalls könnte nur am Fusse des Hügels in dem Wiesengrunde vor der Höhle Wasser hervor kommen, wenn es aus dem ersten Kessel innerhalb durch den Trümmerwall sich Bahn zu brechen vermöchte. Eben so wenig fand ich »ein Loch am Fusse des Berges,« in welchem die Höhle sich befindet, und hörte auch nichts von einem solchen. Die oben erwähnte Ausgussmündung (Jama) im Laaser Thale gehört durchaus nicht der Kreuzberghöhle an, deren Wasser in entgegengesetzter Richtung fliesst.

Die Höhle hat bis hieher fast überall gleiche Breite, und 30 Fuss Höhe über dem Gipfel der Trümmerberge. Hat man den zweiten derselben überstiegen, so betritt man einen schönen Dom, von 93 Fuss Breite und über 30 Fuss Höhe, aus dessen Hintergrund einer der gewaltigsten Tropfsteinkegel emporsteigt, 18 Fuss hoch. Schon früher ertönte das Rauschen der Gewässer, man eilt auf die Spitze des Kegels und steht vor einem 24 Fuss tiefen Abgrund, nach rechts und links in unabsehbares Dunkel sich verlierend.

Hier ist einer der frappantesten Standpuncte in unserer Höhlenwelt. Bei mehr als mittlerem Wasserstande brauset der Bach von der Rechten zur Linken in diesem Abgrunde vorüber, aber bei Hochwasser kann man nicht bis hieher gelangen, denn der erwähnte Dom ist dann überschwemmt, wie der daselbst abgelagerte Lehm und Sand beweiset. Hier öffnen sich auch beiderseits Seitengänge; zur Linken stehen ein paar hübsche Tropfsteinsäulen, welche aber von dem bis zu ihnen reichenden Schlamm der Hochwässer ganz beschmutzt sind.

Bis hieher hielt der Hauptgang der Höhle gegen Osten, der erwähnte Abgrund aber ist der Canal des unterirdischen Baches und verläuft querüber, von Süd nach Nord. Es ist eine ähnliche Erscheinung wie in der Adelsberger Grotte, deren Hauptgang bis zur Pforte des Kalvarienberges, gegen Norden hält, wo sich dann ein Gang querüber vom Kalvarienberge gegen den Tropfbrunnen erstreckt.

Steigen wir in den erwähnten Abgrund hinab, wo wir bei dem besonders niederen Stande kein Wasser antreffen, dessen Boden sich aber alsogleich als Flussbett darstellt, nach allen Richtungen hin zerrissen, ausgewaschen, äusserst beschwerlich zu begehen, wie in der Planina-Haidingergrotte. Wir halten uns rechts, dem Rauschen des Baches entgegen. In den eigentlichen Kanal eingetreten, befinden wir uns in einem ziemlich in gleichen Dimensionen verlaufenden aber viel beschränkteren Raume als dem vordern Grottenraum; diese Wasserhöhle hat nur 18 bis 24 Fuss Höhe, eben so viel in der Breite. Deutlich tritt hier die Schichtung zu Tage, und nicht leicht wird man in einer anderen Höhle die Art ihrer Entstehung und die Perioden ihrer Erweiterung so klar erkennen. Die obersten Schichten sind zu einem Gewölbe ausgebrochen und ausgewaschen. Die Schichte, welche die jetzige grösste Wasserhöhe bezeichnet, ragt bankartig aus der Wand hervor. Unter ihr bildet die nächstfolgende eine zweite Stufe und in die folgende ist erst ein schmaler Kanal eingerissen; einzelne Stücke sind bereits vom Ganzen getrennt und das nächste Hochwasser wird sie vielleicht losreissen und fortwälzen. In der Schichtungsfläche endlich, welche den Grund des Rinnsales bildet, sind bereits einzelne Risse und Spalten bemerkbar; kommende Jahrhunderte werden das Rinnsal vielleicht noch um eine Stufe tiefer gelegt finden.

Auf der bankartig aus der Bergwand hervorragenden Schichte kann man ziemlich gut fortkommen. Wir finden, wie gesagt, so günstige Verhältnisse, dass wir trockenen Fusses auf dem Grunde fortschreiten, aber bald den Bach erreichen, der sich zur Linken in eine Felsenspalte verliert. Ich konnte es wagen in dieser etwa 4 Fuss breiten Spalte einige Klafter im Wasser abwärts zu waten, bis ein tieferer Tümpel mir Gränzen setzte. Man kann sich vorstellen, mit welcher Gewalt sich das Wasser bei etwas höherem Stande hier hineinstürzt. Vor mehreren Jahren fuhren ein paar unerschrockene junge Männer in einem starken Nachen glücklich stromaufwärts bis zu Ende, bei der Rückkehr aber riss die Strömung den Nachen in die Mündung dieser Kluft und nur mit grosser Anstrengung und nicht ohne Gefahr konnten sie daraus wieder loskommen.

Etwa 50 Klafter wateten wir in dem Wässerchen aufwärts, da ward es plötzlich tiefer, die Höhle erweiterte sich; wir standen vor dem See, der auch hier wie so oft in den Höhlen das Ende bezeichnet. An der Wand zur Rechten konnten wir aber am Ufer bis zu seinem Ende vordringen und überzeugten uns, dass er, wie anderwärts es der gleiche Fall ist, von der Höhlenwand ringsum so geschlossen wird, dass nur unter dem Wasserspiegel communicirende Spalten und Klüfte in jenseitige unbekannte Räume führen.

Auch hier, wie in Planina und in der Piuka Jama, öffnet sich jenseits des Sees ein kurzer, höher verlaufender Seitengang an der linken Wand desselben, reich an Tropfsteinformationen. Die früheren Besucher hatten diesen Gang bis zum Ende verfolgt, der denn auch das äusserste Ende der Höhle in dieser Richtung ist. Die Anstrengung und der Kostenaufwand, einen Kahn von Podlaas *) herauf und in der Höhle über die Trümmerberge in derselben zu schaffen, steht indessen ausser allem Verhältnisse zu dem Genusse, einige zierliche Stalaktiten zu erblicken, ohne sonst eine interessante Beobachtung machen zu können.

*) Ich hatte einen bis dorthin mitgebracht.

Hr. Zörrer fand die Tiefe des Sees bei dessen Anfange 24 Fuss, in der Mitte aber 42 Fuss (also fast so tief wie der Koschieluka-See, in der Planinahöhle). Der oben erwähnte Gang, welcher jenseits des Sees das Ende der Höhle darstellt, soll 50 Klafter lang sein und überrascht durch den Anblick sehr schöner Tropfsteingebilde: einen Thronhimmel, Gruppen von Statuen, Kegeln, franzige Zapfen, Springbrunnen, Säulen, alles erblickt man hier in Fülle ohne überspannte Einbildung. Die Natur hat hier in stiller Ruhe gewirkt. Ein Ast dieser Halle läuft sehr steil aufwärts gegen Südost und zeigt am Ende nur eine von eingestürztem Gestein erschütterte Kluft.«

»Am linken Ufer des Sees *) öffnet sich eine Kluft, aus der man dumpfes Getöse, wie von einem Wasserfalle vernimmt. Auch an der südlichen Ecke des Sees öffnet sich eine kurze Seitengrotte, die an einem Wassertümpel endet.« Herr Zörrer fand diesen 24 Fuss tief und bemerkte, dass das Wasser Blasen aufwerfe.

Bei niederem Wasserstande, wie wir 1853 ihn trafen — kann man an der rechten Höhlenwand ganz gut bis gegen die Mitte des Sees vordringen, man sieht dann eine kleine Sandbank vor sich, kaum von Wasser bedeckt, welche man mit einem Sprunge erreichen, und jenseits bis zum Ende des Sees längs des Ufers vordringen kann. Man trifft auch hier einen Seitengang, in welchem man im Wasser watend und über Felsbänke in einem Halbkreise weiter nach vorne wieder am Hauptgange herauskommt. — (Herr Zörrer fand einen tiefen Wasserbehälter vor, der ihm nicht gestattete ganz herum zu kommen, bemerkte aber auch schon, dass man die an einem Ende in die Tiefe dieser Seitengrotte hineingehaltene Fackel jenseits herüber schimmern sah. **) Im Hintergrunde ist diese Seitengrotte mit gewaltigen Felsmassen verstürzt, welche bis zur Decke sich hinaufziehen und jedes weitere Vordringen unmöglich machen.

Der merkwürdigste Seitengang öffnet sich aber gleich zu Anfange des eigentlichen Seebeckens an der linken Höhlenwand. Hier

---

*) Links und rechts sind hier vom Eingange aus zu verstehen.
**) Auf Zörrer's Plane ist diese Grotte mit p und q bezeichnet.

wölbt sich ein gewaltiger Tropfsteinkegel aufwärts, der aber mit dicker Lage von Schlamm überzogen ist und das Hinaufklettern etwas erschwert. Man sieht schon von unten, dass über diesen Hügel hin sich eine weit höhere Grotte öffnet, als die Wasserhöhle selbst ist. *)

Hat man den erwähnten Kegel erstiegen, so gähnt eine weite tiefe Doline entgegen, in deren Grund sich übereinander gestürzte Felstrümmer hinabziehen, Alles ist hier nass, schlüpfrig, entweder mit Lehm überzogen oder nasses dunkles Gestein, und man kann nicht leicht eine unheimlichere Partie finden. Den Grund der Doline füllt gewöhnlich Wasser; wir konnten durch den schuhtiefen Lehm und Schlamm hindurch waten und jenseits einen zweiten Hügel hinan klettern. Oben angelangt fanden wir eine etwa zehn Schritt breite Fläche, den Gipfel einer mächtigen Scheidewand, welche jene Doline von einer zweiten trennt, die man nun vor sich hat. Den Gipfel krönen ein paar starke aber schmutzige Stalagmiten und das am Boden liegende Bruchstück einesdergleichen.

Noch schwieriger ist die zweite Doline zu passiren, in welcher sich auch bei dem kleinsten Wasserstande ein Tümpel erhält; an der Thalwand zur Rechten kömmt man noch am besten fort und erreicht die gegenüberstehende Seite, wo eine an 30 Fuss hohe steile Lehmwand in die Höhe ragt, ober welcher sich ein neuer Raum öffnet.

Natürlich eilen wir, diesen neuen Durchgang zu erklettern, wir setzen unsern Fuss auf einen Vorsprung, mit dem Grubenlichte forschend ob er halten werde, aber — es ist keine Täuschung, ein gewaltiger — Knochen ist es, auf den unser Fuss sich stützen will! Wir leuchten umher — hier wieder einer und noch einer; wir stöbern mit Stock und Hand in dem weichen Lehm — der prachtvolle Unterkiefer eines Höhlenbären mit trefflich erhaltenen Zähnen stellt sich dar, und der ganze Hügel zeigt sich als ein mäch-

***

*) Hr. Zörrer hat denselben wegen Mangel an Zeit nicht untersucht, und auch die mich begleitenden Führer erklärten nicht hieher vorgedrungen zu sein. Einer unserer freiwilligen Begleiter war ganz guter Dinge bis hieher mitgegangen, aber die Passage dieses Seitenganges ging ihm denn doch über den Spass, und er zog es vor lieber ganz allein sich bis zum Eingange zurück zu arbeiten!

tiges Lager von Knochen von *ursus spelaeus*, von den kleinsten bis zu den grössten Dimensionen, sehr viele durch vortreffliche Conservirung ausgezeichnet. Schenkelknochen und Unterkiefer mit allen Zähnen fanden sich in grosser Menge vor, Schädelfragmente, Oberkiefer sehr wenige, Alles aber in wüster Unordnung von den Fluten zusammengetragen und durch einander geworfen. So viel es die mir karg zugemessene Zeit erlaubte, wurde gesucht und gegraben; nach den bisherigen Resultaten dürfte es nur schwer möglich sein, die Bestandtheile zu einem ganzen Skelette zusammenzubringen, wozu jedenfalls die Arbeit einiger Tage erforderlich wäre.

Einer der frappantesten Momente von Höhlenexpeditionen ist aber jedenfalls die Auffindung eines solchen urweltlichen Thiercarcers. Die Phantasie sieht diese kolossalen unterirdischen Räume von den ausgestorbenen gewaltigen Carnivoren bewohnt. Wir gedenken der Helden des Alterthums und des Mittelalters, welche den Drachen und den Lindwurm bekämpften, der eben auch aus Höhlen sich hervorwälzte, und unser Blick trifft auf den harmlosen Proteus, das charakteristische Reptil der Karsthöhlen in der Jetztzeit — statt der gewaltigen Raubthiere der Vorwelt ein kleines blindes Wesen — ein räthselhafter verkümmerter Epigone jener Ungethüme!

Ich war darauf vorbereitet, dass die Kreuzberghöhle eine Knochenhöhle sei, aber in den vorderen Abtheilungen fand ich keine Spur von dergleichen. Nach der Aussage der Führer sollen sie sich in dem grossen Dome bei dem Stalagmitenkegel vorfinden, wo aber darnach gegraben werden muss. In jener eigentlichen Knochenhöhle scheint vor mir noch Niemand gewesen zu sein. Wir fanden keine Spur früherer Besucher, denn einzelne Stückchen Holzkohle können eben so wohl auch durch die Fluten dahin getragen worden sein, und auf der Oberfläche des eigentlichen Knochenhügels lagen einzelne Knochen und grosse schöne Zähne, welche man gewiss nicht liegen gelassen hätte. *)

---

*) Herr Skofiz hat in der Kreuzberghöhle eine so ansehnliche Partie Knochen gefunden, dass Herr Custos Freyer aus denselben ein

Ich darf nicht unerwähnt lassen, dass auf diesem Knochenhügel sich Excremente von Fledermäusen vorfanden; ich erinnere mich nicht so tief im Innern einer andern Höhle dergleichen getroffen zu haben.

Die Oberfläche des Knochenhügels ist gleichfalls eine Stalaktitendecke, unter welcher sich — wie eben auch anderwärts — die Knochen vorfinden, aber sie ist nur wenige Zoll dick. Auf ihr stehen Tropfsteinbildungen und von der, hier bis auf 6 und 8 Fuss herabreichenden Decke hängen auch dergleichen herab. Die Fläche selbst ist etwa 24 Fuss breit und stürzt jenseits eben so steil, gleichfalls mit zahlreichen anstehenden Knochen, in die letzte Do-

---

Skelett zusammenstellen konnte, welches sich in dem Laibacher Museum befindet. Es gelang mir nicht den Ort genau zu eruiren, wo er seine Nachgrabungen anstellte. Der Führer bezeichnete den grossen Dom bei dem Stalaktitenkegel.

Herrn S k o f i t z's Beschreibung (a. a. O. Illyr. Blatt 52 u. f.) ist leider nicht so genau, wie topographische Beschreibungen sein müssen, wenn sie nachfolgenden Wanderern dienlich sein sollen. Er sagt dass sich die Grotte in zwei Arme theilt, und er zuerst „in dem rechten" gegangen sei, und nach „stundenlangem Fortschreiten" in die Hauptgrotte zurückgekehrt und da „den linken Seitenarm" verfolgt habe. Damit scheint aber nicht der Quergang gemeint, der als Wasserhöhle sich zu der Stelle hinzieht, wo der Bach zum zweiten Male erscheint, sondern es ist darunter der vordere Hauptarm selbst zu verstehen, aus dem Herr S. gleich in den ersten, allerdings ausgedehnten Gang zur Rechten einbog. Denn nur so ist es zu erklären, dass er in diesem „linken" Arm zum Bache kam und an demselben aufwärts watete. Aus dessen Bette gelangte er in die „weitere Grotte, deren Boden sich gegen die Mitte erhebt und so einen Hügel bildet." Da er am „linken Ufer" fortschritt, so würde dadurch allerdings die Knochenhöhle bezeichnet, auf deren erstem Hügel, bei den Stalagmiten, auch ich später einige Knochen fand. Aber wenn Herrn S k o f i t z „die Wellen bis an die Knie reichten" als er im Bache aufwärts schritt, so kann ich nicht glauben, dass er zu jener Stelle gelangte, weil bei solchem Wasserstande die vordere Doline der Knochenhöhle sicherlich mit Wasser erfüllt war! Wie dem auch sei, zu dem zweiten Hügel, wo wir nachgruben, drang er sicherlich nicht vor; die Prachtstücke von einzelnen Zähnen, die ich frei auf der Oberfläche fand, hätte kein Forscher liegen gelassen.

line dieser Abtheilung hinab. An der rechten Seite kann man durch ein paar Stalaktiten sich hindurch zwängen und hinabsteigen in die Vertiefung, welche ganz mit feinem schuhtiefen Schlamm erfüllt ist. Jenseits erhebt sich eine der so häufigen Tropfsteinbildungen, welche eine in breiten grossen Wellen herabgefallene versteinerte Wassermasse darstellen; diese ist eine der kolossalsten, bis an die Decke hinaufreichend, wo nicht die kleinste Spalte sich weiter öffnet.

Nur schwer trennten wir uns von dieser merkwürdigen Partie, die vielleicht auf lange hin unbesucht bleiben dürfte, denn selbst bei mittlerem Wasserstande müssen die drei in dieser Seitengrotte sich einander folgenden Dolinen mit Wasser so weit erfüllt sein, um ohne Kahn nicht practicabel zu sein; einen Kahn jedoch über diese schlüpfrigen, steilen Abhänge zu schleppen, dürfte nur mit sehr grosser Anstrengung möglich sein.

Wir kehrten in dem Hauptgange zurück in den grossen Dom zu dem Stalagmitenkegel und verfolgten nun den Quergang links. Es ist diess offenbar das Flussbett der Hochwasser, welche jene Spalte, in die sich jetzt der Bach verliert, nicht mehr aufzunehmen vermag, und welche sich dann hier in der Haupthöhle vorüber wälzen. Selbst bei mittlerem Wasserstande kann man hier nur im Kahne fort, wir aber fanden nur einzelne Lachen in den scharfkantigen flachen Mulden des Felsbodens, und so geht man etwa 25 Klafter weit in ziemlich gleichem Niveau über die Felsenränder balancirend, an einem gewaltigen Felsblock vorbei, wo sich links eine Seitenkluft öffnet, und kommt dann zu einer Partie kolossaler Felstrümmer, über die und durch die man sich arbeitet. Die Höhle senkt sich hier plötzlich und bei Hochwasser müssen die Fluten hier einen imposanten Sturz bilden. Man passirt eine enge Pforte und erreicht dann bald einen Theilungspunct. Rechts kömmt man endlich in eine Kluft hinab wieder zum Wasser, welches aus einer Spalte und unter den Steinen von rechts hervorrauscht. Es ist jedenfalls der Bach, den wir oben in die erwähnte Spalte sich verlieren sahen, der hier neuerdings erscheint, um alsbald wieder in eine Kluft zu verschwinden. Vielleicht wäre es möglich hier einige Klafter weit mit einem Kahn vorzudringen, wenn man ihn mit unsäglicher Anstrengung hieher transportiren wollte, aber die Decke senkt sich so rasch, und der Raum ist so eng, dass man mit Gewissheit voraussagen kann, hier würden keine Resultate zu gewinnen sein. — Der Bach nimmt also unter den Felsen hinweg seinen Lauf von jener Kluft, in welcher wir oben ihn sich verlieren sahen; bei grösserem Wasser ist aber der eben beschriebene Hauptgang das Rinnsal des Baches.

Von der letzten Wasserkluft steigt man über Schlamm und Trümmer noch 24 Fuss bis zur Decke hinan, wo sich die Höhle vollkommen schliesst.

Ich habe oben eines gewaltigen Felsblockes erwähnt, bei welchem im Hauptgange sich eine Seitenkluft links öffnet, zu welcher man über einen Hügel von Felstrümmern steigt.

Nach 38 Schritten kommt man in eine 12 Fuss hohe, 42 Fuss breite Halle, durch einen mächtigen Felsblock kenntlich. Aus dieser führen 87 Schritte durch einen engen Durchgang zu einem klaren Wasserbecken, neben dem ein grosser Stalagmit steht. Nach weiteren 35 Schritten folgt eine zweite Halle, aus der man nur gebückt und theilweise kniend in den letzten Theil des Ganges kommt, der sich nach 166 Schritten so schliesst, dass man nicht weiter kann. (Es ist die auf H. Zörrer's Plane bei x x beginnende Partie.)

Ich habe oben erwähnt, dass gleich beim Eingange sich rechts eine Seitengrotte öffnet, welche zu untersuchen mir aber die Zeit mangelte. Nach H. Zörrer's Beschreibung (bei d d seines Planes) ist es eine der bedeutenderen. »Man gelangt zuerst in eine geräumige Seitenhalle. Ihr Boden tönt beim Auftreten hohl und besteht aus blossen mit Kalksinter zusammengekitteten kleinen Steinen, was wie ein Estrich oder ein Gussgewölbe aussieht. Man kommt in eine kleinere sehr reine und mit schönem Tropfstein gezierte Grotte, sodann gegen Südwest zu einem Loche, worin ein hineingeworfener Stein ins Wasser fällt. Dann steigt man gegen Süden aufwärts

und muss unter einem Bande, den die fast bis zum Boden herab-
gesenkte Decke mit Tropfsteinfranzen bildet, sehr gebückt durchkriechen, wo sich wieder eine geräumige aber niedrige Grotte darbietet. Zwei Gänge gegen Süd und Südwest sind darin von eingestürzten blauen mit Quarzadern, Kalkspath und Glimmer durch-
arbeiteten Trümmersteinen verschüttet und verwehren allen weiteren Zugang. In einer Ausbeugung ist ein grauenvolles, in den
unteren Raum des Gewölbes führendes Loch, bis zu dessen senk-
rechtem Absturze man jedoch mit grosser Gefahr gelangen kann.
Ein grosser Wasserbehälter ist in dem unteren und in dem Raume
unmittelbar unter diesem sind wahrscheinlich noch mehrere Etagen
untereinander. Ein in das Loch herabgeworfener grosser Stein verursacht ein furchtbares Getöse, welches man anfangs anhaltend, dann
absetzend aus zunehmender Tiefe durch 1 Minute herauf hört."

Hr. Zörrer nimmt in dieser Höhle drei grosse Wasserbehälter
von verschiedenem Niveau an; es bedarf wohl keiner weitläufigen
Erörterung, dass diess unmöglich ist. Wenn auch wirklich das
Hochwasser bei seinem zuweilen ausserordentlich hohen Stande
einen in höherem Niveau liegenden Kessel füllt, so würde derselbe,
wenn die Fluten sich verlaufen haben, doch rasch durch die zahlreichen Klüfte und Spalten sich wieder entleeren. Um mehrere
grosse Wasserbehälter in verschiedenem Niveau über einander zu
enthalten, müsste eben der Höhlenkalk kein Höhlenkalk sein.

Hr. Zörrer vermuthet nur, dass das Wasser in der letzten
Kluft des oben beschriebenen Hauptganges dasselbe sei, welches
aus dem See abfliessend sich in jene Kluft verliert, wie es auch
wirklich der Fall ist, und scheint nicht abgeneigt zu glauben, der
See habe eigentlich seinen Abfluss gegen Laas, wo aus der erwähnten Grotte »Jama« das Hochwasser verwüstend hervorbricht.
Dass der See nicht in entgegengesetzten Richtungen zwei Abflüsse haben könne, ist natürlich, und ich bin überzeugt, dass der
Ausfluss dieser Höhlengewässer, ihrer Richtung weit entsprechender,
in der starken Quelle zu suchen ist, welche nordwestlich vom
Kreuzberge unterhalb der Ruine Stegberg in solcher Stärke
hervorbricht, dass sie alsbald eine Mühle treibt.

Was nun die Ausdehnung der Kreuzberghöhle betrifft, so ist dieselbe bisher bei weitem zu gross angegeben worden. *) Die Länge der vorderen Höhle bis auf den Gipfel des erwähnten Spitzkegels beträgt nach meiner Messung 100 Klafter, die Breite der hier querüber führenden Wasserhöhle 8 Klafter, also die ganze Länge von der Mündung bis zur hinteren Wand der Querhöhle 108 Klafter (nach Zörrer 300 Klafter). Vom Fusse des Spitzkegels sind in dem Höhlengange rechts bis an die Hinterwand des Sees gleichfalls 100 Klafter (nach Zörrer 250 Klafter), so dass die ganze Entfernung von der Mündung bis zum Ende des Sees nur 208 Klafter beträgt, also um 77 Klafter weniger, als nur die vordere Adelsberger Grotte bis zum Tanzsaal hält. Der linke Arm des Querlaufes misst 77 Klafter bis zur letzten Wasserkluft; die Seitenhöhle daselbst 120 Klafter. — Die Knochenhöhle ist 96 Klafter lang. — Mit allen Seitengängen und Klüften dürfte die Höhle an 600 Klafter messen.

Den übrigen Dimensionen nach gehört die Kreuzberghöhle zu den grösseren. Die vordere Abtheilung hat ziemlich constant 30 Fuss Höhe, aber aus der Tiefe des ersten Kessels bis zur Decke wird man über 70 Fuss finden. Die hintere Abtheilung, der Querlauf, ist gegen den See zu niedriger, nur 24 Fuss hoch, der Arm zur Linken aber hat wieder die Höhe der vorderen Höhle von 30 Fuss. — Die letzte Halle in der Knochenhöhle hat gegen 50 Fuss Höhe.

Zörrer bemerkt: »Ob das Gewässer auch Fische enthalte, konnten wir uns nicht überzeugen. Der Protheus anguinus hauset sicherlich auch hierin, wie in allen krainischen Grottengewässern, denn das aus der Höhle bei Laas ausbrechende Wasser führt sogar bis zum Städtchen diese Thierchen todt und lebendig mit.« Dass jene Höhle bei Laas keine Mündung der Kreuzberghöhle sei, habe ich übrigens bereits nachgewiesen. Ich war nicht im Stande Proteen in

---

*) Hr. Zörrer berechnete die Länge der Höhle von der Mündung bis zum Anfange des Sees auf 733 Klafter, weil er dazu (schnell gegangen) 22 Minuten Zeit gebraucht hatte. Nach seinem Plane beträgt aber die ganze Länge bis hinter den See nur bei 550 Klafter.

der Kreuzberghöhle zu entdecken. Der Führer behauptete jedoch in dem Querlaufe hinter dem Stalaktitenkegel deren schon erbeutet zu haben, wo sie in den vom Hochwasser zurückgebliebenen Lachen sich gefunden hätten.

Die Richtung der Wasserhöhle ist — dem Laufe des Wassers folgend — nördlich; die Richtung der vorderen Grotte, vom Eingange bis zum Stalaktitenkegel im Dome südöstlich. Der See fällt unter den nordöstlichen Abhang des Berges Tousti Verh, welcher das Laaser Thal schliesst, und an dessen südwestlichem Fusse die Höhle Jama sich befindet. Der Oblaker Weg führt gerade über dem grossen Dome hin. Der erste Seitengang in der vorderen Grotte erstreckt sich unter dem Kreuzberge, und eben dahin verläuft auch die Knochenhöhle.

Die Temperatur der Höhlenluft fand ich etwas über 7° R., in der Knochenhöhle aber nur 6,₈ R.; die Temperatur des Wassers 7 R.

Nach meinen Barometermessungen liegt Altenmarkt 1823 Fuss über dem Meere, der Sattel vor der Höhlenmündung 1998 Fuss, der Seespiegel in der Höhle 1905 Fuss; die Höhle mündet also 175 Fuss über Altenmarkt, und fällt vom Eingange bis zum See 93 Fuss; der Seespiegel liegt 82 Fuss höher als Altenmarkt.

Das Schneeberger-Thal.

Eine der interessantesten Landschaften von Innerkrain ist das wiesengrüne Schneeberger-Thal, von dunklen Waldbergen umragt, über welche im Südwest der Schneeberg sein breites Haupt bis zu 5332 Fuss Seehöhe emporhebt. Aber auch hier ist es kein lustig dahinrauschendes Alpengewässer, welches den Grund durchzieht, sondern wie in der Planina-Mulde die Unz, so ist es hier der Oberchbach, welcher in zahllosen Serpentinen sich durch den Boden windet, an viele Sauglöcher sein Wasser verlierend, bis der letzte Wasserfaden in einem Saugloche bei Danne verschwindet. *) Aber nicht immer ist der Anblick des Thales so freundlich; die umliegenden Höhen verläugnen ihre Karstnatur nicht, wenn sie auch durch die Walddecke dem Auge entzogen ist. All' diese Berge und Hügel sind eben so zerklüftet im Innern, wie ihre Nachbarn; plötzliches Thauwetter und anhaltende Regengüsse füllen rasch die unterirdischen Räume, die sich dann auf den Thalboden hinaus entleeren, und nur zu häufig wird das Thal — ein See! Die Chroniken haben das Gedächtniss mehrerer solcher grosser Überschwemmungen bewahrt, aus unserem Jahrhundert lebt noch manche Wasserhöhe in üblem Angedenken, aber die ungeheure Überschwemmung in den Monaten October und November des Jahres 1852 war ein epochemachendes Unglück. Im Graben des Schlosses Schneeberg stand das Wasser 22 Fuss hoch und man kann daraus schliessen, welche Höhe es in den tiefer gelegenen Ortschaften erreichte! Man wird begreifen, wie man in Kähnen über Bäume, über einzelne Häuser hinwegfuhr. Ganze Ort-

---

*) Es ist nicht klar, ob Valvasor dieses Saugloch oder die Golubina meint, wenn er von einem Loche spricht, in welches bei Danne sich der Bach verliert; den Namen Golubina führt er nicht an.

schaften müssten verlassen werden, die Leute bivouakirten auf den nächsten Hügeln, und in welchem Zustande, kann man sich vorstellen — nach dem Verluste ihrer Habe, ohne Lebensmittel. Der Abfluss könnte nur sehr langsam erfolgen, da auch ihm nur unterirdische Kanäle zu Gebote standen. Wenn irgend wo, ist es demnach hier von Wichtigkeit den Verlauf dieser Höhlen kennen zu lernen.

Zahlreich sind die Stellen, wo die Hochwässer am Fusse der Gebirge hervorbrechen. Als eine Hauptmündung haben wir die Jama hinter dem Städtchen Laas kennen gelernt. Unweit der Stelle wo die Strassen nach Altenmarkt und Laas auseinander gehen, wurden mir zwei Vertiefungen gezeigt, wie Saugtrichter gestaltet, aus welchen gleichfalls das Wasser gewaltig hervorbrechen soll, und wo auch Proteen sich gezeigt haben. Die Ursprünge des grossen und kleinen Oberchbaches bei Vrehnig hinter Schneeberg stehen natürlich in erster Reihe. Von altersher gilt aber die Quelle bei dem Schlosse Schneeberg für eine der Hauptmündungen, und ich eilte dieselbe zu sehen. Am Fusse des Schneeberges ragt in einer etwa 25 Fuss tiefen Schlucht ein breiter Fels bis in die Höhe der Schluchtränder empor, auf welchem das Schloss Schneeberg erbaut ist, demnach keine weithin dräuende Veste, wie die Burg Laas z. B., sondern ein kleines aber massives Gebäude, durch die Schlucht immerhin gegen einen Überfall gesichert. An der Südseite ist die Brücke der einzige Zugang, und das Schloss hat noch fast dieselbe Gestalt, in welcher es Valvasor abbildete. An der Westseite, etwa 105 Schritte von dem Schlossfelsen, im Hintergrunde der Schlucht, befindet sich die erwähnte Quelle des reinsten trefflichsten Trinkwassers. Die Quelle ist gefasst, hatte am 26. September um 12°/. Uhr bei einer Lufttemperatur von 13,,6,,°R, und bleibt auch im heissesten Sommer gleich ergiebig; nur im Sommer 1834 ist sie einen Tag lang nicht abgeflossen; sie friert nie zu. Die Quelle dringt senkrecht aus dem Boden herauf, und bei starkem Wasser wallt sie förmlich auf. Bei Hochwasser aber wird sie überfluthet — denn hinter ihr zieht sich ein Gewirre von Felsblöcken den Abhang hinan zu einer Spalte, aus welcher und zwischen den Felsblöcken hervor dann das Wasser mit Gewalt herausbricht.

Der Sanglöcher, durch welche sich der Oberch verliert, habe
ich bereits gedacht. Es ist gewiss eine der sonderbarsten Erscheinungen, einen Bach, dessen Lauf man verfolgt, so plötzlich unter
den Füssen verschwinden zu sehen! Dass diese Sanglöcher — wie
viele deren auch sein mögen, — nicht im Stande sind ein Hochwasser aufzunehmen, ist natürlich, bildet sich aber ein See bis zu
einer gewissen Höhe, so bieten sich höher gelegene Abzugscanäle,
und als der bedeutendste wurde mir allseitig die Höhle Golubina
bei Danne genannt. Von Schneeberg wanderte ich also dorthin.
Man steigt die sanfte Anhöhe hinan, welche hier das Thal schliesst,
und von dem jenseitigen Zirknitzer scheidet. Aus Buschwerk und
Baumgruppen blicken einzelne weisse Kalkfelsen hervor, aber nichts
verkündet eine Höhle, bis man plötzlich vor derselben steht, wie
das so oft im Karst der Fall ist.

Die Golubina (Taubenhöhle) ist immerhin eine der frappanteren Scenerieen, wenn auch in kleinem Massstabe. Beiläufig 20
Fuss über dem letzten Saugloch des Baches trifft man auf einen
etwa 15 Schritte im Durchmesser haltenden Schacht, der sich
plötzlich 24 Fuss tief abstürzt; die Nordwand steilrecht, so auch
die östliche, indess die westliche mit einer bewachsenen Schutt-
fläche sich absenkt, über welche man hinuntersteigt. Die Südseite
aber, dem Thale zugekehrt, bildet eine Riesentreppe von regelmässigen Absätzen, die Schichten nämlich, und über diese stürzt
das Hochwasser, wenn es einmal diese Höhe im Thale erreichte, mit
einem weit hin donnernden Cataract in die Tiefe. Es soll ein impo-
santes Schauspiel sein. — In der Tiefe angelangt, wird man erst
gewahr, dass in der nordöstlichen Ecke sich am Boden eine Höhle
öffnet, aber mit Schutt und Felsblöcken so vertragen, dass man
nur gebückt hinein gelangt und auch weiter im Innern findet man
wenig Stellen, wo man aufrecht stehen kann; nur beschwerlich
dringt man vor, und kommt bald zu einem Absturz von etwa 12
Fuss Höhe. Jenseits zieht sich ein Schlammhügel hinan zur Decke,
und links im Hintergrunde öffnet sich der weitere Gang, zu welchem man aus dem Kessel dieses Absturzes über die Schichten-
bänke hinansteigt. Immer gebückt, sogar kriechend geht es noch
einige Klafter vorwärts und dann erreicht man eine mit Wasser

gefüllte Kluft, welche sich zwar sichtlich weit einwärts zieht, aber
so schmal, dass ein Kahn nicht anwendbar ist. Die ganze Länge
der Höhle beträgt bis zu dieser Kluft nur 54 Klafter, aber unser
Führer aus Danne versicherte, dass Niemand noch so weit vorgedrungen sei, dass gewöhnlich schon in dem ersten Kessel das Wasser hinderlich werde.

Ich hatte mir von der beschwerlichen Befahrung der Golubina, als dem bis jetzt bekannten Hauptabzuge der Schneeber-
ger-Gewässer, mehr Resultate versprochen. *) Daran kann kein
Zweifel sein, dass diese Höhle wirklich für die Hochwässer ein
Hauptabzug ist und zwar direct in das Zirknitzer Thal. Eben so
wenig ist zu zweifeln, dass der verschwindende Oberch es ist, der
jenseits des Scheiderückens von Danne als Zirknitzer »Seebach« bei
Laase **) wieder zu Tage bricht. Die zwei starken Quellen des
letzteren sind ein Beweis, dass unter jenem Scheiderücken sich Reservoirs finden, in denen sich nebst dem Oberchbach noch andere
Tageswässer sammeln, die dann zusammen hervorbrechen. Dass
diese eben in dem weiteren Verlaufe der Golubinahöhle zusammen treffen werden, ist gleichfalls nicht zu bezweifeln und dann
ist es auch richtig, dass Sprengungen in derselben dem Hochwasser einen freieren und desshalb schnelleren Abzug geben werden.
Der Scheiderücken selbst ist zwischen dem letzten Saugloch des
Oberch und den Seebachquellen kaum 1000 Klafter breit, das Unternehmen daher kein ungeheures. Merkwürdig war mir aber der
Umstand, dass in dem Schneeberger-Thale ziemlich allgemein
der Zweifel geäussert wurde, ob der Thalboden bei Danne höher

---

*) In der Golubina stellte es sich wieder einmal schlagend heraus, dass
  unter der Erde die einfachen bergmännischen Grubenlampen das beste
  Beleuchtungsmittel sind. Man hatte mir so viel von der Golubina erzählt, eine halbe Stunde weit sollen Leute aus Danne darin vorgedrungen sein u. s. w., dass ich Fackeln für die bevorstehenden grossen Räume für unerlässlich hielt, mit ihnen und mit dem entsprechenden Apparat von Seilen u. s. w. anrückte. In den engen niederen Räumen belästigte uns aber der Fackeldampf dermassen, dass
  wir überglücklich waren demselben entrinnen zu können.

*) Nicht mit »Laas« zu verwechseln.

liege als der Zirknitzer See, ob demnach jene Sprengungen von Nutzen wären. Die Differenz scheint allerdings nicht sehr bedeutend zu sein; aus meinen barometrischen Messungen ergibt sich für das Schneeberger-Thal 1787', für das Zirknitzer-Thal, am Rande der Seewiesen unterhalb Martinsbach, 1760' Seehöhe, also 27 Fuss Unterschied. *) Die Annahme der Identität des Oberch und des Seebaches, welche schon aus den topographischen Verhältnissen folgt, kann also keinem Zweifel unterworfen sein.

Eine andere Frage ist allerdings die, ob nicht die Hochwässer, welche nach Eröffnung eines freieren Abzuges natürlicherweise mit vermehrter Gewalt in den Zirknitzer-See sich stürzen werden, im Zirknitzer-Thale dieselben Verwüstungen anrichten würden, von denen man das Schneeberger Thal befreien wollte? Der Zirknitzer-See hat aber ein weit grösseres Inundationsgebiet als der Oberchbach, und jedenfalls auch mehr und geräumigere Abzugshöhlen. Eine Überschwemmung im Schneeberger-Thale hat demnach wohl ein Austreten des Sees zu Folge, aber diese letztere wird weit länger dauern, wenn das Schneeberger-Thal erst bis zu einer so bedeutenden Höhe sich füllen muss, ehe seine grösseren Abzugscanäle (Golubina) wirken können. Werden diese vertieft (bei der Golubina z. B. würde ein durch die erwähnten Felsenstufen bis zu dem tiefsten Niveau der Höhle eingeschnittener Canal schon von enormer Wirkung sein), so wird das Hochwasser und seine Inundation mindestens rascher verlaufen, was schon ein wesentlicher Gewinn wäre. Nach allem früher Gesagten bedarf es aber keiner weiteren Auseinandersetzung mehr, dass alle blos localen Arbeiten in dieser Beziehung dem Uebel

*) Ich wollte meinen Rückweg aus Altenmarkt über Danne und Laase etc. nach Zirknitz nehmen, und an dem letzten Saugloche des Oberchbaches, so wie an der Quelle des Seebaches, correspondirende Barometermessungen anstellen; als ein ungewöhnliches Hochgewitter in der Nacht vom 26. auf den 27. September 1853, welches alle Wasser austreten machte und auf welches ein Schneefall alle Höhen bis auf den Thalboden herab bedeckte, mich zur directen Heimkehr nöthigte.

nicht gründlich abhelfen; das ganze System der Zufluss- und Abzugshöhlen von Danne bis Oberlaibach muss im Zusammenhang
aufgefasst werden, und nur dadurch wird es zu erreichen sein, ein
solches Unglück wie die Ueberschwemmung des Jahres 1852 für
die Zukunft unmöglich zu machen.

Die Nussdorfer Grotte bei Adelsberg.

Valvasor hatte längst meine Aufmerksamkeit auf Nussdorf gelenkt, da sich daselbst eine Grotte befinden solle, welche einen See enthält *), aber theils fand ich früher nicht Zeit zu diesem Abstecher von Adelsberg, theils wollte daselbst durchaus Niemand etwas von einem solchen unterirdischen See wissen. Voriges Jahr hörte ich aber unzweifelhaft von dem Vorhandensein einer Grotte bei Nussdorf und unternahm alsbald einen Spaziergang dahin.

Auf der Triester Strasse pilgert man eine Viertelstunde weit von Adelsberg fort, bis man die Poik überschreitet, und dann dem schlechten Fahrweg folgt, der ganz anmuthig durch Busch und Wald in einer Stunde nach dem Dörfchen Nussdorf führt. Es liegt an dem Abhange eines Hügels, auf dessen Höhe das gleichnamige alterthümliche Schloss Nussdorf *(Orechégk)* steht; eine reizende Position, das wiesengrüne Poikthal mit seinen felsigen

---

*) „Bei Nussdorff, wenn man ein wenig von dem Schloss hinweg ist, kann man zu einer Grotten kommen, die dich in den Berg hinein führt. Und nachdem du eine Viertheil Meile darinn fortgeschritten, wird dir ein grosses, tiffes und streng lauffendes Wasser den Stillstand gebieten und gleichsam Non plus ultra zu dir sagen.“ Valvasor I. Seite 281. Aber Seite 553 heisst es: „Erstlich hat ein Berg bei Nussdorff eine solche Grotten, da man, nachdem man eine kleine Viertheil Meil wegs hineingegangen, zu einem Wasser kommt, welches gäntzlich still zu stehen scheinet und einem See gleichet. Es ist mancher zwar dazu, aber noch keiner hinüber gekommen. Es wird beinebenst ein starkes Geräusch und Wasser-Lauffen allda vernommen, welches Zweifels ohn von eben diesem Wasser entstehet und durch einen Ablauf desselben verursacht wird. Man weiss aber nicht, dass in diesem Wasser jemals einiger Fisch wäre gesehn worden.“

Rändern überschauend, bis zu den waldumsäumten Höhen von Kaltenfeld und dem breiten Rücken des Nanos hin.

Von Nussdorf wendet man sich südwestlich gegen den Höhenzug, welcher das Adelsberger Thal schliesst, auf dessen Vorterrasse das Dorf und Schloss eben steht, und erreicht über eine öde echte Karstpartie von Felsplatten hin bald den Buchenwald, und in ¼ Stunde steht man vor dem Eingange der Grotte, die so versteckt liegt, dass man ohne Führer gewiss nicht auf sie träfe*).

Die Nussdorfer Grotte ist durch nichts ausgezeichnet, als durch die ausserordentliche Menge von Phalangopsis, welche in ihrer vordern Abtheilung sich aufzuhalten pflegt. In einem Lande, welches an Höhlen eben so arm ist, wie Krain an diesen reich, würde sie allerdings Besucher in Fülle anziehen; so aber ist sie eben nur ein Pinselstrich mehr im merkwürdigen Gemälde der unterirdischen Welt dieser Landschaft.

Der Eingang ist eine thorähnliche Kluft, 7 Fuss hoch, welche zu einem sich rasch abwärts senkenden Gang von 8 bis 10 Fuss Breite führt; der Boden mit einer dichten Lage von Laub bedeckt. Die Richtung der Grotte ist im Ganzen nordwestlich. Schon nach 10 Klaftern erreicht man eine Spalte von nur 4 Fuss Breite und so niedrig, dass man nur gebückt hindurch kann. Nicht über 14 Fuss hoch zieht sich der Gang fort, bis man durch einen Engpass zu einem etwa 15 Fuss tiefen Kessel gelangt, mit dicken Lagen von Lehm erfüllt, in welchen eine Art Stufen hinabführen. Aus der Tiefe dieses Kessels bis zur Decke mögen 40 Fuss gezählt werden. Es ist der interessanteste Punct der Grotte; aus dem nassen Lehm ist zu entnehmen, dass dieser Kessel oft mit Wasser erfüllt wird, und wahrscheinlich war derselbe einmal permanent bis an den Rand gefüllt, ein unterirdisches Bassin, welches als »See« beschrieben wurde, und bei seiner Tiefe immerhin den weiteren Forschungen ein Ziel zu setzen vermochte. Einige Schritte vor diesem Kessel gewahrt man an der linken Wand einen weiten Schacht sich aufwärts in den Berg erstrecken, aus welchem gelbliche Tropf-

---

*) Der Nussdorfer Wirth, ein sehr gefälliger junger Mann, ist vorzüglich zu empfehlen.

steinmassen herabhängen, die einzige grössere Decoration dieser Art. Dieser Schacht ist zweifelsohne der Hauptcanal, welchen die Tagwässer nehmen, durch den ehemals auch zunächst der Kessel angefüllt werden mochte, vor welch' letzterem aber jetzt eine Art Damm von Lehm sich befindet.

Hinter dem Kessel steigt man noch 30 Klafter steil aufwärts und steht am Ende des Hauptganges, der von der Mündung bis hieher kaum 72 Klafter lang ist.

Auf halbem Wege zum Kessel zieht sich rechts ein 16 Klafter langer Seitengang hinab, 9′ breit, 6′ hoch, dann niedriger werdend, der mit einigen 2¹/₂ Fuss hohen rothen Tropfsteinsäulen endet. Aus dem Kessel führt gleichfalls rechts (nördlich) die Abzugshöhle des Wassers, im Ganzen 38 Klafter lang, die letzte Strecke von 5 Klafter aber nur schliefbar, wenn man sich durch eine enge Spalte durchgewunden hat. Am Ende dieser Spalte fand ich links die Jahreszahlen 1624 und 1614, am Eingange aber »Thomas Andiani 1671«.

Die Grotte wird von der Nussdorfer Jugend häufig besucht und ist durch den Rauch der Holzfackeln überall geschwärzt, die wenigen Stalaktiten sind verstümmelt. Unerwähnt darf ich nicht lassen, dass allgemein die Sage geht, die Grotte sei jetzt vertropft und habe vor Altem durch den Berg hindurch bei Präwald wieder herausgeführt.

Die Piuka Jama

(Vergl. Seite 111).

war das Hauptobject meiner letzten Untersuchungen und bestätigte vollkommen meine Meinung, dass sie eine der interessantesten Partien der unterirdischen Welt des Karstes sei. Die Möglichkeit lag vor, in der Piuka Jama flussaufwärts gegen Adelsberg
vorzudringen, wenn ich mich auch nicht der Phantasie hingeben
durfte im Adelsberger Dome mit meinem Kahne herauszukommen!
Vielleicht ist es aber nur eine dünne Wand, welche die Adelsberger Poikhöhle von dem Puncte trennt, den man in der Piuka Jama
erreicht *)? 1852 hatten wir einen Kahn in der Höhle zurückgelassen, in einer Art Bucht hinter einem Felsblock, im Wasser
mit Steinen beschwert, in der Hoffnung ihn so zu sichern — wir
fanden an Ort und Stelle keine Spur mehr vor, nur Ruder und
Stange, welche wir auf einem Felsenvorsprunge hoch ober den
höchsten Wasserspuren hinterlegt hatten. Es ist ein Fingerzeig,
dass nur im letzteren Falle man hoffen darf Requisiten gesichert
zu haben.

Wir eilten zuerst flussabwärts und erreichten nach 150 Klaftern — äusserst beschwerlich über die glatten Felsstücke hinweg
— einen gegen 16 Klafter im Durchmesser haltenden Wasserspie-

---

*) Mit den Adelsberger Grottenführern Schebenig Sohn und Juk befuhr
ich die Piuka Jama. — Zuerst kletterten wir nur an einem Seile
hinab, eine etwas anstrengende und natürlich nur dem Schwindelfreien anzurathende Expedition! Als ich mich überzeugt hatte, dass
wir unten in der Höhle weiter können, wurde erst eine Strickleiter
eingelegt. Ich erhielt dieselbe mit Erlaubniss des Hrn. Podestà Ritter Tommasini durch die Gefälligkeit des Hrn. Brunnen-Inspectors
Swatina in Triest.

gel, von schroffen Wänden umgeben. Jenseits laufen die Felsen in einen Winkel zusammen, aus dem eine enge Kluft sich aufwärts zieht; in dem Winkel waren mehre Baumstämme, an 3 Klafter, über dem Wasser querüber eingekeilt und dort sah ich auch ein paar Planken meines Kahnes.

Wir kehrten in die grosse Mündungshöhle zurück und wandten uns nun flussaufwärts. Trocknen Fusses überstiegen wir den Fluss auf den vorragenden Felsen, wo wir voriges Jahr nur mit grösster Anstrengung den Kahn über die Strömung bringen konnten, und kletterten vorwärts über gewaltige Felsblöcke, noch vom letzten Hochwasser nass. Es ist ein Felsenthor von etwa 60 Fuss Breite, welches man passirt, und mit einem Male ändert sich die Scene. Die Höhle erweitert sich zu einem imposanten Dome; man biegt zugleich um eine Ecke, und verliert das Tageslicht, welches bis hieher durch die Höhlenmündung herabschimmerte. Aber dennoch scheint das Dunkel, dem man nun entgegen schreitet, weniger intensiv und in der That; schimmert alles Gestein weiss entgegen — man steht vor einer der herrlichsten Höhlen-Scenerien!

An 80 Fuss Höhe hat dieser prachtvolle Dom und über 100. Fuss an grösster Breite; von links herab reicht einer jener gewaltigen Bergstürze, welche in den Höhlen so häufig sind, aber all diese Gesteinsmassen, alle diese Blöcke sind ganz und gar mit weissem Sinter überzogen. Vom Boden bis hinauf zur Decke glimmert und glitzert es in Millionen leuchtenden Puncten, unfreiwillig nur setzt man den Fuss auf diese candirten Felsen, wo jeder Tritt unzählige Krystallbildungen zerstört. Eben so erglänzen die Wände und die Decke im reichsten Schmuck von Tropfsteinen; kleine Klüfte ziehen sich einwärts, eben so viele Cabinete voll reizender Schaustücke.

Aber um das Ganze zu vollenden ist ein Hintergrund vorhanden; der zu den imposantesten Höhlendecorationen gehört. Ein ungeheurer Pfeiler steigt aus dem Grunde empor, 2 colossale Spitzbogenthore bildend. Links ist die grössere Thorhalle und in derselben steht am Boden ein über 2 Klafter hoher mächtiger Stalagmit. Der Pfeiler selbst und die Decke beider Hallen ist mit den reichsten Tropfsteinfestons geziert. Der untere Rand dieses eben so reizenden als grossartigen Bildes ist scharf abgeschnitten, und ein undurchdringliches Dunkel; es ist das Flussbett, aus welchem einzelne Felsblöcke hervorstarren; schwarzbraune Linien bezeichnen die grössten Wasserhöhen. Bei Hochwasser schäumet der Fluss aus diesen beiden Pforten hervor, wo wir jedoch 1852 von Fels zu Fels trockenen Fusses vordringen konnten über ein unbedeutendes Wässerchen, dessen Rauschen in dem vorderen Felsenthore, wo es über Blöcke herabrieselt, zu uns herüber tönte. Auch wenn man die Herrlichkeiten der Adelsberger Grotte und der Planina-Höhle gesehen hat, wird man eingestehen müssen, dass diese Scene nicht ihres Gleichen hat, die Dolenzpforte in der Piuka Jama*)!

Nur schwer trennt man sich von diesem herrlichen Dome und leicht erklärlich ist die Erwartung, weiterhin neue Wunder zu treffen, welche aber nur in beschränktem Masse erfüllt wird. Man hält sich an der Wand zur Linken über die Blöcke des Bergsturzes hin, hinter dem grossen Stalagmiten und betritt die grössere Halle des Doppelthores. Aus derselben herausgetreten befindet man sich in einem kleineren Dome, an einem Wasserspiegel, über welchen nur zu Kahn weiter zu kommen ist. Von diesem Bassin rauscht das Wasser unter und durch Felsblöcke gegen die Pforte hin ab, und zwar ist es der kleine Bogen zur Rechten (linke Höhlenwand nach dem Laufe des Flusses), durch welchen ich bei dem kleinen Wasserstande das Ablaufen bemerkte.

Nur mit grosser Anstrengung ist es möglich einen Kahn auf jenes Bassin zu bringen und nur etwa 50 Klafter dauert die Wasserfahrt, dann steht man vor einem Engpass, nur 12' breit, ganz mit Felsblöcken erfüllt, unter denen sich die Poik, theilweise unsichtbar hervorwindet**). Der Kahn muss auch wieder 50 Klafter

---

*) Ich gab ihr diesen Namen Freund Ludwig Dolenz (Sohn des Besitzers von Nussdorf) zu Ehren, der mich auf den beschwerlichen Fahrten des letzten Herbstes so treulich begleitete.

**) Ich hatte mich 1852 überzeugt, dass es sehr schwer sei einen fertigen Kahn in den 35 Kl. tiefen Abgrund hinabzubringen; er kam sehr beschädigt unten an, und fand sich voriges Jahr — wie erwähnt — nicht mehr vor. Ich liess also die Bretter in Adelsberg vollkommen

weit über die Felsen geschleppt werden und abermals hat man eine nur kurze Wasserfahrt vor sich.

Durch eine schmale aber 30 Fuss hohe Spitzbogenhalle gelangt man in einen geräumigen Dom und aus diesem in eine niedrige fast kreisrunde Halle, wo die Wände ringsum den Wasserspiegel so schliessen, dass nicht der geringste Ausweg sich zeigt; nicht einmal ein Luftzug verräth irgend eine weiterführende Spalte. Das Wasser hat — wie gewöhnlich in diesen Höhlenseen — eine grössere Tiefe, ich fand 35 Fuss.

Die Hinterwand dieses Sees liegt 250 Klafter von unserm Hafen an dem Bassin hinter der Dolenzpforte, diese eben so weit von der Höhlenmündung; aufwärts konnten wir also den Fluss im Ganzen 500, abwärts weitere 150, im Ganzen demnach 650 Klafter weit verfolgen.

Am Eingange des Sees öffnet sich zur Linken eine Seitenhöhle, aufwärts führend, und sie ist ein neuer Beleg, dass am Ende der Höhlen sich immer ausgezeichnete Partien finden. Dieser Seitengang endet, in einer Höhe von etwa 18 Fuss über dem Flusse, in einer wenigstens 50 Fuss hohen, 120 Fuss breiten Halle (die Decke konnten wir bei dem Scheine von zwei Fackeln und drei Grubenlichtern nicht einmal erkennen), die so reich mit Stalaktiten von blendender Weisse allüberall verziert war, dass sie wie ein prachtvoller gothischer Dom sich darstellte. Der Boden war

---

zurichten, einzeln in die Piuka Jama hinabbringen und unten erst zusammensetzen. Der wackere Tischlermeister Mikola in Adelsberg liess es sich nicht nehmen, trotz seinen vorgerückten Jahren selbst hinabzusteigen und den Kahn fertig zu machen! Es versteht sich von selbst, dass an ein Zurückbringen des Kahnes nicht zu denken ist. Die 50 Kl. aus der Höhlenmündung bis auf das Bassin innerhalb der Dolenz-Pforte den Kahn über die Felsen zu schleppen, ist eine Galeeren-Arbeit, die man nicht zweimal macht, abgesehen davon, dass er den Abgrund hinauf gewunden werden müsste. An jenem Bassin liegen ein paar der grössten Felsmassen, zwischen welche wir dann bei der Heimkehr den Kahn eingekeilt und mit Steinen beschwert haben. Vielleicht erhält er sich dort, denn die Felsen decken denselben gegen die Richtung der Strömung.

übrigens hoch mit nassem Lehm überdeckt, ein Beweis, dass Hochwässer bis hier herauf reichen.

Am Eingange des erwähnten gothischen Domes zieht sich eine Kluft 50 Klafter rechts hinein, welche zu dem See hinabführt.

Der Verlauf der Höhle hinter der Dolenzpforte ist südwestlich, also gegen Adelsberg zu, und die Endpuncte des Poiklaufes zwischen Adelsberg und der Piuka Jama dürften noch etwa 600 Klafter auseinander liegen. *)

Die Fauna der Piuka Jama scheint ärmer als die anderer Höhlen zu sein; die Höhlentaube, Fledermäuse und von Insecten nur unentwickelte Myriapoden und der allen Höhlen eigene *Titanethes albus*. In dem Flusse fand ich den gewöhnlichen Flusskrebs; Freund Dolenz sah aber auch einen weissen Krebs, der ihm jedoch leider aus der Hand glitt und trotz aller Mühe nicht mehr aufgefunden werden konnte. Weder Fische noch Proteen konnte ich, ungeachtet der sorgfältigsten Nachforschungen, entdecken.

Wenn irgend eine Höhle in Krain zugänglich gemacht zu werden verdient, so ist es die Piuka Jama. Der Adelsberger Calvarienberg, der See in der Planinahöhle und die Dolenzpforte in der Piuka Jama sind zweifelsohne die Glanzpuncte der dortigen Höhlenwelt! Die Piuka Jama verdient aber um so mehr, dass etwas für dieselbe geschieht, eben wegen ihrer Eigenthümlichkeit; ein so bedeutender Abgrund, an seinem Grunde die grosse Höhle, in derselben jener reizende Dom mit dem Doppelthore, das ist ein Zusammentreffen, wie es sich nur an der Recca bei St. Kanzian, freilich in noch grösserem Massstabe, aber auch in anderer Art, wieder findet. Wenn man sich nun erinnert, dass auf einem verhältnissmässig so kleinen Raume die Adelsberger-Grotte, die Magdalena-Grotte und die Piuka Jama sich beisammen finden, so wird

---

*) Um Missverständnissen vorzubeugen muss ich bemerken, dass Hr. Rudolf, als er (wie S. 113 erwähnt) bis zu einem von ihm angezeigten Felsenthore vordrang, zweifelsohne bis zur Dolenz-Pforte gelangte, aber nur mit einem Grubenlichte versehen, und von der Zeit gedrängt, konnte er keine nähere Beschreibung von derselben geben. Ueber die Dolenz-Pforte hinaus ist bisher durchaus Niemand gedrungen.

man eingestehen müssen, dass nicht leicht wieder ein Verein von so bedeutenden Naturmerkwürdigkeiten gefunden werden kann. Ich hatte gewiss Recht, wenn ich (Seite 208) behauptete, Krain habe in seiner unterirdischen Welt einen solch reichen Schatz von Sehenswürdigkeiten — ganz abgesehen von ihrer wissenschaftlichen Bedeutung, — dass derselbe selbst ein wesentlicher Factor für den Wohlstand der Bewohner werden muss, wenn derselbe in der Art ausgebeutet wird, wie es anderwärts mit Naturschönheiten der Fall ist; dass auch die Wissenschaft nur gewinnen kann, wenn sie ihre Untersuchungen ohne ungewöhnliche Kosten, Beschwerden, ja selbst Gefahren anstellen kann, liegt auf der Hand.

Welche unerschöpfliche Fülle aber von Höhlengebilden sich in diesem merkwürdigen Lande vorfindet, davon hatte ich einen Beweis, als ich von meinem letzten Besuche der Piuka Jama nach Adelsberg zurückkehrte. Wir glaubten denn doch in dieser Richtung hin Alles erschöpft zu haben, denn auch den unbedeutenden, 8 Fuss im Durchmesser haltenden Schacht, unter dem Hügel auf welchem die Ruine der Magdalenakirche, hatte ich besucht, und 30 Fuss tief gefunden; aber der alte Schebenig erinnerte sich mit einem Male, dass zwischen der Piuka Jama und Magdalena-Grotte sich noch ein Abgrund befinde. Nach längerem Suchen im Waldesdickicht fanden wir auch denselben zu unserem nicht geringen Erstaunen, nur wenige Schritte vom Wege ab. Rauschen des Wassers tönte nicht herauf, zum Flusse kömmt man also in demselben nicht hinab. Der Schacht hat an 12 Klafter im Durchmesser, und dürfte 15—18 in der Tiefe halten. Ich stieg am Seile einige Klafter hinab, bis der Fels sich so schroff abstürzte, dass die Strickleiter nöthig geworden wäre, die wir nicht zur Hand hatten. Die Zeit fehlte mir aber zu einem wiederholten Besuche, der ohnediess keine bedeutenden Resultate versprach. Und wie viele derlei Objecte mögen die Adelsberger Waldungen noch unbekannt enthalten? Sollte mit jeder neu auftauchenden Erscheinung dieser Art nicht die Wahrscheinlichkeit zunehmen, dass sie alle nicht isolirte Objecte sind, sondern Glieder eines grossen Höhlensystemes, dessen Verbindungen — einst vorhanden aber durch Naturereignisse gestört — wieder aufgefunden werden können?!

Die zweite Felsenbrücke von St. Kanzian bei Maunitz.

Eine weitere Bestätigung der so eben ausgesprochenen Behauptung über das Vorkommen von noch unbekannten höchst merkwürdigem Scenerien, selbst in Gegenden die dem Anschein nach vollkommen gekannt und beschrieben sind, bietet die zweite Felsenbrücke von St. Kanzian. Valvasor, Nagel (vergl. Einleitung S. 9.) und alle Schriftsteller, welche je über die Karsthöhlen etwas publicirten und der Felsenbrücke von St. Kanzian bei Maunitz gedachten, lassen es dabei bewenden und wissen von keiner andern. Im Jahre 1850 besuchte ich mit einer grösseren Gesellschaft, deren Mitglieder sämmtlich in der Gegend ansässig, die Maunitzer Brücke und hörte von keiner andern. Mit dem Waldheger ging ich dann das ganze Thal des Rackbaches zu den Sägemühlen hinauf und durch den Wald nach Oberseedorf am Zirknitzer See. Dieser Heger führte mich zu dem »Fenster,« einem Schacht, welcher von dem Rackbache durchströmt wird, in der Art wie die Piuka Jama von der Poik (oder noch ähnlicher wie der St. Kanzianer Schacht durch welchen die Recca fliesst), aber von einer Felsenbrücke in dessen Nähe wusste er nichts. *) Auf meiner Rückkehr von Al-

---

*) Wahrscheinlich wollte er bei dem strömenden Regen und überdiess hereinbrechenden Abend uns nicht dahin führen, wenn er auch die Localität kannte; bei nassem Wetter wäre die Brücke nur mit Gefahr zu passiren. Die Erzählung meiner damaligen Wanderung gab ich im Abendblatte der Wiener Zeitung 1850, wo sich auch die Angaben über den Abfluss des Zirknitzer Sees aus der Karlouza finden und die Identität dieses Abflusses mit dem Rackbache. Ich habe Seite 163 nur von der Felsenbrücke von St. Kanzian gesprochen, weil ich über die andern Rackhöhlen keine eigenen Erfahrungen hatte. Die zweite Felsenbrücke scheint mir aber so merkwürdig, dass ich hier wenigstens eine kurze Notiz davon liefern wollte.

tenmarkt-Laas nach Adelsberg im September 1853 mussten wir um der Pferde willen in Maunitz anhalten, und wurden daselbst sehr angenehm durch die Gesellschaft der Herren Ingenieure des Eisenbahnbaues überrascht. Zu meiner nicht geringen Ueberraschung hörte ich von diesen von einer zweiten Felsenbrücke, und alsbald ward dahin aufgebrochen.

Man wandert am besten den Seite 162 beschriebenen Weg zur ersten Felsenbrücke und dann in dem anmuthigen Wiesenthale des Rackbaches aufwärts zu der pittoresken Ruine der Selsacher Sägemühle; das furchtbare Hochwasser im Winter 1852 zerstörte sie und im Frühjahre 1853 geschah dasselbe; das Dach wurde eine Viertelstunde weit abwärts im Thale getragen, wo es am Abhange des rechten Ufers noch im September 1853 lag. Diese Sägemühle liegt vor einer mächtigen Felswand, an deren Fusse eine Höhle sich öffnet, aus welcher der Bach hervorbricht, für die Mühle durch eine grossartige Wehre unmittelbar vor und in die Höhle hinein zu einem schönen Wasserspiegel aufgestaut. Die Felswand selbst ist so zerklüftet, dass die Gänge sogar practicabel gemacht und zu Behältern eingerichtet worden sind, welche durch zahlreiche Öffnungen nach aussen natürliche Licht- und Luftzüge erhalten. Über der Felswand ersteigt man durch den Wald den Berg und kömmt in $^1/_4$ Stunde zu einem grossartigen Schachte, dessen Grund der Bach durchströmt und wo mit bewundernswerther Kühnheit eine Sägemühle hineingebaut ist, die obere Selsacher Sägemühle genannt, — jetzt gleichfalls Ruine. Von der oben erwähnten Höhle bei der unteren Mühle könnte man durch den Berg hindurch hieher gelangen! 16 Klafter tief ist dieser schachtartige Abgrund, unten hält er etwa 5 Klafter im Durchmesser. Nur mit Anstrengung können hier die Sägeklötze hinab und die Bretter herauf geschafft werden, und um der häufigen Hochwässer willen, war sogar das Dach der Mühle — deren Einrichtung die möglich einfachste — zum Abnehmen eingerichtet. Steigt man hinab in diese infernale Mühle, so sieht man den Bach rechts aus einer Höhle hervorkommen, an deren Mündung er durch ein Wehr aufgestaut ist. Aber durch diese Höhle hindurch erblickt man wieder Tageslicht aus einem neuen Schachte, wohin man allerdings auch mit einem Kahne gelangen könnte — wobei jedoch zu bemerken ist, dass bei jedem nur etwas höheren Wasserstande der Bach zu reissend für eine solche Expedition ist.

Vom oberen Rande dieses Abgrundes gelangt man nunmehr in einer weiteren Viertelstunde zu der zweiten Felsenbrücke. Ein ungeheurer Abgrund von 22 Klafter Tiefe, gegen 40 Klafter lang, 12 Klafter breit, *) erstreckt sich mit fast überall senkrechten Wänden vor den Füssen des erstaunten Wanderers, und über diesen Abgrund wölbt sich im buchstäblichen Sinne des Wortes, der Felsenbogen einer natürlichen Brücke! In ziemlich gleichmässiger Breite von 12 Fuss, ohne bedeutende emporstehende Felsenkuppen ist dieser Bogen auch nur mässig bewachsen, so dass man bequem hinüber reiten und die merkwürdige Scenerie überschauen kann. — Im Jahre 1852 kletterten an der südlichen Wand zwei waghalsige Jäger hinab zu dem schäumenden Bach, den Rückweg aber wagten sie nicht, sondern arbeiteten sich in dem Bache zu der Mühle hinab.

Die vielgerühmte erste Felsenbrücke von St. Kanzian hält offenbar keinen Vergleich mit dieser zweiten aus. Jene ist weniger eine Brücke als ein kolossaler Tunnel; es ist ein Berg, der dort durchbrochen ist, eine massive Bergmasse ist es, über welche man hinwegschreitet, ohne auch nur eine Ahnung davon zu haben, dass es eine Brücke ist, welche man betritt, dass unter den Füssen ein Bach hindurch rauscht. Diese zweite Brücke aber ist eine Brücke im wahren Sinne des Wortes, ein einziger Bogen, kühn, wie nur die Natur ihn baut, und dabei in seinen Dimensionen so svelt, ja zierlich möchte man sagen, dass wohl mancher Fuss ihn nur zögend betreten wird, ob der leichte Bogen über dem furchtbaren Abgrund nicht zusammenbrechen werde!?

Wird man anstehen mir beizupflichten, dass diese zweite Felsenbrücke eine der grössten Sehenswürdigkeiten ist — dass sie im Vereine mit jener ersten, und den Höhlen der Sägemühlen auf eine Strecke von nur 1½ Stunden Weges, eine Reihe von Natur-

---

*) Ich verdanke die Messungen der Gefälligkeit des Herrn Ingenieurs Weber.

wundern bildet, die selbst in diesem daran so reichen Lande sonder gleichen ist!

Wahrlich der für sein Land so begeisterte edle Valvasor hatte Recht, wenn er von diesen unterirdischen Wundern schrieb:

»Man lieset von vielen seltsamen Hölen; aber gewisslich nicht »von übrig-vielen, darinn ein schau-lüsternes Auge so ergetzet »wird, als wie in dem unterirdischen Crain; dessen Hölen die »Gegenstellung der allerruhmbekanndtesten Speluncken in der »Welt keines Wegs hat zu scheuen, und sich gar nicht schämen »darff, wenn ihre inwendige Geheimnissen den Menschen zu Augen »und in Erfahrung kommen.«

Meteorologisches.

Bemerkungen.

(Die Thermometer-Grade nach Réaumur, das Barometer in Pariser Zollen und Linien ausgedrückt. Die hier gegebenen Temperatur-Grade sind positiv (+)).

Dieser Abschnitt enthält die meteorologischen Beobachtungen und Resultate der Reise vom September 1853, wobei 1 Reisepsychrometer und 2 Barometer von Kapeller, von der k. k. meteorolog. Central-Anstalt, dazu verwendet wurden.

Das eine Barometer ist dasselbe, das im Jahre 1850 zu diesen Beobachtungen diente, mit der Corr. bei 28″ $-n = \dfrac{n}{26.6}$ in Pariser Zoll und Linien eingetheilt. Das zweite ebenfalls ein Gefässbarometer, Nr. 560 von Kapeller, mit der Correction für 340″ $= \dfrac{n}{17.4}$, und ist in Par. Linien eingetheilt. Zur Unterscheidung dieser beiden Barometer sind die Ablesungen auch nach ihrer Theilung, das erste in Zollen und Linien, das zweite in Linien und deren Decimaltheilen, angegeben.

Diese beiden Barometer wurden sowohl vor als nach der Reise mit dem Normalbarometer von Pistor und Martin der k. k. meteorolog. Central-Anstalt verglichen, wornach sich der Fehler aus 20 Vergleichungen

$$\text{für das Bar. } \dfrac{n}{26.6} = -0.'''21 = F$$
$$\text{„ „ „ Nr. 560} = -0.18 = F' \text{ ergab.}$$

Da jedoch der Fehler des Normalbarometers $F = +0.'''180$ ist, so ist der Fehler beim Barom. $\dfrac{n}{26.6}$ $F = -0.'''03$

$$\text{„ „ Nr. 560 } F = 0.00,$$

welche bei der Berechnung des Luftdruckes sogleich in Rechnung gebracht wurden.

Die Vergleichung dieser beiden Barometer ergab auch durch Vergleichung des Stations-Barometers Nr. 21 von Kapeller (in Par. Zoll und Linien getheilt) in Adelsberg auch für diesen den Fehler $= +0.05$.

Die Seehöhen sind mit Zugrundelegung der Höhe von Triest $= 46.'24$ Wiener Fuss und der daselbst angestellten Beobachtungen nach Gauss's Formel berechnet worden.

Eine nähere Untersuchung und Vergleichung der verschiedenen Seehöhen wird an einem anderen Orte gegeben werden.

Ort der Beobachtung	Datum und Stunde	Thermometer frei	Thermometer am Barometer	Barometer	Luftdruck bei 0°	Seehöhe in Wiener Fuss
Adelsberg, Gasthof zur Krone, erster Stock, Telegraphenamt und meteorolog. Station						
Stations - Instrument Nr. 21	11. Sept. 10¼ Früh	15.0	14.2	26″ 5.2‴	26″ 3.46‴	¹)
Mitgebracht $\frac{n}{26.6}$.	»	14.3	14.6	26 5.3	26 3.54	
» Nr. 560	»	»	14.2	317.9	315.63	
Stations - Instrument Nr. 21	29. Sept, 4 Uhr 42 Min. Ab.	11.6	11.5	26 7.4	26 5.92	1708.61
Mitgebracht $\frac{n}{26.6}$.	»	11.6	11.3	26 7.5	26 6.00	
» Nr. 560	»	»	11.0	320.0	318.04	²)
Nussdorfer Grotte vor dem Eingange 6′ über dem Boden.	12. Sept. 4¼ Abends	14.0	13.4	26 4.9	26 3.20	
	14. Sept. 8 Abends	12.8	12.0	26 4.9	26 3.29	1806.55
	11¾ »	10.8	10.2	26 4.8	26 3.30	
Am Ende des ersten Seitenganges	14. Sept. 9 Abends	10.8	10.6	26 5.6	26 4.17	1707.43
Hauptgang auf dem letzten Hügel ..	14. Sept. 9¼ Abends	9.1	9.7	26 5.3	26 3.85	1733.80
Daselbst in der Doline	14. Sept. 10¼ Ab.	9.2	10.2	26 5.7	26 4.23	1699.83
Piuka Jama, am Rande derselben .	16. Sept. 11¼ Früh	15.2	16.5	26 6.6	26 4.74	2344.16
	3 Abends	14.8	14.9	26 6.2	26 4.46	

¹) Uhren genau gleich.
²) Meine Uhr hatte 4 Uhr 37 Minuten.

O r t der Beobachtung	Datum und Stunde	Thermometer frei	Thermometer am Barometer	Barometer	Luftdruck bei 0°	Seehöhe in Wiener Fuss
Am Grunde der Höhle	19. Sept. 11 Früh	9.6	10.3	26" 9.3'''	26" 7.93'''	1430.92
Magdalena - Grotte , Weg ober derselben	18. Sept. 4¼ Abends	13.8	15.2	26 6.8	26 5.06	
	17. Sept. 8¼ Früh	10.4	11.2	26 6.7	26 5.20	
	19. Sept. 10 Früh	10.8	11.2	26 6.7	26 5.20	1669.30
	20. Sept. 2 Abends	13.8	14.2	26 7.0	26 5.32	
Adelsberger Grotte , Calvarienberg (Im Innern)	21. Sept. 3¼ Abends	7.4	8.6	318.35'''	316.39	1740.74
Ueber dem Calvarienberg (im Freien).	21. Sept. 3¼ Abends	15.4	17.1	26 4.8	26 2.34	1907.54
Martinsbach, 6 Fuss über dem Seeboden...........	23. Sept. 4 Abends	17.6	19.4	26 5.9	26 3.84	1760.28
	»		18.4	318.5	315.97	
Altenmarkt, 1. Stock im Gasthause....	23. Sept. 10 Abends	10.0	12.6	26 4.4	26 2.74	
	24 Sept. 7¼ Früh	8.4	13.3	26 4.2	26 2.48	
	10 Abends	12.8	13.2	26 2.9	26 1.14	
	25. Sept. 9¼ Früh	12.2	13.3	26 3.0	26 1.23	1823.64
	10 Abends	9.8	13.5	26 2.6	26 0.81	[1])
	26. Sept. 9 Früh	13 2	14.3	26 1.5	25 11.63	[2])
	10 Abends	4.8	12.5	26 3.7	26 1.71	[3])
Altenmarkt	27. Sept. 9 Früh	6.4	13.3	26 4.7	26 3.00	
Kreutzberghöhle , Sattel vor dem Eingange	24. Sept. 10 Früh	11.3	11.3	26 1.8	26 0.13	1987 51
	4 Abends	14.4	14.2	26 1.2	25 11.33	
	25. Sept. 11¼ Früh	11.6	12.0	26 1.1	25 11.46	2009.28

[1]) Regen.
[2]) Sprühregen.
[3]) Nach Gewittersturm mit Hagel.

Ort der Beobachtung	Datum und Stunde	Thermometer frei	Thermometer am Barometer	Barometer	Luftdruck bei 0°	Seehöhe in Wiener Fuss
Kreuzberghöhle, Anfang des Sees.	24. Sept. 1 Abends	7.3	7.3	26" 1.9'''	26" 0.49'''[1])	
	25. Sept. 2 Abends	6.8	7.2	26 1.5	26 0.09[2])	1905.83
Kreuzberghöhle, die Kluft, in welche sich der Bach in dem linken Arm verliert	24. Sept. 2 Abends	7.2	9.6	26 2.1	26 0.54	1923.91
Schloss Schneeberg, 1. Stock Eckzimmer	26. Sept. 10½ Früh	14.8	17.0	26 1.5	25 11.47	1838.82
Mühle im Schneeberger Thale 5' über dem Wasserspiegel des Oberch. . . .	26. Sept. 10 Früh	14.8	16.0	26 1.9	25 11.93	1787.72
Höhle Golubina vor dem Eingange des Trichters	26. Sept. 2 Abends	15.0	15.6	26 1.2	25 11.24	1855.41
Untere Selzacher-Mühle	27. Sept. 4½ Abends	10.3	12.9	26 8.2	26 6.65	1533.58

[1]) Temperatur des Wassers + 7.1.
[2]) »   »   » + 7 0.

INHALT.

Verzeichniss der Tafeln.

Zusätze und Berichtigungen.

Die Zeichnung der Tafel, welche die interessantesten Repräsentanten der Insecten-Fauna enthält, verdanke ich dem rühmlichst bekannten Entomologen Herrn Ernst Heeger.

Seite VII in der Note ist zu lesen: *»Slovesnost v jami pod Malim gradam pri Planini.«*

Den in der Einleitung genannten gedruckten Werken und Mittheilungen ist noch beizufügen:

Vom Karst. Von E. R. Im Feuilleton der Wiener Zeitung »der Wanderer« 1853, Nr. 412—434.

Der Karst und die Adelsberger Höhlen. Reisebilder vom geh. Bergrath Professor Nöggerath. (Aus der Köllner Zeitung abgedruckt im Abendblatte der Oesterr. Kaiserl. Wiener Zeitung 1853. Nr. 245 und 246.)

Meine Höhlen-Wanderungen im Jahre 1853 beschrieb ich im Abendblatte der Wiener Zeitung 1853, Nr. 215—251.

Dr. Gazzoletti veröffentlichte ein Gedicht in drei Gesängen: *»La Grotta di Adelsberga,«* Triest 1853.

Seite 36, Zeile 8 von unten lies enthält statt enthüllt.

» 77, Zeile 10 von oben ist das erste Wort herab zu löschen.

» 112, Zeile 11 von unten lies zum Flusse statt zum Fusse.

Druck und Papier von L. Sommer in Wien.

CPSIA information can be obtained
at www.ICGtesting.com
Printed in the USA
BVHW060517100323
659976BV00004B/192